colección **biografías y documentos**

Si me querés, quereme transa

CRISTIAN ALARCÓN

Si me querés, quereme transa

Colaboró en la investigación:
Laureano Barrera

GRUPO
EDITORIAL
norma

Buenos Aires, Bogotá, Barcelona, Caracas, Guatemala,
Lima, México, Miami, Panamá, Quito, San José, San Juan,
Santiago de Chile, Santo Domingo

Alarcón, Cristian
    Si me querés, quereme transa - 1a ed. - Buenos Aires : Grupo
Editorial Norma, 2010.
    304 p. ; 23x15,7 cm. (Biografías y documentos)

    ISBN 978-987-545-504-7

    1. Crónicas Periodísticas. I. Título
    CDD 070.43

Impreso en la Argentina
Printed in Argentina

Primera edición: abril de 2010

Cc: 28000854
ISBN: 978-987-545-504-7

Hecho el depósito que marca la ley 11.723
Libro de edición argentina

A Raúl Trujillo

CONTENIDO

CAPÍTULO I	17
CAPÍTULO II	37
CAPÍTULO III	57
CAPÍTULO IV	89
CAPÍTULO V	109
CAPÍTULO VI	127
CAPÍTULO VII	143
CAPÍTULO VIII	163
CAPÍTULO IX	185
CAPÍTULO X	203
CAPÍTULO XI	219
CAPÍTULO XII	237
CAPÍTULO XIII	265
AGRADEZCO	297

La procesión del Señor de Pachacamilla adquirió idéntico sentido a aquellos ríos que van a dar a la mar que es el morir.

Oswaldo Reynoso, *En octubre no hay milagros*

Si bien este libro es el resultado de una investigación periodística, el autor no se propone colaborar con el trabajo del Poder Judicial y la policía. Los nombres de los protagonistas de esta historia han sido cambiados con el firme propósito de no perjudicarlos. Los lugares y las coordenadas de tiempo y espacio fueron modificados u omitidos. Las identidades de los testigos de los crímenes han sido protegidas: en algunos casos se ha descompuesto a una persona en dos o más seudónimos, o sumado a dos personas en uno solo.

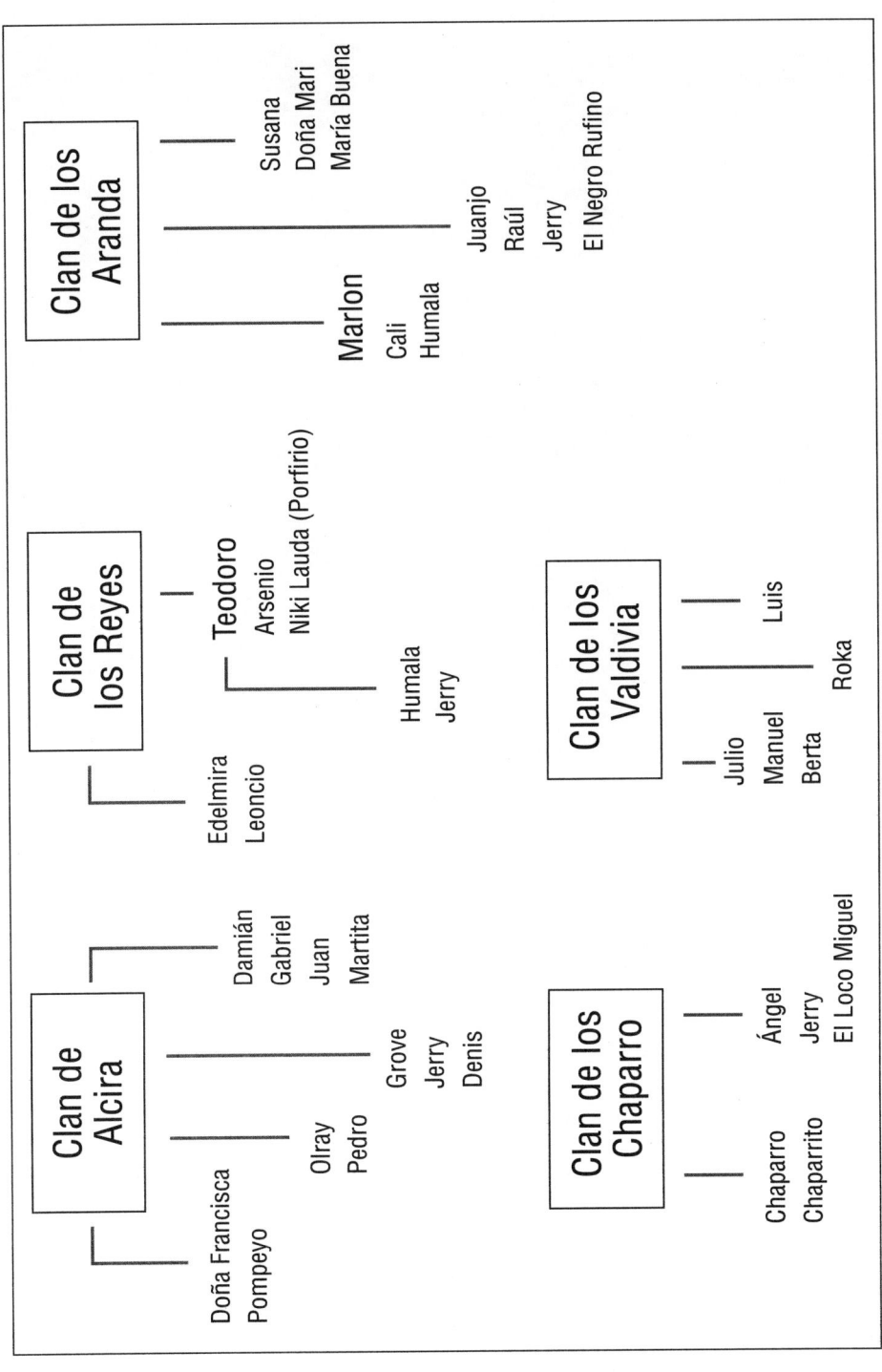

CAPÍTULO I

Alcira estira el satén amarillo sobre una tabla como si estuviera cubriendo un altar con un mantel. Mandó a construir esa balsa de un metro por un metro tal como se lo pidió la *mai*, una mujer de tamaño descomunal que la guía en el universo umbanda desde hace algunos meses. Esta noche es la noche de *Oxún*, la versión *orishá* de la Virgen de la Concepción. El *orishá* rige, según su propio carácter, el de sus hijos. Es una deidad vanidosa, sabia, buena madre, que aprecia el lujo. Alcira es hija de *Oxún* y hoy es la noche señalada para hacer el ofrecimiento que le traerá prosperidad después de tanta debacle. Por eso llevamos hasta la orilla del Río de la Plata las manos cargadas de fuentes de maíz hervido, figuras hechas en polenta y duraznos en almíbar: el color del sol es el color de *Oxún*. Todo será embarcado en esa tabla que deberá flotar en el agua y navegar con la corriente, cargada con las ofrendas, como una balsa iluminada. El apuro, la decisión tomada a última hora, nos ha dejado sin un detalle importante: las flores, que también deberían haber sido amarillas. Por ese motivo, la *mai* se queja.

–Las flores no están –le dice a Alcira, en voz baja, como si hablara en un templo.

Olray, el fiel ayudante, esta noche vestido de fiesta con una camisa celeste planchada con obsesión y un jean ajustado a la cadera, busca las mejores entre las matas de la costa. Las arranca, de entre los yuyos y otras plantas silvestres, apenas unos metros más allá. Aprovechándose de la oscuridad, protegido por las sombras, aspira con fuerza una pipa de pasta base.

Habíamos salido a las tres de la madrugada desde Lanús, en la provincia de Buenos Aires. Repartidos en dos autos cruzamos los suburbios: a esa hora, un día de semana, las avenidas están vacías. Las luces de la calle apenas dibujaban los perfiles de las casas de cemento alisado que se suceden iguales, cuadradas. En los brazos llevaba a un niño de dos años. De ojos negros y rulos ensortijados, Juan se dormía en mi regazo apretándome la oreja con una mano mientras se chupaba el pulgar de la otra. Su hermana, Martita, de ocho meses, viajaba en las piernas de Alcira. Amontonados entre las ofrendas zigzagueamos hasta distinguir el río, tras las discotecas de la costa sobre la que descansaba la carrocería de un auto abandonado. El paisaje fue alguna vez apacible pero hace tiempo el río ha dejado de tener costas amables. Ahora, junto a lo que queda de un parque, Alcira y sus escoltas, su *mai* y los suyos, intentan preparar la balsa con las ofrendas. Para una ceremonia ideal, el viento sopla más de lo deseable. Temo por el fuego de las velas que trajimos. Los vestidos blancos de las tres mujeres, Alcira, la *mai* y la madre de la *mai*, vuelan y se levantan. La brisa deja desnudas las piernas de la sacerdotisa: enormes, blancas, lastimadas por el roce de la carne y el calor del verano. Junto a las mujeres van los niños. La *mai* tiene un asistente impecable, profesional y carismático: su hijo de once años. También viste de blanco. Alcira va acompañada por un grupo silencioso: Olray, casi esquelético, de andar felino; y sus hijos Juan y Martita, los dos más pequeños. Yo intento mantenerme a unos metros. La madera amarilla parece demasiado grande para los obsequios a *Oxún*. Escribimos nuestros deseos en papeles ajados que llevamos en las billeteras y los enrollamos para sembrarlos entre las flores, las velas y el maíz. Alcira se saca una medalla y la deposita con suavidad sobre la pequeña tabla. Todo se irá en la balsa, en honor a nuestros sueños de buenaventura.

Caminamos por el parque hasta dejar la seguridad del césped recortado y tomar por el ripio que precede al río. Entre Alcira y la *mai* sostienen la pequeña balsa con cuidado, una de cada lado, como si fuera una camilla. Las mujeres se aproximan a un declive del terreno, una especie de barranca de un metro por la que pareciera que podrían deslizarse. Pero ¿cómo conservar el equilibrio para que la balsa no peligre? Desde el río se acerca la madre de la *mai*. Desde el continente, Olray avanza unos pasos y, con la mano temblorosa, intenta sostener la madera que se balancea con el viento. La *mai*, a la que le cuesta moverse por su peso, lo ayuda con un movimiento torpe. El tiempo se detiene. El viento no: sopla más fuerte. Y en ese instante no se sabe si el viento, si la *mai*, si la madre de la *mai*, si Olray –¿quién?–, deja caer la maldita balsa; el mantel, como una colcha resbaladiza que se escurre sin remedio de una cama, se corre de la tabla, amarilla, dorada, voladora. Todos nos sentimos mal. Agradezco haber estado a dos pasos, lo suficientemente lejos como para no ser culpado por el error. Me imagino el puño de Alcira descargándose, precedido por el brazo compacto que lo impulsa, hasta hacerme doler alguna parte del cuerpo; pero no es el odio lo que la anima esta noche. Alcira y la *mai* se arrodillan sobre el piso, dispuestas a rescatar las ofrendas mugrientas, llenas de tierra, barro y arena. Juan y Martita, la abuela y yo, nos quedamos inmóviles en nuestros sitios. Apenas si nos permitimos respirar.

El hijo de la *mai* dice:
—La abuela siempre cree que sabe todo, pero le avisé que se iba a caer y no me hizo caso.
La *mai* dice:

19

—Cállate la boca y ayúdame.

La abuela dice:

—Perdón *mamae*, perdón *mamae*, perdón.

Alcira no habla. Como siempre en sus treinta y seis años ella hace, ejecuta. Durazno por durazno, vuelve a ponerlos sobre el mantel de oro. También me agacho. No llego a hincarme, pero me acuclillo y busco en la arena los restos del ofrecimiento a *Oxún*. Detecto con los dedos, al tantear escurriendo la arena pedregosa, los papeles que escribimos y doblamos como origamis. Todos terminamos por lanzarnos cuidadosos sobre lo volcado, hasta los niños que juegan a que juntan. Como podemos, soplamos los objetos y los restituimos. Devolvemos a su sitio sagrado las estrellas de maíz, los corazones, las velas apagadas, las flores pecadoras de Olray. Firmes y orgullosas, las mujeres regresan al camino. Ahora con el paso más lento, van hacia el río.

Los demás nos quedamos sentados en la barranca, acomodados sobre unas piedras enormes, mientras las vemos entrar descalzas al agua, con la balsa sobre las cabezas, como sosteniendo una deidad invisible. La *mai* comienza con los cánticos y saludos a *Oxún*. "Perdón *mamae*, perdónanos *mamae*", dice la abuela. Y canta también en ese idioma que no entendemos pero que suena real. *Oié, oié oiá, oié oiá. Oié oié oiá.*

Se afanan en soltar correctamente la pequeña balsa sobre el lecho del río.

El niño dice:

—Miren, allá hay un ofrecimiento.

En el horizonte se desplazan, sin rumbo, bajo la luna llena, dos luces. Son dos balsas como la de Alcira, con velas protegidas del viento. Las de Alcira nunca pudieron ser encendidas sobre esa tabla mañosa que, a pesar de todo, las mujeres ubican, empujan y sueltan a la correntada traidora, que la devuelve, lentamente, como a un animal muerto hacia la orilla; cantan. La *mai* sale del agua, entumecida, en trance. Alcira tiembla. La abuela toca un instrumento, una campana estrecha. La *mai* tiene a *Oxún* adentro. Es *Oxún*. *Oxún* pasa el corazón de un animal, quizás una vaca, por los cuerpos fríos del cortejo. Los unge, los limpia, los protege. Sobre nosotros, hacia el Sur, vuelan siete golondrinas que forman una "V" ancha y cursiva. Alcira les saca los zapatos a sus niños. La *mai* los friega con ese pedazo de corazón y vuelve a cantar sola.

*

Cuando el policía apareció en la puerta de mi departamento esa noche y me dijo Alcira, han asesinado a su marido, sentí que las piernas se me doblaban. Parece un ajuste de cuentas, dijo. Eran tres los muertos. Y les habían bajado tres cargadores enteros. Mi marido, el padre de mi hijito Damián, en un charco de sangre, imaginaba yo. Pero necesitaba verlo con mis propios ojos. Estaban tirados en una piecita de Constitución. A los tres grandes, aunque bolivianos, como Grove, mi esposo, los habían fusilado. Por lo visto, ellos no pudieron responder ni esconderse; estaban desarmados, fue una ratonera. Uno se había arrastrado hacia detrás de un aparador de esos de fórmica de antes, pero allá le habían ido a dar. Mi marido estaba desparramado sobre una silla, con la cabeza hacia un costado. Cuando llegué hasta él, alguien ya le había cerrado los ojos. Se lo llevaron en tres bolsas negras, como las de consorcio. A mí todavía me faltaba una semana para saber qué había pasado en realidad. Mi marido no traía electrodomésticos de Bolivia como me había dicho cuando nos casamos; yo, con quince años, él con veinticinco. Resultó que mi marido era narco.

Apenas nos juntamos tuvimos un hijo. Le pusimos Damián: los ojos míos, achinados; la cara de él. A los dieciocho años, con

21

un hijo de dos en los brazos, era la viuda de un traficante. Mi suegra, mis cuñados, el resto de la familia, me habían ocultado todo por mi propia "seguridad", me dijeron. Cuando supe la verdad, los días y las noches se me vinieron encima. Entendí todo, pero de repente. Siempre que los hombres venían a hablar con mi marido, yo, por respeto, me encerraba en la pieza con el crío, porque eran cosas de machos. Él tenía la costumbre de viajar en avión, de andar bien vestido, de ser un señor. No me hacía faltar nada. Yo me sentía como en el cuento que me contaron de chica, el de Alicia en el país de las maravillas. Fui una estúpida. Fui una imbécil. Y él fue bueno, a pesar de todo. Me anotó en la nocturna para que estudiara, para que fuera alguien más allá de él, decía. Me trataba como debía ser, como a alguien inteligente. Hasta él nunca antes había hecho muchas cosas en la vida más que fregar y cocinar para mi mamá, una boliviana de Potosí, muy bruta, buena mujer, pero que creía que todo se arreglaba con un garrote. Él fue el primero en organizarme una fiesta de cumpleaños: antes de eso yo no sabía lo que era un festejo.

Me sedujo siendo él ya grande y yo una niña todavía. A mí me gustaba una muñeca de esas que hacen pis, un bebé pelado, con pañales, que vendían en un kiosco cerca de mi casa. La había mirado muchas veces con ganas de tenerla. Soñaba con ese bebé. Mis amigas lo sabían; en ese entonces todavía charlábamos de juguetes y estupideces de nenas. Él lo supo por una de las chicas: me había investigado. Y dió en el blanco, el hijo de puta. La muñeca llegó a mi casa envuelta en un papel de regalo brillante. Fue el primer regalo de mi futuro marido. No dejé pasar más, a los quince años le di el sí. Por fin dejé el infierno de la casa de mis viejos, donde me sentía una esclava.

Pero así como él daba, también se distraía por los negocios. Era olvidadizo. Era despistado. Ahora me recuerdo ansiosa en esos días anteriores al desastre. Mi hijo estaba a punto de cumplir años y no había comprado el regalo. Y yo dale con el regalo, dale con el regalo. Él me prometió que juntos íbamos a ir a elegirlo. "Me voy a Constitución a verme con un amigo. En una hora estoy acá. Si no vuelvo andate a lo de mi mamá, pero seguro que no tardo. ¡Ya vengo! ¡Ya vengo!", me dijo. Cerró la puerta y salió corriendo.

Nunca llegó. Cuando se hizo de noche, salí preocupada para lo de mi suegra, con Damián en los brazos y un bolso con ropa. No solté una lágrima hasta que llegué a San Sebastián, donde ellos se habían instalado cuando vinieron de Cochabamba. A la una de la madrugada no había aparecido. Mi suegra y mis cuñados hablaban bajo. Hacían comentarios pero no me dejaban escuchar. "Quédate tranquila, quédate tranquila", me decían. Era un departamento de paredes verde loro lleno de adornos bolivianos. Habíamos vivido ahí, con ellos, como ocho meses, antes de que pudiéramos mudarnos.

Me quedé sentada, esperando. Hasta que llegó el policía ese, el que me dijo lo del ajuste de cuentas en Constitución. Dijo algo así como "ha fallecido". Y yo me volví loca, perdí la conciencia, me encegueció la rabia, el dolor de perderlo en una masacre. Vi ese pasillo al fondo, toda la cuadra con autos de la policía y ambulancias. Agarrándome de las paredes, entré. Las piernas con esa sensación de que uno no pisa el suelo, que es como si se fuera a hundir en la tierra del dolor. Era chica, pienso ahora. No paré por más que me gritaban, hasta llegar al fondo de ese pasillo oscuro. Estaba lleno de policías. Vi todo y me dió un ataque. ¿Por qué? ¿Por qué con tanta saña? Los canas me dieron un calmante y quedé convertida en un ente. Los hermanos de él se ocuparon del cuerpo, de la morgue, de los trámites. Y del entierro. Nunca me voy a olvidar, fue una procesión de paisanos que desfilaron alrededor del cajón. Media villa fue a despedir a sus hombres. Todos eran muchachos bien conocidos en el ambiente, gente de trabajo, gente que nunca les había hecho mal a los propios, sólo a los ajenos.

Quedé con miedo. Con mucho miedo de que lo mismo me pasara a mí y a Damián. Me preguntaba qué había hecho él. Todos decían que se habían confundido. Mi marido tenía un hermano mellizo, el peor de la familia, un rastrero capaz de vender a la madre. Había hecho la plata mexicaneando a otros paisanos. Grove y su hermano eran igualitos, uno espejo del otro. Eran el malo y el bueno, y siempre que es así el que primero cae es el bueno. Los diferenciaba un lunar en el pecho, una marca que mi marido no tenía; era lampiño y sin un solo lunar en todo el cuerpo. Pero pagó como si el manchado hubiera sido él: eso prefiero pensar hasta hoy, porque era tan bueno conmigo que no quiero creer otra cosa. Y así, de golpe y porrazo tuve que entender este negocio: una máquina que mata, que elimina, capaz de perder al ser humano, porque da poder, más poder que ningún otro. Cualquier cosa es poca al lado de semejante negocio. Es tenerlo todo hoy. Perderlo todo mañana.

Duré apenas unos días entre las hienas esas que pretendían sacarme el bebé. Mi suegra me dijo parte de la verdad recién después del entierro. Habían pasado varios días porque tardaron mucho en entregarme el cuerpo, por lo de las autopsias. Me lo dijo sin rodeos, demasiado tarde. Me lo dijo con pedido de disculpas y todo, la muy cínica. De qué valían todos sus supuestos sentimientos ahora que yo ya era viuda y mi hijo huérfano de padre. Empezaron a comentarme de los bienes, que era lo único que les importaba. Él tenía una casa, una camioneta, una quinta, un terreno, vaya uno a saber cuántas cosas más, pero nada sería para mí, para la heredera natural, la viuda. Para el hijo, en todo caso. Y si era así, según ellos, Damián tenía que quedar con la familia paterna. Yo era demasiado joven y no entendía nada.

A la semana me allanaron la casa. Nunca había sido empujada por un policía. Me pusieron contra la pared como una muñeca de trapo, apuntada en la cabeza con un fierro. "¿Dónde está la plata? ¿Dónde está la droga?", me gritaban en el oído. Y yo, ni la menor idea de lo que era la mercadería, la merca, la frula, todas esas palabras que con el tiempo iban a ser tan comunes para mí. Pensarán que me hago la mosquita muerta, pero no, es cierto, a mí también me da risa pensar que alguna vez fui así de inocente.

Apenas mi suegra me dejó sola, aproveché para escaparme. Cargué lo que pude en una camioneta y me fui con mi hijo a la casa de mis padres. No tuve más remedio que volver a esa tortura. Para mi madre yo no era una hija, era una esclava, una empleada, alguien a quien obligar a hacer lo que no quería, a los golpes, bajo amenazas. Me levantaba a las seis de la mañana, y para ella era tarde. Limpiaba hasta el último rincón y era poco. Cocinaba, lavaba. Nada era suficiente. Hasta que me hartó; quiso volver a pegarme, como cuando era una nena y no me sabía defender. Pero yo había crecido, sí, ya tenía estos brazos que son fuertes de tanto laburar para ella, la muy perra, y con estos brazos puedo matar; así que no le devolví sus palmetazos, pero por lo menos la frené por primera vez en mi vida. Para no hacer una maldad irreparable me largué una mañana con el bebé. Un amigo me ayudó a alquilar una piecita donde apenas entrábamos, en Villa del Señor, el lugar donde más droga se mueve en toda la ciudad de Buenos Aires.

Entonces encontré un trabajo en la costura. Como muchos de mis paisanos, sobreviví en un taller textil. La pieza en la que vivía se fue llenando. Primero apareció mi hermanastra. Con una bebé. Después una novia de mi hermano que había quedado en la calle con una nena preciosa en los brazos. Las dos trabajaban a la noche. Me ofrecieron muchas veces que empezara como copera, haciéndoles mimos a los clientes para que gasten en alcohol; siempre lo rechacé. La sola idea de prestar el cuerpo por dinero me daba asco. No entiendo, no entendí nunca cómo las mujeres pueden hacerlo. A mí el cretino de mi tío me manoseó como quiso cuando tenía ocho años hasta que no paró con su perversión y me violó. Vivíamos en Villa Lugano.

Yo esperaba que mis viejos lo echaran, lo denunciaran, lo mandaran preso, lo escupieran como al cerdo que era. Me quedé esperando, y llorando a solas. Eso no pasó. Ya más tarde la vida me daría la oportunidad de vengar mi sufrimiento, pero tuve que aguantar mucho más en aquel barrio roñoso que me trae mis peores recuerdos. Ese lugar inmundo. Por eso debe ser que Villa del Señor, a pesar de ser más pobre, más villero, me resultó mejor. En la pobreza de esos años no tuve más alternativa que tomar por otro camino. Yo pensaba que el taller de costura en donde trabajaba dieciocho horas me iba a dejar, como a las mujeres viejas que veía coser y coser, con el dolor de las manos en la cara. Al final sufren de artritis pero igual siguen. Son como burros de carga, como animales que trabajan hasta desfallecer. Y ni siquiera así podría darle la vida que quería a mi primogénito. Por él lo haría todo. Por él sería capaz de lo que jamás había imaginado.

Comencé en el negocio de la noche: la que me inició no fue mi hermanastra, ¡justo ella!, sino su amigo, que me dió refugio al principio. Pero sí fue ella la que me dijo: "¿por qué no venís al boliche y hablás con Yoli? Si no querés hacer 'pases' por ahí podés hacer otra cosa". Fue días antes de navidad y Año Nuevo.

*

Alcira consiguió la mercadería con un amigo, uno de esos personajes que se cruzan en la vida de uno sin aviso pero que se transforman pronto en claves para cambiar de rumbo. Le prestó treinta gramos de cocaína de muy buena calidad recién llegada de Cochabamba. Ese fue su capital inicial. Ese y el riesgo. Como todos los tipos que ayudan a una mujer, también quería voltéarsela. Pero si ella no había aceptado trabajar en la calle, comerciar con su cuerpo, no le daría calce. Discutieron. Ella le pidió que la entendiera. Le habló de dignidad. Lo conmovió. Cuando me lo contó, yo le creí. Alcira no me diría nunca toda la verdad de su vida, pero su esfuerzo por mantener su recato, la imagen de mujer conservadora a la que la vida le jugó una mala pasada, terminaría por convencerme. Esa era la que quería ser. Entre la venta de droga, las venganzas y esa madre andina, prevalecía su lógica ancestral de pacha mama sagrada.

El amigo la sentó y le dió su primera lección de transa. "Vos vas a empezar de cero. Abrí bien los ojos. Esto no es chiste. No es broma. Tenés que estar atenta. Es jodido. Así como te da, te quita. Si no es la policía, son otros transas los que te quieren bajar. O los pibes que te quieren robar. O cualquier persona cercana que te quiere mejicanear. Desconfiá de todo el mundo. Desconfiá de todo."

Entre mirada y piropos, el amigo narco le enseñó a "servir". Le dijo cuánto le tenía que poner a cada papel, de a diez o de a veinte pesos. La mano de Alcira temblaba al cargar las dosis justas en la punta de una cucharita. Transpiraba. Se quedó sola en la pieza y encerrada con llave armó veinte envoltorios. En cada papel glasé, medio gramo. El polvillo de la cocaína recién rallada sube como una nube imperceptible, queda suspendida en el aire y, si es buena, adormece las quijadas. Se le durmió la boca. La sentía dura, como si hubiera ido al dentista. Le dió risa.

El local de Yoli quedaba por una ruta de provincia y estaba pensado para camioneros y rufianes que se guardaban bajo las luces rojas, verdes y azules. Tenía una barra, un juego de sillones de cuerina anaranjada, y un reservado oscuro. Del otro lado había tres pequeñas habitaciones. A Alcira le tocaba la barra. Atendía junto al hijo de Yoli, Nacho. Les servían las copas de falso whisky a las chicas y ella vendía bajo esos vidrios, disimulada y eficiente, la merca que pedían, más que el sexo, los muchachos. La primera noche se puso un pantalón ajustado y una camisa cerrada casi hasta el cuello.

De a poco fue haciéndose de una clientela. A ella no le correspondía sueldo. Si servía tragos era para agradecer a Yoli por la mano. Pero ese no era su trabajo. Sus 18 años y la crianza de Damián eran su escudo. Yoli le contaba que ella misma había criado a su hijo Nacho vendiendo en un cabaret de la Capital. Eso la enternecía. Sobre todo cuando al comienzo, entre el recuerdo de su marido asesinado y su cotidiana obligación de vender en el lupanar, le daba por llorar. Yoli la consolaba: "Nena, vos no estás haciendo nada malo. Simplemente el que viene y lo necesita o lo quiere, así como te lo pide, vos se lo das. Vos no estás obligándolos a nada, todo lo contrario". Alcira se iba al baño a lavarse la cara para no parecer tan débil, y volvía a su puesto tras la barra. Con una inocencia que ahora a ella misma le causa gracia, usaba frases hechas. "Disculpe, pero es muy fuerte todo esto para mí", dice, aunque suena más a "¿qué pretende usted de mí?".

La ganancia de su primer día se le fue en comida. Trabajaba toda la noche, dormía un poco a la mañana y cuidaba a Damián durante el día. El primer mes pudo pagar juguetes. Después una tele, un Hitachi de 29 pulgadas. Pero los treinta gramos se fueron yendo pronto y tuvo que comenzar a comprar. Odiaba tener que pagar el precio minorista. Entonces se puso una meta: juntar los dólares necesarios para hacer una compra grande. Tardó seis meses en conseguirlo. Llevaba un año de transa cuando vio el patrullero de la Policía Federal en la puerta del boliche de Yoli. La coima que pagaba la madama era sólo para los de la Bonaerense, que en esa época, por ley, no controlaban el tráfico de droga. Y allí, tercer cordón de un conurbano tan vasto, esa zona con diez millones de habitantes conocida como Gran Buenos Aires, no entraba ni en los más remotos cálculos de la Federal. Alcira pasó cargada con los papeles por la vereda de enfrente y dió la vuelta a la manzana como una vecina cualquiera.

Con ese allanamiento en su primer año en el negocio de la cocaína, hubo que rearmar la clientela en la Capital. Y buscar empleados. Decidió que si quería ganar mucho debía arriesgarlo todo. Entró en la lógica del "transa desesperado", la lógica de las redes narcos que impulsan el crecimiento a partir de la ambición, para bajarte de la pirámide cuando los capos de las redes consideran que llegaste muy alto.

¿Cómo conseguir clientes en la ciudad si todos los que había conocido eran de la provincia? Su hermanastra era prostituta en Capital y conocía hombres de la noche. Muchos de ellos tomaban cocaína. Fue captándolos con la mejor mercadería que había vendido hasta entonces. Le salía más cara y cobraba más, pero estaba decidida a mantener a esos clientes que no se quejaban por la plata, que la trataban bien y le enseñaban un mundo desconocido de fiestas y autos caros, bares y discos de moda. La ciudad, que para Alcira limitaba hasta entonces con Once y el centro, se abrió hacia el Norte. Conoció a más de un famoso. Con cierto orgullo dice sus nombres en un susurro.

*

Alcira tiene el cuerpo de un mastín napolitano. Es gruesa, aunque no gorda; una masa de músculos concentrados en los brazos, la espalda y el cuello. La boca bien dibujada, los ojos achinados, los pómulos salidos de la cara redonda le dan cierta altivez. Se para derecho, firme, con los hombros hacia atrás. Mira de frente. Los ojos son de un negro profundo, pequeños, vitales. A la sonrisa suele ganarle un rictus de preocupación. La vi por primera vez en La Perla, el bar de Once. Llegué demasiado tarde y ella estaba sentada, vestida de pantalón y remera rosados, con un bebé de pocos meses en los brazos: su hija Martita. Tomaba un café con leche y parecía dispuesta a hablar. "A mí me va a hacer bien acordarme de algunas cosas que tengo guardadas muy adentro mío", me dijo. En la primera conversación avanzó veloz y decidida, como lanzada por los rápidos de la memoria. Me impresionó su honestidad, la manera en que mencionó los hechos que cambiaron su vida. Cómo vio matar. Cómo mandó matar.

La muerte era para mí un lejano ruido en el relato familiar de un bisabuelo y un tío asesinados en un pequeño pueblo al sur de Chile; el rumor de los cuentos de aparecidos y muertos en peleas matreras confesados alrededor de un fogón, en las fiestas de San Juan; el crepitar de los leños que se echaban a la estufa de hierro en los inviernos lluviosos de la aldea campesina donde nací. Asomarme al abismo de los crímenes a sangre y fuego de transas y narcos me hacía sentir extrañamente identificado desde la memoria de mis ancestros, de mi derrotero familiar. Alcira me hizo comprender que el narcotráfico no era sólo una manera de sobrevivir, de construir poder en los mundos paralelos; era también un territorio de eliminación, un mundo de venganzas que hacían posible la ganancia. El crimen del tráfico no es tanto el transporte de sustancias, su comercialización y distribución. Para sostenerse en el negocio en niveles medios, como mayorista de una zona, es necesario el control del territorio. Si algo amenaza ese control, si alguien se atreve a hacer caer las barreras, es muy sencillo: hay que matarlo.

Cuando la visité por primera vez, Alcira ocupaba una pieza de dos metros por tres, pintada prolijamente de verde agua. Tenía sólo una cama y, sobre una cómoda de pino, un televisor encendido. La bebé, Martita, dormía en una cuna. El marido, Denis, limeño y ladrón devenido transa, esperaba en la cocina. El pequeño Juan intentaba colarse en el cuarto pidiendo agua, comida, juguetes, la tele, y cuanta cosa se le ocurría para enterarse de quién era el extraño que visitaba a su madre. Juan era un chico curioso, un nene con unas zapatillas lujosas que se asomaba con los ojos al borde de la puerta y al que Alcira hacía desaparecer con gritos cada vez más feroces: "¡afuera o te reviento!". Entonces el niño se esfumaba por un pasillo que conducía a otras piezas habitadas por otras familias en el mismo solar. En aquella oportunidad, Alcira estaba preocupada porque una trabajadora social del gobierno se había presentado en la puerta del inquilinato ilegal y le había advertido que podían ser desalojados. Hacía sólo meses que ocupaban el lugar: ya tenían un baño en el fondo para uso de todos los inquilinos y bateas para lavar la ropa. Alcira nunca me explicó el proceso de toma. Al comienzo pensé que eran varios los ocupas, luego comprendí que la única dueña era ella.

Después de tantas muertes, Alcira había tomado ese terreno a prudente distancia de Villa del Señor. En una esquina abandonada, un terreno baldío usado como basural, ella y Denis se metieron una noche y, sin que nadie los escuchara, encomendados a deidades umbanda y santos paganos, armaron las primeras piezas sobre los desperdicios acumulados durante años. Eran varios camiones de porquería, escombros y todo aquello que los vecinos de las casas y los inquilinatos de los alrededores habían vaciado en el solar. Alcira y Denis calcularon que tendrían que usar montones de baldes. Les pareció posible. Montones de baldes llenos de sobras de la ciudad que ellos acarrearían con sus manos, con la persistencia de los que saben que están solos y que nadie los ayudará. Lo hicieron a solas y en silencio. Nada de otros ocupantes, nada de otros dueños, nada de cooperativas. Sólo ellos dos: ella, la hija de los bolivianos venidos de Potosí, una sobreviviente, y él, el ladrón que nunca había ido preso. Y que los demás pagaran mes a mes el alquiler.

Volví una y otra vez, cada semana, a conversar, a participar de las ceremonias familiares, a escuchar a Alcira y a jugar con los niños mientras ella terminaba sus platos peruanos y bolivianos para vender. Cuando la conocí, me juró que me hablaba del pasado. Que daba testimonio de su vida como transa, pero que ya no lo era. A los meses la encontré viviendo en piezas nuevas, al fondo del terreno. El excedente de su negocio de drogas le había dado otra vez la oportunidad de capitalizar la ganancia. Su nuevo reaseguro era el alquiler de esas habitaciones: ya era la dueña de un inquilinato. Se aferraba de nuevo a la idea del progreso sobre la base de su único capital, el riesgo. En el ancho pasillo que había que cruzar para llegar a sus aposentos, bullía el conventillo, a lado y lado, en los programas de TV y los ritmos latinos que salían a mezclarse desde las intimidades de puertas abiertas. Uno de los vecinos se convirtió en un clásico vigía de nuestros diálogos: Olray.

Ella misma lo bautizó así por el uso frecuente que él le daba al término para ratificar cualquier frase ajena: "*all right madame*", "*all right* señora", "*all right* querida". Hijo de un militar, Olray era un dechado de simpatías y amabilidades cercanas a la prosopopeya. Durante un tiempo me trató de "usted". Hasta que entramos en confianza y entonces pasó a llamarme por mi nombre corto. "Pasá Cris, la señora te espera", solía decirme desde la puerta de hierro que inauguraba ese mundo oculto en plena avenida, entre bares y cadenas de electrodomésticos. Hacía ya cinco años que Olray consumía pasta base. Ese, entre otros, había sido el motivo de su ruina.

"Era un Susano", aseguraba Alcira. Juraba que Olray había sido en el esplendor de su juventud bailarín del grupo de rubios muchachos que acompañaban a Susana Giménez, la diva televisiva de los concursos y las entrevistas a famosos, en su programa de TV. El padre del muchacho, ya retirado, y avergonzado del destino de su hijo, iba mes a mes a dejarle los trescientos pesos de alquiler que Alcira le cobraba. La madre se mostraba agradecida de que lo cuidaran y lo toleraran, aún consumiendo. Ellos, según le habían explicado a "la dueña" –como le decían a Alcira–, habían preferido mantenerlo lejos de la casa familiar, una señorial construcción ubicada cerca del conventillo. Olray les robaba sin culpa para fumar. A pesar de su vicio, Alcira se acercó a él más que a nadie en todo el inquilinato. Así, Olray se transformó en lo más parecido a un valet, un asistente sin horario dispuesto a acompañarla. De vez en cuando cuidaba a los chicos. Pero sobre todo, creo, la escuchaba, como yo.

Olray fue fiel mientras pudo. Conseguía a través de Alcira sus dosis de paco, el nombre argentino de la pasta basica de cocaína (PBC), de la manera que podía: experto en el arte de robar sin violencia, sustrayendo de manera simple objetos pequeños y de cierto valor de las góndolas de los supermercados, se ganaba el vicio. Tasándolos a la mitad de su precio real le cambiaba a Alcira aceite de oliva, sardinas, jabón en polvo, champú, cremas para las arrugas, por droga. Pero el paco destruye y quiebra, quema y oscurece el ser. Con cada fumada se desvanece la dignidad. Es una sustancia basura, engañosa desde su propia composición. Los medios y los propios fumadores han instalado la idea de que el paco es el residuo que deja la pasta básica al ser "cocinada" para obtener clorhidrato de cocaína. Sin embargo, ni los estudios más complejos dan cuenta de cuál es la composición real de esta droga que se expande entre los jóvenes de la Argentina, con focos de consumo en algunas villas miseria de Buenos Aires y Gran Buenos Aires, y en algunas zonas de Montevideo, en Uruguay. No es nueva, como mercancía al menos: ya hizo su temporada en Colombia, como "bazuco"; en Perú, como "quete"; en Ecuador, como "queirolo", y en Chile, como "pastoso".

El cuerpo de Olray mostraba los estragos de la droga: allí donde había habido grasa, quedaba algo menos que el músculo. El paco "enmagrece", dicen los médicos. Es la palabra que usan para definir el proceso por el que el cuerpo ya no tiene grasas para ser consumidas y entonces el deterioro, la pérdida, avanza por los músculos. El adicto al paco adelgaza porque no come. La sustancia produce una ansiedad incomparable con cualquier otra. Los colombianos la bautizaron bazuco y luego le dijeron "el ansia". Con diferentes nombres, el paco destruyó varias generaciones de pobres a lo largo y ancho de Latinoamérica. En Buenos Aires y el conurbano comenzó por la zona sur. Ya no se detiene. Se instaló como algo cotidiano al punto de ser objeto de trueque. A cada producto que Olray le traía a Alcira del supermercado tras sus rastrillajes de "mechera" ella lo proveía. En sus diatribas más encendidas Alcira hablaba del paco como de un veneno, y de los "fisuras", sus consumidores, como de muertos en vida. Pero, sin embargo, al menos en esos meses en los que se había propuesto un crecimiento rápido, lo vendía.

Entrar en el negocio había sido fácil para Alcira. Quizás ese sea uno de los grandes mitos que se caen apenas uno se acerca a los negocios narcos. Acceder a las redes no es arduo. Lo complicado, lo verdaderamente difícil, es permanecer en ellas. Cualquier ascenso en la cadena de distribución local implica una inversión. Con la estabilidad que había logrado en el cabaret de Yoli y los nuevos y acaudalados clientes de los noventa, Alcira había subido todos sus gastos. Los chicos comenzaron a ir a una escuela privada y religiosa. Se compró un Fiat 147. Por seguridad cambiaba de celular cada mes. Iba a la peluquería a sostener el rubio rojizo que le cubría la espalda hasta la cintura. Compraba regalos para sus sobrinos, salía a los boliches el sábado y le quedaba tiempo para jugar al vóley y al básquetbol en un club cerca de la avenida Nazca. Había que subir la apuesta.

*

A Jerry lo vi tan alto y canchero con los lentes de sol y el último equipo de gimnasia de la Selección, que les pregunté a las chicas del club quién era. Supe entonces que tenía 26 años. Era peruano, soltero. No tenía trabajo conocido pero se lo veía lindo en la moto con la que rondaba por la zona. Me miró con intenciones serias desde la primera vez. Me conoció con el nene de la mano. Damiancito ya tenía cuatro años; me impresionó el cariño que le demostraba. Era como si tuviera que pagarle una promesa a un santo. Cada vez que choreaba y le iba bien, después pasaba a saludarnos con regalos. Venía de robar y se ponía a jugar con mi hijo. A pesar de su oficio de chorro era un tipo serio, y eso me enamoró. Yo hasta entonces me había dedicado a trabajar, a poner todo en mi negocio, en mi proyecto. Los tipos *estaban*, andaban por ahí, pero para mí no representaban nada. O sea que podía tener los que quisiera, pero no pensaba en volver a casarme o en armar pareja. Hasta que apareció él. En el fondo estaba harta de ser una viuda joven. Cuando enviudás joven sos como un trofeo, porque todos te van a querer curtir. Todos te van a probar, a ver si agarrás viaje. Le das calce a uno y ya se enteran los otros. Entonces pasás a ser la puta del barrio, la viuda fácil.

Me dejé querer. Lo quise. Nos juntamos. Sin darme cuenta casi había conseguido a mi segundo marido y a mi primer financiador. Claro que no podía ser todo tan bueno, tenía que tener su otro lado. Tardé un tiempo en descubrir que Jerry también tenía su lado destructivo, más oscuro que el mío.

—No es que piense que esto te va a gustar, pero necesitamos una chica de carnada, es un trabajo no tan riesgoso como poner caño, y te puede dar lo que necesites. Piénsalo —me dijo.

—No, ni loca. Prefiero seguir en la mía.

Para qué lo habré pensado. Para qué, si en dos días estaba metida en un choreo, y en dos semanas en otro. Fueron siete. Ni uno más ni uno menos. En el último, en la casa que robamos había una viejita a la que le dejé la mitad de las cosas que debería haberle sacado.

—No podés ser tan pelotuda —me encaró Jerry.

—Dejame en paz. Si me querés, quereme transa —le dije yo.

—Yo soy chorro, no puedo asociarme con una transa asquerosa —me enfrentaba él.

—Hay que tener mucho huevo para robar. Agarrar un arma, te la puedo agarrar, pero de ahí a ponérsela a una persona, no puedo. Sufro yo más que ella. Todo es diferente entre lo que vos hacés y lo que hago yo. Lo mío es transar. Yo no te pongo una pistola para que vengas a comprarme droga, vienen a comprar. Vos te querés matar solo. Es un negocio, vos acá pedís lo que querés y yo te lo doy.

–¿Qué necesitás?

–Mi plan es juntar unos seis mil pesos. Comprar un kilo.

CAPÍTULO II

El hijo debe salvarle la vida al padre. Cada vez que sufre un ataque epiléptico, Leoncio Reyes se contorsiona como una culebra. En el cuerpo de ese campesino que cultivaba sus propios alimentos, el cambio brusco del campo por el último rincón del suburbio de Lima inició una enfermedad misteriosa que las brujas diagnosticaron como el mal de la tierra perdida. De un día para el otro, cuando Leoncio anda lento con la carreta cargada de materiales para armar la nueva casa, el cuerpo cede, pierde el equilibrio, y cae pesado sobre el suelo.

Con el primer corcoveo es como si un remolino lo tirara desde adentro torciéndole los brazos, apretándole los puños, acomodándole la cara en una mueca de dolor. Los ojos se le dan vuelta. La lengua amenaza con atorarlo: los médicos han dicho que si se le clava en la garganta puede morir asfixiado. Esa posibilidad aterroriza a su hijo, Teodoro Reyes, que mira la escena con los ojos azorados. El padre se agita tirado en el piso con la conciencia perdida, y, como le enseñó su madre, Edelmira, el niño se le acerca con una cuchara en una mano. Con la que tiene libre le abre los labios, le separa con fuerza la mandíbula y, en un solo movimiento, le mete la cuchara bajo el paladar. No sea que el papá se le vaya de un lengüazo.

Ante cada ataque de Leoncio, en cambio, Edelmira queda inmovilizada. Sólo se encarga de hacer lo que le recomendó una bruja de Pampas, su pueblo natal, en Ancash, a siete horas de Lima: hervir en agua ortiga, manzanilla, menta, panisara, poleo, valeriana, huamanripa, excursionera, huira-huira y cedrón, para que Leoncio beba. El hijo se dedica a los menesteres duros en la casa y aunque es uno de los más chicos en la lista de dieciséis hijos que Leoncio y Edelmira tuvieron, la salud del padre es una responsabilidad que no lo deja descansar.

Así como Leoncio dejó de ser un campesino dedicado a sus animales y su huerta, Teodoro pasó de gatear entre el gallinero y la casa a aprender a caminar sobre el polvo seco de Caja de Agua, el barrio que fue una planicie yerma al costado de un cerro de unos ochocientos metros en el norte de la Gran Lima. Allí, los Reyes tomaron una pequeña porción de terreno para levantar su nuevo hogar. En el campo Leoncio se levantaba al alba y enseguida comenzaba con la faena, los niños todavía en las camas, durmiendo de a tres por catre, y Edelmira en la cocina, encendiendo el fuego.

Teodoro tenía poco más de cuatro años cuando la familia enrolló los colchones y se montó en un bus repleto de serranos escapando de la pobreza. Colinas de declives suaves entre dos cadenas montañosas con ranchos de adobe que resguardan del frío de la noche y el calor de la mañana es todo lo que recuerda Teodoro de Pampas, la tierra de sus padres. Los había empujado el hambre. El punto límite fue esa cosecha tan rala que por las noches Edelmira tenía que mezclar maicena con agua para calmarles el apetito. Tuvieron hambre. Huyeron del hambre.

Llegaron a Lima, a armar una casucha de esteras sobre un alto áspero, como una lija de arena. Al poco tiempo, así como cuarenta años más tarde en Buenos Aires pasó con los que quisieron instalarse con sus carpas de nailon en los baldíos frente a Villa

del Señor, a ellos los corrieron de la toma con tiros y gases lacrimógenos. Deambularon hasta que un amigo les contó que los de
Ancash se habían organizado para tomar los terrenos desérticos
que había en otro extremo de la ciudad, al pie de un cerro, en
Caja de Agua, distrito de San Juan de Lurigancho. Para entonces no habían nacido aún todos los hijos de Leoncio y Edelmira.
Teodoro no se acuerda de todos, porque no todos sobrevivieron.
Ya en Lima, de muerte natural, se fue la más chiquita, la última
que tuvo su madre. En el camino quedaron otros cinco.

¿Teodoro cree en Dios? Sí. ¿Teodoro tiene otros salvadores que
lo protegen en su mundo de venganzas y cuentas abiertas? No.
Desprecia los santos y las liturgias paganas, el umbanda, el San
la Muerte, el Equeco, el Tata Bombori. Por supuesto, ni siquiera
el Señor de los Milagros, la masiva imagen del Cristo negro de
los peruanos que se repite en cada capital del mundo donde un
inmigrante añore su tierra, lo conmueve. En Teodoro se mezclan
las creencias que le transmitieron sus padres. Una mamá católica
y un padre que al llegar a la ciudad se abrazó a dos causas bien
jodidas, la izquierda política clásica y el alcohol que pierde y agita
las pasiones. No me resulta extraña esa combinación.

Teodoro se consideró un hombre enamorado cuando tenía
doce años recién cumplidos. Ella se llamaba Soledad y era tan
bonita, dice, que la miraba pasar y por dentro sentía que temblaba. Ella lo quiso, le dijo que sí, que sería su enamorada. Eran
casi de la misma edad. Teodoro nació en agosto. Soledad, en diciembre. Y como ya era un hombre a los doce, a los trece Teodoro
aceptó, dice, el traguito de cerveza que uno de sus tíos de Ancash
le dió a beber. Le gustó demasiado. Se emborrachó. Lo tuvieron
que llevar a la cama entre dos y acostarlo hasta que se le pasara
la mona. Las fiestas familiares suelen ser como un carnaval de
permisos que habilitan a los grandes a tomar hasta perder la conciencia, y a los chicos a ensayar esos hábitos que luego practicarán
de grandes: tomar y bailar, seducir y caer. A Teodoro pronto se le

hizo una costumbre y, aunque Soledad no le decía nada, los "suegros", que vivían unas casas más allá, en el mismo barrio de Caja de Agua, comenzaron a defenestrarlo. Aunque Teodoro iba a la escuela César Vallejo y demostraba ser un chico inteligente, los padres de la novia lo consideraban alguien muy por debajo de lo que su hija merecía y le prohibieron verlo. Entonces se las arreglaron con excusas escolares: clases extras para ingresar a la universidad. Los dos soñaban con una carrera. A Teodoro se le antojaba ser abogado. A Soledad, maestra. El amor entre ellos era tierno, reposado, de largas charlas y paseos en el naciente barrio, alguna que otra incursión al centro de la ciudad, domingos en la tarde tomados de la mano, un helado, un refresco. El deseo sexual estaba allí, agazapado todo el tiempo, pero Soledad no iba a dejarlo avanzar. Salieron cinco años y jamás hubo debut, se lamenta Teodoro. Es que en ese tiempo uno tenía tabúes. Ella no quería. Apenas si le permitía un roce con la ropa puesta que a él lo dejaba al borde del estallido. Ella creía en los consejos de sus padres y de los curas y las monjas: llegar virgen a la iglesia para poder vestirse con toda dignidad de largo y de blanco. Los padres de Teodoro, cristianos al fin, le habían transmitido la misma idea a él. Así que Teodoro tampoco presionaba a su enamorada. La creía la futura madre de sus hijos, era mejor que lo rechazara demostrando su virtud. Al fin y al cabo, para eso estaban los burdeles. Rezar y pecar; en eso pensaba antes de comenzar una vida en la que no dudaría en salvar la propia, tantas veces como pretendieran arrebatársela a tiro limpio.

El primer prostíbulo se llamó como una iglesia: San José. Así de impía puede ser Lima, la católica. Teodoro y varios amigos se copetearon antes de tomarse una combi hacia La Parada, ese mercado a cielo abierto en un extremo de la ciudad que hierve todavía, cada vez más sórdido, pobre, violento y vital. Allí se venden los amuletos de las sierras y de la selva, la ropa hecha en talleres clandestinos, los electrodomésticos robados, las flores de plástico y papel, los discos de boleros y rancheras, huainos y cumbias, se hacen las ceremonias para atar amores y desatar maleficios y se consiguen los animales más extraños para convertirlos en mascotas, todo a precios increíbles y removiéndose en un caldo que aun en los días más fríos es caliente. Los burdeles que hay en La Parada tienen varios niveles. El que eligieron los amigos aquella noche fue uno de los más baratos, y clandestino. Eran todos menores. En los más reputados no los hubieran dejado entrar.

Teodoro se había guardado la plata en la media para que las *pirañas* —los arrebatadores que suelen acechar en los rincones de La Parada— no se las quitaran. Sabía por sus tíos que La Parada era un sitio picante. Entraron. De a uno, en fila, como si los arreara el diablo, para que la culpa y la vergüenza no terminaran de asediarlos diciéndoles arrepiéntete. Los recibió una vieja con pocos dientes que los hizo comprar tragos. Y sin dejarlos elegir, les asignó una muchacha a cada uno. Teodoro vio a la suya y pensó que era la chica más hermosa que había visto en su vida. Nunca, hasta ese momento, había podido ver la piel de una mujer en esas zonas en donde todas parecían veladas por la ropa, cubiertas por el pudor. Apenas había vivido el roce con su novia adolescente, la percepción de la carne bajo la tela de mezclilla y el tacto bajo el sostén pero sin llegar al pezón, y de pronto, en una sola bocanada ácida de ese puticlub de cuarta, esta mujer de tetas grandes como las de las revistas con las que se masturbaba, lo hacía gozar, consciente ella de que él estaba perdiendo la virginidad. Los amigos volvieron a Caja de Agua agotados y felices. Esa noche nacieron dos de sus perdiciones: ni las drogas ni los lujos, sólo la cerveza y las mujeres.

A las pocas semanas los amigos volvieron al San José. Las chicas estaban, pero esa vez no los dejaron entrar al burdel. Estaban de huelga, dijeron. Era el comienzo de una etapa política dura, de conflictos y de lucha permanente. Los sindicatos se organizaban contra el gobierno de turno, entonces hasta las putas se habían sumado al boicot que empezaba a tejerse en cada barrio. La familia Reyes en pleno comenzaba a participar de esa pelea. En Caja de Agua la cosa se dividía entre los que, como los Reyes, se identificaban con la Izquierda Unida, y los que, como los padres de Soledad, se sentían más cerca del APRA, (Alianza Popular Revolucionaria Americana), el movimiento político creado por Víctor Raúl Haya de la Torre en 1924. Pronto Teodoro y sus hermanos se volvieron militantes. Todavía recuerda con la misma fruición que el debut sexual en La Parada el debut político en su barrio la noche en que, mientras pintaban un muro con consignas marxistas, se aparecieron los apristas a querer quedarse con la pared y ellos a punta de piedrazos los hicieron retroceder.

La tarde parecía hecha para el fin del mundo, un espectro de tarde que se debatía entre la lluvia y el viento desaforado. Leoncio, el padre de Teodoro, había salido sin rumbo, como solía hacer desde que los ataques de epilepsia desaparecieron, cuando él sintió que había progresado en la construcción de la casa que al comienzo fue de barro del río y luego de material noble. Así, "noble", le dicen los peruanos al ladrillo y el cemento. Leoncio era un buscavidas que supo convertir su sabiduría campesina en trabajo urbano: se hizo jardinero de las zonas más coquetas de Lima. Casi no alcanzaba a atender a todos los clientes que le surgieron. Más tarde consiguió un empleo fijo como jardinero contratado por la alcaldía. Durante la semana se comportaba. No faltaba al trabajo y llegaba a los brazos de Edelmira. Pero cuando se acercaba el viernes todo era posible: que preservara la conducta o que, en un solo sorbo de cerveza, se definiera su futuro inmediato. Una juerga salvaje se desataba entonces. Al principio Edelmira lo padecía y se lo cobraba con las maldiciones que le echaba cada vez que volvía. A veces los hijos salían en su búsqueda para evitar que amaneciera tirado en la calle, o expuesto a los pungas que lo pelarían apenas lo vieran indefenso. Con el tiempo Edelmira se acostumbró; todos en la casa se habituaron a esas salidas, a que no regresara en uno, en dos, en tres días. A la borrachera Leoncio le sumaba su adicción por las mujeres, un vicio de seductor desenfrenado que lo hacía cultivar amantes aquí y allá. Fue tal su perdición en esas bacanales que nadie salió a buscarlo la última vez, cuando la policía llegó a la casa a avisarles.

–Lo que pasa es que mi viejo era muy mujeriego. Y una vez lo encuentran en esas. Mi padre se mete con una mujer. Y la mujer parece que tenía otro marido, otro amante, no sé qué. Parece que esa persona engañada solamente quería pegarle, pero se le pasó la mano. Y lo mató nomás.

–¿Cómo?

–Lo mataron por allá por San Luis, y en un coche lo llevaron acá por San Juan de Lurigancho. Cerca de la casa. Entonces, lo encuentran pues, y nos dan la noticia de que era mi viejo. Dijeron que tenía todos los huevos hinchados de que le habían pegado ahí. Lo mataron porque mi viejo era muy mujeriego. Era muy mujeriego.

–Como vos, Teodoro.

Conozco entonces la sonrisa que esconde Teodoro. Es un gesto que parece no pertenecer a ese rostro. Le surge de un costado, y levanta los rasgos andinos, hasta tajear una mueca en la mejilla que avanza desde la comisura de los labios hacia los ojos, sorprendente. Cuando volvemos al diálogo, me doy pena por haber hecho ese chiste: no era el momento. Más tarde me daré cuenta de que fue quizás esa broma la que selló la confianza entre nosotros, la que lo dejó navegar su vida sin temor a que lo engañara.

Para recuperarme hice una pregunta de cronista de nota roja.

–¿Supieron quién fue el asesino?

–Como en el transcurso del año, año y medio, nos llegamos a enterar de quién fue.

–Ah, ¿sí?

–Sí.

–¿Y hubo justicia?

–Eh, nosotros queríamos hacer justicia pero mi vieja no quería. Mi vieja decía: "no, no, hijo, no". De ahí el tipo se quedó en la cárcel nomás.

–¿Cómo los afectó a ustedes, los hermanos?

–Y, nos cayó mal pues. Era mi papá.

–¿Imaginaron que podía pasarle algo?

–No, no, jamás.

–¿Y él no había tenido relación con algún tipo de delito?

–No, mi viejo y mi vieja siempre nos han criado de una manera muy derecha. Mi viejo lo que nos decía era que nunca había que ir a robar y hacer esas cosas, porque la policía después te castiga, te pega. Siempre nos tenía derechos. Siempre nos inculcó lo mejor.

*

De entre sus quince hermanos, Teodoro se dejó influir sobre todo por Arsenio, el mayor, el único que nunca adhirió a la idea de la revolución armada y se mantuvo en su adscripción al APRA; y también por el hermano que lo antecedía, dos años más grande que él, Niki Lauda, el que primero cruzó la vereda entre la Izquierda Unida electoralista en la que se peleaba por ganar la alcaldía de Lima y la militancia clandestina, férrea y violenta de Sendero Luminoso. Arsenio era un tipo de pocas palabras que desde que llegó a Lima se concentraba en su trabajo de fabricación artesanal de zapatos. Una tarde, cuando Teodoro era todavía un chico, le ordenó que se sentara a pegar suelas. Otro día lo hizo cortar moldes de cuero. Por fin le enseñó a coser y a dibujar las progresiones en cada modelo. El otro aprendiz que se volvió profesional en la familia Reyes fue Niki Lauda. Y cuando crecieron y tuvieron edad para buscar su propio sustento, a los diecisiete años, Niki y Teodoro se asociaron y comenzaron a hacer sus propios zapatos.

Teodoro tuvo su primer sueldo en la mano cuando no había cumplido los dieciocho. Su padre solía darle lo justo para la escuela y el transporte, no sabía lo que se sentía cuando la mano rebosaba de dinero, cuando el bolsillo, después de cobrar, apenas se dejaba abultar por los billetes. Pero si había conseguido eso por aprender a hacer zapatos, se multiplicaría si encontraba algo mejor. Masticaba la repulsión y la furia que le producían los insultos y los malos modos de Niki, que por ser dos años mayor lo quería tratar como a un peón más, sometido y servil. No, él no iba a soportarlo, y no lo soportó. Se hartó de los gritos de Niki y le cantó las cuarenta. No más huevón, no más gritos, esas palabras delante de la gente, no más esa humillación. Teodoro todavía no sabía que había dejado embarazada a su nueva enamorada, la que tuvo no bien dejó a Soledad, cansado de esperar a que se decidiera a entregarle su virginidad. No tuvo más paciencia. No supo. Ahora, si pudiera volver atrás, quizás haría todo distinto. Pero la chica con rasgos de la selva que conoció en el baile también lo quería, también lo amaba, él podría corresponderla y darle lo que necesitara. A ella, y a los hijos que tuvieran, como ese que ya venía en camino y terminó por obligarlo a buscar otra salida, otro trabajo en la ciudad.

En esos primeros años algo había alcanzado a ahorrar. Se llevó algunas máquinas y buscó un nuevo socio, un amigo que también le daba a lo de los zapatos. Sacaron un primer lote y se lanzaron a la calle, cargados con un palo que les cruzaba la espalda, y los zapatos relucientes, lustrados hasta brillar, colgando como adornos, ristras de zapatos. En sus recorridos en busca de clientes se conoció todo San Juan de Lurigancho y, apenas pudo, mejoró las herramientas. Llegó a tener una buena máquina de marroquinería fina, y conoció a todos los proveedores de cueros y suelas de Gamarra, el barrio de comerciantes en el que se puede conseguir lo que a uno se le ocurra para vestir y coser, de los pies a la cabeza. En algunas cosas, la verdad, piensa Teodoro, Buenos Aires puede ser muy elegante y europea, pero no le llega ni a los talones a Lima. Por más que quieran los coreanos y los judíos, el Once de las telas en rollo y por kilo no se puede comparar con las calles y calles y calles de Gamarra, donde la gente muestra sus precios colgados de los hombros, como si fueran avisos humanos. ¿Cómo estar a la altura de esas galerías donde esperan las ofertas más convenientes, el algodón pima más suave y duradero, las muchachas que te agarran del brazo y te llevan para adentro, te suben al tercero, al cuarto piso a descubrir la caleta más caleta, y donde todo le saldrá la mitad? Pase, patrón. Qué busca, rubiecita. En qué anda, amigo. Le damos más barato. Le damos lo mejor. Teodoro adoraba caminar entre ese gentío inmenso en el que lo que valía era el artilugio para vender, la sagacidad para comprar. Llegó a saber mucho de zapatería. Además, el oficio, al ser autónomo, le permitía seguir metido en la política.

Fue de un día para el otro, o de una noche para la otra, porque las reuniones en Izquierda Unida eran más bien de noche. Todos trabajaban. Los unía un fervor político como el que sólo sobreviene tras una dictadura muy larga en la que el silencio primó por sobre todas las formas de expresión, y de pronto se convierte en un caudaloso río de discusiones que sobreviene como si ocurrieran en un escenario de actores desaforados. La necesidad de aprender los códigos de la política empuja a la gente, y sobre todo a los más jóvenes, a esos encuentros en salas tumefactas en las que la luz es una bombilla bajo la que alguien explica claves básicas para comprender de qué miserias está hecho el mundo. Teodoro se sentaba a escuchar las diatribas de unos hombres serios y cejijuntos que así como le transmitían las máximas del marxismo leninismo, le enseñaban a cantar canciones revolucionarias. Apenas se acuerda de la Internacional, pero le quedaron las letras de casi todas las de la Guerra Civil Española, sobre todo aquello de que los pobres coman pan y los ricos, mierda mierda.

Fue de una noche para otra cuando empezó a sonar junto a las canciones el nombre misterioso de esa nueva agrupación política, más extrema y comprometida que el partido que postulaba sus candidatos en las elecciones: Sendero Luminoso, le susurraron al oído después de una reunión para hablarle de un compañero. Era un infiltrado de Sendero, como tantos hombres y mujeres que sólo iban a las reuniones para captar nuevos cuadros para su propio bando. Necesitaban jóvenes, hijos de trabajadores que vivieran su condición de pobres y migrantes con una mirada despiadada, porque en esa condición estaba también el deber de la lucha política, y de la lucha de clases. El resentimiento como base y la lectura de los clásicos, desde Marx y Lenin a Mao Tse Tung, podrían hacer de uno de estos nuevos adeptos el revolucionario más frío y obediente a la gran estructura que llegaría a ser Sendero. Pronto, tras acostumbrarse a ese nombre al que luego sólo se aludía como "el Partido", en una reunión en la que los compañeros habían cubierto la pared del fondo de un local recién hecho, todavía con olor a cemento, con una enorme tela roja con una hoz y un martillo amarillos, Teodoro oyó el nombre del líder al que debía seguir: Abimael Guzmán.

La insurgencia armada comenzó en Perú en el pueblo de Chuschi, en las sierras centrales de Ayacucho, a comienzos de 1980. Cinco encapuchados, maestros de escuela adoctrinados en el maoísmo latinoamericano de Guzmán, atacaron un puesto eleccionario a tiros y quemaron las urnas. Fue el 17 de mayo. El incidente, que terminó con las cajas de madera chamuscadas, no dejó muertos y a los pocos días apenas mereció un pequeño recuadro en un diario ayacuchano. Era el debut público de Sendero Luminoso, lo que el periodista Gustavo Gorriti llamó "el primer disparo, engañosamente asordinado, que rompía los fuegos de la guerra milenaria". En su libro *Sendero, historia de la guerra milenaria del Perú*, Gorriti fundamenta ese origen a pesar de que las culturas originarias de los Andes aparecen desdibujadas tras los discursos "chinos" de Guzmán y su plana mayor. Chuschi, detalla, es un enclave en el que Sendero no tiene mayor adhesión de los comuneros –de hecho fueron ellos mismos quienes, la mañana siguiente al ataque al puesto eleccionario, detuvieron a dos de los muchachos que habían quemado las urnas– y por otro lado lleva cuatrocientos años siendo un centro comercial. Reúne cada semana a campesinos que llegan desde los cuatro puntos cardinales tras viajes a pie y en mula de hasta dos y tres días por caminos escarpados. Chuschi ha sido además un centro ceremonial y toda el área de Ayacucho ha sido poblada por campesinos descendientes de aymaraes, angaraes, moches de la costa, mitimaes y taquiguas.

Hacía dos meses que el Partido Comunista del Perú se había reunido durante diez días en la Isla del Gallo para debatir un rumbo nuevo en su accionar de décadas. Los enfrentamientos internos –entre una línea dura y una línea blanda que deben sintetizarse en una línea justa– habían causado peleas y enemistades, purgas y defecciones, y lo que quedaba de la dirigencia era un ala dura que sólo necesitaba un líder capaz de bajar la línea más dura posible, la de la guerra frontal. Jornada tras jornada, en discursos plagados de citas políticas de Marx, Mao y Lenin, Guzmán copó con éxito la Segunda Sesión Plenaria del Comité Central. Sus compañeros le dieron la razón: ante un país en el que la enorme mayoría sufría la pobreza en las ciudades y la miseria extrema en el campo prefeudal y premoderno, no había más alternativa que levantarse en armas, sacrificando, si era necesario, la propia vida, para vencer al Estado burgués de una falsa democracia e imponer el gobierno de los trabajadores.

Desde entonces la expansión de Sendero Luminoso en los pueblos más apartados de Perú, y luego en Lima y las grandes ciudades del país, continuó al mismo ritmo con que aumentó la violencia aplicada, su crueldad y el terror ocasionado. La estrategia para

Your National Express Ticket

Customers: 1 Adult
Booking Date: 24 June 2010
Fare: £50.30 Including Insurance
Ticket Number: IFG92370
Ticket Type: Open Return

Outbound Journey

Service 202   Journey Ref: ZUTY
07:45 Thursday 24 June 2010
Departing Heathrow Airport
Heathrow Airport, Central Bus Stn
07:55 Thursday 24 June 2010

Arriving Cardiff
Cardiff, Bus Stn, Wood St
11:20 Thursday 24 June 2010

Return Journey

Please call 08705 808080 or visit a National Express Travel Shop
to confirm your return journey.

Please retain this ticket.
Issued subject to conditions of carriage
For information call 08717 81 81 81
In emergency situations only call 0845 546 6681
www.nationalexpress.com

national express

tomar el poder era avanzar contra el Estado corrupto de la democracia recién recuperada tras un gobierno militar, el del general Francisco Morales Bermúdez. Guzmán, vencedor en la interna de su partido basado en la idea de Mao Tse Tung de "apoyarse en los cuadros medios y parte de las bases de la organización", tenía el poder total. Con su discurso, en el que mezcló estrategia militar prusiana con líneas textuales de Deng Siao Ping, Guzmán logró convencer a los jóvenes militantes de Sendero del "sacrificio necesario para conseguir la victoria". Sobre una base de soldados convencidos de la necesidad del autosacrificio –"tener voluntad de morir"– y dispuestos a eliminar al enemigo, de acuerdo a los principios del marxismo-leninismo-maoísmo y a las experiencias de China y Vietnam, Sendero Luminoso logró imponer la guerra. La liturgia guerrillera senderista encontraba su maestro en un líder único e incuestionable, duro, severo y docente, que realizaba advertencias, inspirado por textos de Shakespeare. En una de las sesiones plenarias en las que Guzmán convenció al Partido de pasar a la acción armada, la guerra de guerrillas y la violencia, hizo leer párrafos de *Julio César* para ilustrar cómo se complotan los conspiradores. Y algunos de *Macbeth*, para comprender cómo nace una traición.

Mientras Teodoro Reyes se iniciaba en Sendero, su hermano Niki Lauda ya era un soldado de la causa. Toda su familia apoyaba la idea de que para cambiar las cosas en su país no se podía pelear por el poder en las urnas. Entre los entusiastas también estaban sus hermanas. Una de ellas se casó con un muchacho que, como Niki, pasó a la acción en el comité de su zona. Teodoro jura que él fue uno de los menos vinculados de la casa paterna en esa primera etapa de Sendero. Cuando se hartó del maltrato de su hermano y abrió su propio negocio de zapatos, comenzó a alejarse de las apuestas cada día más arriesgadas de sus compañeros. En casa quedó el mayor de todos los Reyes, un hombre que veinticinco años después seguía en la misma casa de San Juan de

Lurigancho. Encontré el número en la guía y llamé sin pensarlo mucho. Del otro lado sonó la voz de alguien mayor y vital que no se sorprendió al escuchar que había un tipo interesado en la historia de la familia.

—Cuando uno no tiene dinero para pagar, no se le puede creer a la prensa, porque son como esos animales carroñeros –me dijo Arsenio Reyes.

—Soy escritor –atiné a decirle.

—Eso podría mejorar las cosas, amigo, pero ¿cómo yo sé que usted me dice la verdad?

—Porque puede poner mi nombre en Internet y ver que no le miento.

—No uso esas tecnologías. Yo he sido el mayor, soy un hombre de muchos años, con mi hermano al que le dicen Niki Lauda hemos crecido los dos juntos. Me sorprende todo lo que se dice de él en Buenos Aires. Quiero decir que no somos gente que se llene de riqueza con esos asuntos de los que acusan a Niki y a Teodoro. Debería verme, la sencillez de mi casa, de mi barrio; soy un hombre mayor y sigo trabajando. Toda mi vida me ha dado por el trabajo.

—A su hermano le interesó muy temprano la política.

—Mi hermano sí estaba en la política y eso me enorgullece, porque la pobreza es un problema político. Y le soy sincero, a mí pueden verme toda mi trayectoria y mi familia y nada podrán encontrar que ensucie nuestras ideas y nuestras actitudes. Siempre nos hemos caracterizado por nuestra pobreza y por eso con mi hermano hemos andado para arriba y para abajo para sobrevivir. Niki, sí, estaba en la política. Él, por ese motivo, fue acusado, cumplió un tiempo en la cárcel y luego se fue como asilado político a Buenos Aires. En los medios apareció como terrorista de Sendero. Nadie puede decir lo que realmente pasó, nadie puede decir lo que puede pasar mañana.

Dijo misterioso don Arsenio.

–¿Ustedes son religiosos?

Pregunté sólo para poner entre nosotros un tema posible, un tema de opinión sincera, antes de que me corte. Escucha, se calla por unos segundos y se entusiasma por fin.

–Yo de la religión católica me he desengañado, empezando por el Papa. Me he hartado de todo lo que significa. Ellos son claves en el sistema para aplastar a las masas.

–Su hermano se rebeló a eso. ¿Qué fue lo que lo hizo cambiar?

–A él no le ha gustado nunca aprovecharse de nadie, hasta su propia ropa él regalaba. Él perteneció a un gremio sindical de la construcción. Hasta que lo despidieron cuando entraron los líderes de más alto nivel y negociaron con la patronal. Ver eso, estar metido en el proletariado, en esos años en que revienta toda la lucha social, lo convenció de participar del proceso revolucionario. Todo lo influyó para que entrara a la política.

Los senderistas dieron algunos golpes con bombas más poderosas que la de Chuschi, y cada vez más cerca de la ciudad. Para 1985, los estruendos en Lima se hicieron sentir como un cataclismo. Como esos tsunamis que se llevan consigo las costas, esta organización política, que parecía surgir de la nada, se llevaba la tranquilidad de los peruanos. La actividad era intensa en la casa de los Reyes en Caja de Agua. El cuñado de Teodoro se disponía a liquidar a un policía de la Guardia Civil. Niki Lauda se unía a una célula en la que les tocaba incendiar locales del gobierno y comercios y hacerle la inteligencia a un coronel del Ejército para tenderle una emboscada y eliminarlo. Teodoro no olvida que, aunque su hermano no era de ocultar sus movimientos, porque gozaba de una silenciosa pero clara venia de la familia, supo que estaba comprometido con la lucha armada cuando una mañana lo vio llegar con tres hombres jóvenes que venían de otros lugares del interior de Perú.

A Teodoro el padre le había regalado el aire de los techos del fondo de la casa de Caja de Agua para que se construyera la propia. Él había levantado una pieza en la que vivía con su mujer y su primer hijo. Estaba saliendo del cuarto con su ristra de zapatos cuando se los cruzó. Eran campesinos recién llegados a los que la organización les había asignado misiones en la capital. Su casa, la casa de sus padres, se había convertido en una casa de seguridad, un sitio clandestino en el que, tratando de que no quedaran rastros, iban a darles alojamiento a guerrilleros, hombres desconocidos a los que los unía solamente el convencimiento de que había que lograr el poder cercando la ciudad de Lima hasta abatir al presidente y sus ministros. Su casa, su hermano, su cuñado y quizás él mismo, eran clandestinos. En definitiva todo había sido clandestino durante la dictadura que fue del 70 al 79 y, aunque las esperanzas de un cambio para los más pobres eran muchas, apenas ganó Belaúnde Terry el Estado era, seguía siendo, el enemigo. Había que avanzar sobre él, convencidos de que si en el camino se perdía, eran las reglas de una revolución maoísta bien entendida, donde el militante lo dará todo, incluso la vida.

Si Teodoro se pone a pensar en qué ha sido para él la clandestinidad, algo que terminaría atravesando toda su vida, se le viene a la mente no una de aquellas reuniones de Sendero Luminoso, sino la tarde en que, con un amigo, le robó el arma a su padre y subieron al cerro a disparar por primera vez. En el campo las armas son un objeto clave en la casa de cualquiera. Nadie puede defender su tierra si no tiene un arma. El arma es una herramienta de trabajo con la que primero se caza para comer. Y luego se mata al animal depredador de la siembra y al que se roba los animales domésticos, los de crianza, también para comer. Las armas están atadas a la familia, son una herramienta tan necesaria como el azadón o el arado. Es más, hasta que la guerra no llegó a las sierras y a la selva de la mano de Sendero Luminoso, las armas no tenían una carga negativa. Eran una salida a un problema, una defensa preventiva a los ataques de la naturaleza, o de la naturaleza humana. Para cuando Teodoro tuvo una en las manos, la guerra ni siquiera había asomado en el horizonte de su barrio, al pie de ese cerro que los invitaba a subir para saber qué se sentía cuando al gatillar el percutor golpeaba la pólvora y salía la bala.

Cuando escuchó el impacto, creyó que así de fuerte como había rebotado en sus tímpanos, así llegaría de nítido al otro lado del cerro, en donde, sobre el río Rímac, la policía tenía un centro de entrenamiento. Se darían cuenta, los perseguirían, los acusarían de ladrones, irían presos, les pegarían. Corrieron resbalando por la ladera del cerro, haciéndose magullones en los tobillos, hasta dejar atrás el disparo, y entraron al barrio silbando bajo, con las manos en los bolsillos y el revólver escondido en las pelotas. Tentados de risa se dejaron llevar por la música que salía de las casas ese sábado a la tarde, y ahí nomás empezaron a emborracharse porque ya se sentían grandes.

¿Y qué más recuerda como verdaderamente clandestino de ese tiempo en que prevalecía la inocencia? El burdel. El disparo. ¿Qué más? La confesión del tío, el hombre que ejerció sobre él y Niki Lauda la influencia que su padre no alcanzó a tener por su debilidad ante el trago, por su callada forma de ayudarlos y su muerte temprana. El tío era un hermano de su padre que solía regresar de largos viajes a la selva con los bolsillos llenos. Él y Niki eran sus preferidos porque eran, de todos sus sobrinos, los más jodidos. En ellos veía la picardía, la astucia del que puede comprender la ventaja que da lo ilegal. Si sus padres insistían en que la honestidad era lo que había que defender y que si uno se asumía ilegal debía ser por ideas políticas superiores, su tío llegó a las navidades y los años nuevos con la generosidad del que trae dinero fácil. Las fiestas de su adolescencia en las que no se terminaba la cerveza fueron auspiciadas por ese tío. Un día se presentó en la casa de los Reyes poco antes del cumpleaños de Niki Lauda. Sobrinos, les dijo, ahora quiero que busquen un buen conjunto para el sábado:

festejaremos. Y acto seguido se los llevó a la pieza, donde les preguntó, sobrinos, ¿saben ustedes quién anda en lo ilegal por acá? A Teodoro la pregunta le pareció muy general: en su barrio había muchos que eran ilegales. Entonces le pidió que se aclarara. El tío metió la mano en un bolso que llevaba todo el tiempo consigo y sacó un paquete envuelto en una bolsa y una media de caballero. Al desempaquetar quedó un trozo pequeño, como un pedazo de queso, de una sustancia blanca. Era cocaína. Fue la primera vez que Teodoro vio cocaína, coca ya sometida al procesamiento químico de maceración y de clorhidratación. Clorhidrato de cocaína. Ni entonces, ni jamás, a Teodoro se le ocurrió probarla. Lo que pronto le entró fue una curiosidad obsesiva por lo que se podía hacer en la selva para ganar mejor plata. Además, allá –pensó–, las mujeres son todas hermosas: esa piel, esas formas en un cuerpo que parece haberse criado tan al aire que en él todo es firme.

El impacto de llegar a la tierra más caliente de Perú es el calor y los zancudos, esos mosquitos que contagian pestes y hacen en la piel una roncha que amenaza con convertirse en herida si se la rasca con insistencia. Teodoro había pasado por las filas de Sendero y conocía el secreto de su tío. Pronto consiguió en San Juan de Lurigancho un contacto que ofrecía trabajo en la ceja de selva, hacia el norte, la segunda zona más cultivada de coca del país, el Alto Huallaga.

Desde que llegó, Teodoro sintió el golpe del clima en el cuerpo y la mañana en que tuvo que levantarse para salir a trabajar en el campo que le habían asignado no se creyó capaz. Eran tres peones contratados en esa parcela. Dormían en una barraca y desayunaban en una mesa al aire libre. En un fogón se freían una yuca o un plátano y, si acaso, se hacía una sopa de vez en cuando. A eso se le sumaba bastante arroz. Con el estómago engañado salían al campo. A Teodoro la cosecha no le resultó complicada. Sólo es necesario entender que hay que ser cuidadoso al sacar la hoja del tallo, que no mide más de un metro. Porque la misma planta puede rendir, a los dos o tres meses, otra cosecha más. Por eso los productores consideran a la coca como su caja chica. Es lo que les da la diferencia, el dinero necesario para comprar el resto de los insumos para sobrevivir. Cultivan lo que pueden para comer —el frijol, la papa, el tomate—, y con el efectivo que les paga el traficante al vender la hoja, pagan los extras. Quienes contrataron a Teodoro tenían sede en un pueblo llamado Progreso. Teodoro había entrado al departamento de San Martín en el Alto Huallaga por Tocache, y había conocido los pueblos de Uchiza y hasta uno que se llamaba Paraíso, cuyo nombre le hizo gracia porque a medida que él se adentró en la selva iba sintiendo que no era lo suyo. Él no estaba loco, lo que lo volvía loco eran esos mosquitos que no le dejaban la piel en paz y picaban donde ya lo habían hecho, como queriendo acentuar el daño, y ese calor terrible. Era gente de usar machete, porque sólo con el machete puede uno abrise paso a cada lugar de la selva. Para todo eran de usar machete, porque si eras ladrón, si se te daba por el delito, te pasaban a degüello, aparecías tirado en el valle, en el cementerio que nunca se llena. Lo suyo no estaba ahí, estaba en la ciudad.

En el pueblo de Progreso aprendió a imaginar el negocio sin haber llegado a participar de él. Sabía que en otros puntos de esa misma zona había pozas de maceración. Que había quienes cargaban toneladas de pasta base de cocaína en unas avionetas y partían hacia el extranjero. Si los aviones iban y venían con esa facilidad era porque el dinero estaba afuera, no en esa miserable chacra donde uno se doblaba de sol a sol. Extrañaba Caja de Agua, el centro de Lima, La Parada, y eso, lo sabía, no iba a bastar. En Lima la cosa andaba mal. Nadie tenía trabajo, y el que conseguía algo por la venta ambulante pasaba hambre igual. En la selva empezó a soñar con vivir en una gran metrópolis, con escapar, ya no hacia adentro de su país, donde además ya se vivía la guerra, sino hacia fuera, al exterior. Venezuela, pensó. Venezuela es el lugar. El boom petrolero había disparado la economía y allá se cobraba en dólares.

CAPÍTULO III

Ángel llegó a nuestra cita con la pierna enyesada. Caminaba sostenido sobre muletas nuevas. Una sonrisa amplia dejaba ver los dientes blancos y salidos, la boca grande. Nadie le había pegado un tiro, como pensé. Se había fracturado jugando al fútbol, o al menos eso me dijo apenas se acomodó en la silla. Había sido primero marcador en los pasillos de Villa del Señor, después vendedor y, finalmente, sicario del capo. En encuentros a veces fugaces, otras morosos, eternos, Ángel iría traduciendo el territorio hasta hacerlo comprensible. Por momentos jugaba a ser malo, se dedicaba demasiados honores a sí mismo y terminaba por decepcionarme. Por otros, cuando más infantil era su relato, más verosímil se volvía. "En la villa tenemos un presidente", me dijo. "Él me pagó tres mil pesos para que bajara a un paraguayo."

Le pedí que me dibujara las cuadras, los pasillos, los sitios en los que mandaban sus jefes. Dió vuelta el individual de papel del bar en el que estábamos y con un marcador dibujó las manzanas nombradas con letras. Las avenidas Bonavena, Galíndez, Monzón y la Calle Sin Apellido. Frente a Villa del Señor, cruzando la avenida Bonavena, el barrio Presidente Perón. En las esquinas de la villa delineó con palitos unos hombres. "Esos son los guardias, los cuidadores", dijo. Como para darme un ejemplo sólo dibujó cinco. Luego supe que a esa altura eran unos cincuenta, rotativos, en diferentes líneas de mando, desde los soldados rasos a los "familiares": les decían "perros". En el apogeo del negocio llegarían a ser sesenta.

La madre de Ángel, su padrastro y sus medio hermanos viven al sur de Buenos Aires, en Villa Sabaneta. Cuando se fue de Lima, la madre de Ángel le había prometido que volvería a buscarlo cuando las cosas funcionaran en Argentina. Ángel vivió con su abuela, esperando por su madre. La mujer preparaba ceviche y lo vendía en un puesto del mercado, un gigantesco emprendimiento de comidas y venta de baratijas a cielo abierto, casi pegado al mar, en el Callao. Al principio la madre de Ángel llamaba por teléfono a la casa de una vecina cada semana. Pasados dos años las noticias de la madre se hacían esperar cada vez más. Apenas si recibía un llamado de ella cada tanto. Un día lo llamó para contarle que se había vuelto a casar con un buen hombre, un paraguayo. El tiempo pasaba y, con el transcurrir de los meses, Ángel sintió que el destino lo traicionaba. Él nunca había dudado de la buena voluntad de su madre. Ella se lo había prometido, no podía fallarle. Por eso él mismo debía ir a su encuentro, pensaba. Comenzó a pedirle a su abuela que tomaran, como tantos otros en su barrio, un bus que los llevara, en un viaje de varios días, hasta la soñada Buenos Aires. Cuando su madre partió, Ángel tenía ocho años. Cuando cumplió doce su abuela decidió que lo llevaría a Buenos Aires. Gastó los ahorros que había hecho y compró los pasajes. Emprendieron la travesía por tierra: pasaron por Chile y en cinco días estuvieron en Liniers. Llegaba por fin a vivir con su madre, esa mujer recia pero a veces dulce que, al partir hacía cuatro años, lo había aconsejado: no te dejes convencer por nadie que te ofrezca dinero fácil.

Ángel extraña la vida en Lima. En definitiva, piensa, soñar no estaba mal. Cuando hace memoria lo vence una intensa nostalgia. Ese sentimiento empeora los días nublados, cuando el cielo porteño se parece un poco a la panza de burro de su ciudad natal, a esa manera brumosa con que se oculta el sol "allá". Es feo, porque a la melancolía le sigue la rabia. Una rabia que lo lleva a odiar y que, por días y días, le borra la sonrisa ancha. Sí, en definitiva no había futuro para él en el Perú. Allá quedaron ciertos juegos, la siesta interminable, los viajes entre la casa de la abuela materna y los abuelos paternos, los padres de su padre, al que apenas llegó a conocer antes de que partiera a España, según le juran. Se subía en el Callao y se bajaba en el centro, donde pasaba el fin de semana en una casa tomada en que la que vivían "los viejitos".

Luego regresaba tranquilo por ese camino tan conocido, sentado al final de la combi, hasta que el cacharro se encontraba con la planicie ocre que se une al mar. Cuando el chofer bordeaba un río contaminado en el que se van a asolear los adictos a la pasta básica, sabía que había llegado a lo de su abuela. Casi toda su infancia creyó que viajar a Buenos Aires y estar con su madre sería la solución a sus pesares. Cuando ella estuviera lista, cuando hubiera ahorrado lo suficiente y preparado una pieza para él en la nueva casa porteña, lo rescataría y él sería el feliz hijo de un nuevo papá, paraguayo, pero padre al fin.

Eso pensaba cuando era un niño. Cuando estaba en Lima. Pero a poco de llegar, tuvo que asumir que su abuela era la única que no andaba haciéndole notar la molestia de aguantarlo. Su madre y el paraguayo querían vivir como hasta entonces, con sus hijos en común y nadie más. Ángel ya estaba grande; no se adaptaba a las reglas de la casa, le dijeron. Duró con ellos lo que le llevó dejar la escuela: dos años más. A los pocos días de cumplir catorce, se sintió grande y se fue, quitándoles el saludo, aguantando el llanto porque no quería que el paraguayo pensara que era un maricón. Así, maltrecho, llegó a Villa del Señor, como un chico callado y simpático, sin que nadie le hiciera problema. Sin que él se lo hiciera a nadie. Esa actitud lo puso en un camino que se armó solo, respaldado por un peruano conocido del Callao que lo dejó dormir sobre una frazada, en el piso, los primeros días luego de su huida. "Si uno no tiene dramas con el resto, entonces puede ser que lo convoquen como soldado algún día", se dijo a sí mismo desde siempre. Puede que si uno tiene el contacto justo, se le reconozca valor para el trabajo, y por fin, le den un puesto entre los muchachos de Chaparro, el capo narco por aquel entonces, como parte de su ejército privado.

Al principio no le quedó más que el raterismo aficionado, el entrenamiento cotidiano con presas fáciles. Le da vergüenza, pero sí, les robó a los bolivianos cuando volvían de la feria, con billetes frescos, le robó la bicicleta a un par de guachitos de los barrios de clase media que colindan con Villa del Señor, y hasta en una escuela se metió. En el robo se progresa cuando se consigue un arma, y la consiguió: un 22 corto medio "lechucero" que todavía atesora como a un talismán.

Ser soldado de los transas estaba tan mal visto entre sus amigos ladrones que ante ellos nunca reconoció que quería pasar a ser un perro de Chaparro. Pretendía llegar a gozar de cierta estabilidad, cobrar cada día por sus ocho horas, contar con las prerrogativas de los que integraban la banda: los narcos no pagaban muy bien, decían, pero no dejaban tirado a nadie.

Fue una tarde, sin pensarlo demasiado. Vestido con un falso equipo Adidas que había manoteado en el robo a un taller textil clandestino, entró por primera vez a la Canchita de los Peruanos, con la excusa de saludar a un amigo de la infancia que supuestamente paraba ahí. "Chaparro estaba sentado sobre una sillita de camping. El reloj le brillaba. Le mentí que iba a tener un hijo y que me volvía loco porque quería trabajar y me tenía que poner las pilas. Me dijo que fuera a la casa y fui al otro día. Entonces vi, apenas, desde la puerta, las cosas de él. Un lujo", exagera; el capo siempre ha sido un hombre discreto en los gastos y las costumbres.

Como empleado de la banda comenzó a sentirse mejor parado, más "grande", aunque se dedicaba a lo más sencillo en la estructura: marcador. En cada esquina estratégica hay uno o dos marcadores que se encargan de avisar con silbidos el ingreso de un extraño. Le pagaban treinta pesos al día más las comidas por vigilar una esquina. Debía soportar la responsabilidad de que nadie se le colara, de que nadie lo fuera a apurar, y era el que acompañaba a los clientes que aparecían por el pasaje San Juan haciendo juegos de luces; dos pestañeos y entraban custodiados como los apreciados socios de un negocio rentable. A los marcadores los suceden los vendedores, y éstos se agrupan a su vez bajo el mando de los "chacales". Los chacales son mayoristas autorizados y segundos mandos del capo. Entre todos ellos rige un código que permite el dominio piramidal sin titubeos: a la primera falta la sanción es rapar a cero y afeitar las cejas. Si el muchacho no entendió con la vergüenza de andar con la cara como un mutante, se gana un tiro en una pierna, o en un brazo. El tercer error es el fatal: muere acribillado. Bajo esas leyes inquebrantables funciona el ejército privado al que Ángel ingresó.

*

Villa del Señor se extiende a lo largo y ancho de treinta manzanas. De formas irregulares, atravesadas por arbitrarios pasillos angostos, sus terrenos fueron ocupados por los inmigrantes que llegaron a Buenos Aires a partir de la década del cincuenta. Las viejas fotos del Archivo Histórico de la Ciudad muestran los baldíos en el lugar donde hoy se levantan desordenadas construcciones de ladrillo hueco de hasta cuatro pisos y, poco más allá, las casas quinta que se edificaron en la zona a mediados de la primera mitad del siglo pasado. Las familias ricas preferían disfrutar del aire libre los fines de semana en sus mansiones señoriales. Aunque la zona se devaluó, algunas de esas casas aún lucen los detalles de esos tiempos de abundancia y esplendor europeo, a pocas cuadras del lugar ahora ocupado por trabajadores peruanos, paraguayos, bolivianos y argentinos. La ciudad creció y la frontera entre Villa del Señor y "el barrio" se hizo laxa. Los primeros ranchos de cartón y madera sobre los bañados, solares de puro barro y laguna, se levantaron en 1957. A partir de entonces hubo varias tomas. En 1960 treinta familias recibieron el esqueleto de unas pequeñas casitas al otro lado de la avenida Bonavena. El barrio Presidente Perón comenzó como un plan de viviendas injertado en el descampado pero pronto perdió su condición de proyecto estatal. Los intentos de erradicarlo e ilegalizarlo, a pesar de su origen oficial, comenzaron con la dictadura de Juan Carlos Onganía y fueron cada vez más violentos.

El 23 de mayo de 1976, a menos de dos meses del golpe militar, cincuenta hombres de la Infantería de la Armada con trajes camuflados y boinas rodearon la capilla de Nuestra Señora. Encontraron a un grupo de jóvenes de la izquierda cristiana y dos sacerdotes comprometidos con la Teología de la Liberación en plena militancia villera. Se llevaron a los curas y a siete de esos jóvenes. A los dos días liberaron a los chicos en la avenida que separa a la capital de la provincia. A los sacerdotes los mantuvieron secuestrados en la Escuela de Mecánica de la Armada (ESMA). Allí estuvieron detenidos durante cuatro meses. Fueron compañeros de cautiverio de otros jóvenes también activistas en Villa del Señor: doce militantes de la juventud católica. A los curas los devolvieron tirándolos en un descampado. Los otros doce nunca aparecieron.

En el barrio se instaló la ausencia. Después de los secuestros, los vecinos quedaron atemorizados y con las espaldas descubiertas. A pesar de todo sacaron fuerzas de la organización interna para enfrentar los intentos de desalojo y las topadoras de los militares. Todavía late entre los pobladores más antiguos de Villa del Señor la imagen de las mujeres de polleras y chinelas, con los chicos en brazos, frenando el paso de las máquinas. Eran épocas de viejas confianzas: el respeto por los bienes personales y el cuidado mutuo, la conciencia de que lo que le ocurría al vecino podía afectar a la comunidad. También prevalecía cierta idea de progreso urbano. Algunas familias pasaban de la villa a los barrios del sur o migraban a la provincia, al otro lado de la avenida General Paz, para construir en terrenos más amplios. La geografía del barrio se volvió compleja. Cuando el Estado decidió cruzar la zona en dirección al norte, trazó las avenidas circundantes. El recorrido de una de ellas, Galíndez, todavía está en discusión. El trazado de la calle depende de cómo avanzan las tomas de terrenos por nuevos desesperados que buscan un techo construyendo casillas de chapa y madera donde pueden, o por la intrincada logística de los narcotraficantes peruanos que suelen disponer del espacio público como si fuera propio.

Treinta años después de las desapariciones de Villa del Señor, en marzo de 1996, tuve un remoto acercamiento al barrio la tarde en que un editor del diario en el que trabajaba me mandó a cubrir una noticia allí. Llegué a la zona sin todavía haber logrado un claro dibujo de la ciudad en la mente: como muchos en ese sitio, yo también era un recién llegado a Buenos Aires. En la villa, a los primeros pobladores que habían llegado desde el interior se les fueron sumado los de los países limítrofes y los peruanos, que ya eran un número importante. Familias enteras que repetían lo aprendido en sitios como San Juan de Lurigancho o Comas, en la Gran Lima, donde se habían asentado sin más que lo puesto al llegar de empobrecidas zonas rurales, en la sierra central o en la selva, desesperados por un trabajo y un sustento. Además, los que llevaban más tiempo en la villa, sobre todo argentinos y paraguayos, habían tenido hijos, y éstos más hijos, con lo cual el hacinamiento era ya insoportable. Necesitaban más espacio, viviendas. Cientos de familias habían ocupado las tierras libres que aún había frente a Villa del Señor, del otro lado de la calle Monzón. Eran cientos de improvisadas carpas de nailon.

El gobierno había decidido empeñarlo todo en apoyar la medida judicial que los desalojaba. El operativo policial fue todo lo enérgico que era necesario como para que, tras el paso de la infantería, no quedaran más que montones de chapa y madera. Las topadoras y las máquinas retroexcavadoras eliminaban con precisión cualquier rastro de vivienda. El humo de los gases lacrimógenos se veía desde varias cuadras más allá y pronto calaba en las pupilas, un veneno doloroso. Los pibes remontaban sobre los hombros unas catapultas efectivas como rifles con mira telescópica y apuntaban con piedras enormes a las cabezas de los federales de casco. Los recién llegados se refugiaron en la avenida Monzón, tras un container de basura. De los pasillos interiores salían los pibes, a los gritos. El combate fue desigual. Los federales pusieron a escupir a los camiones lanzaagua. Hubo cien detenidos. Quinientos evacuados se agolpaban hacia la medianoche sobre las mesas de los de Desarrollo, como les decían a los empleados del gobierno que les daban colchones, comida y, a algunos, hotel para albergarlos mientras tanto.

En esa época las reglas eran otras en el barrio. Aún no se terminaba de definir el mando absoluto de los peruanos en el tráfico de cocaína. Aunque el noventa por ciento de los que vivían en el barrio eran trabajadores de los oficios más duros y peor pagos, cada comunidad de migrantes tenía su propio núcleo delictivo dedicado a un negocio particular. De vez en cuando, por algún entredicho en una bailanta, se enfrentaban transas peruanos –dedicados sobre todo a la cocaína– con transas paraguayos –dedicados casi siempre a la marihuana. Los peruanos comenzaron a llegar masivamente a partir de 1990, se establecían en las esquinas más alejadas, hacia la avenida Galíndez. La memoria de Elsa, una mujer que habla con parsimonia y comprende el fenómeno narco en Villa del Señor, le dicta que los peruanos avanzaron desde 1993, a medida que hacían retroceder a los paraguayos. Y que fueron peruanos los que levantaron las primeras casillas en la manzana "J". "Las cosas eran muy distintas. La villa todavía tenía un presidente, Roka, un argentino contra el que siempre combatí porque jamás me gustó su forma de manejarse. Y contemporáneo a él mandaba Julio Valdivia. Siempre se dijo que él fue el primer 'terrorista' o 'terruco' –como se les dice desde el resentimiento en Perú– refugiado en la Villa del Señor, miembro de Sendero Luminoso."

Valdivia tenía fama de administrar justicia con mano dura, aunque con cierta política negociadora hacia otros referentes de autoridad en Villa del Señor. Uno de ellos fue el tal Roka. Símbolo de una forma de hacer política, Roka entendía las discusiones, aún las que mantenía con los funcionarios, sólo si acariciaba a su singular mascota, una ametralladora corta a la que cariñosamente llamaba "La Macarena". Fue tal su poder dentro de la villa que continuó allí después de que mataron a Julio Valdivia, y de que mataron al que le siguió a Valdivia, y recién en el 2000 tuvo que desaparecer del lugar. Los memoriosos dicen que fue por haberle pasado "por encima con la camioneta a una señora embarazada". Roka fue el clásico puntero con vínculos a diestra y siniestra: él "arreglaba" con la policía y con el gobierno, con los narcos y con los vecinos. "Pero se le terminó lo que se le daba y ya se hizo su propio barrio en la provincia", cuentan en Villa del Señor.

Valdivia había hecho de su círculo una organización piramidal, con varios segundos cargos entre los que nunca hizo diferencia para no marcar líneas sucesorias peligrosas entre tantos jóvenes ambiciosos. Se diferenciaban unos de otros por sus funciones y capacidades. Los soldados se dedicaban sólo a seguridad: controlar al resto, aplicar las medidas disciplinarias. Tenían la libertad de trabajar por su propio lado organizando asaltos y robos. Siempre y cuando no ingresaran al tráfico, la venta o el transporte de mercancía. Corría 1996 y Valdivia conservaba el control de Villa del Señor cuando la traición no se había impuesto aún. Cuando Jerry y Ángel apenas comenzaban a conocerse en esa fiesta en la bailanta a la que le decían "El baile del paraíso".

*

Cuando llegué de Lima, todavía chibolo, fui a la escuela. Duré unos cuatro meses. Como dicen acá, me "verdugueaban" desde las maestras hasta mis compañeros. No podía dibujar ni las alturas de tierra seca que había frente a mi casa. Me preguntaban que de dónde había sacado esas montañas. Tampoco podía dibujar el cóndor, que es para nosotros el que habita en las alturas. Me decían que estaba en la Argentina, así que había que hacer la pampa y el ombú. Y yo la hacía, pero me parecía un poco aburrido. Allá, con mis primos, subíamos a las alturas para escapar del barrio y mirarlo desde arriba, lleno de esas calles anchas y con las familias creciendo en esas casotas en las que se iban agregando pisos sin parar. Eran manzanas y manzanas cruzadas siempre por el ruido de las mototaxi. Hasta que la arena del mar se vuelve demasiado fina y ya no se puede construir porque lo que sea se derrumba. Solamente una vez dibujé los montes, y una sola vez la casa con el mar de fondo, con las mototaxi que parecen unos vehículos del futuro decorados con todos los colores que se pueda imaginar. Nomás una vez los dibujé porque se me rieron en la cara los conchesumadre.

Porque los gringos blancos —acá hasta los más negros se creen blancos al lado de nosotros— se burlaban, me sacaban el cuero como a un chancho pelado. Me fui quedando en silencio de no poder pronunciar las "eses" como acá. Allá las decimos distinto, y qué quiere que le diga, ¡mejor! Porque, fuera de toda broma, hablamos, digo yo, un castellano más bonito los limeños. Nos decimos entre nosotros "causa", que es lo único que yo fui borrando desde el principio, para adaptarme a los argentinos que se dicen "che, boludo". Allá tenía unos sueños que acá perdí, porque es todo bien diferente: me veía subiendo solo frente al horizonte anaranjado de las tardes en el Callao, como chofer de un micro, para ir al centro cuatro veces al día. Ya me veía yo cruzando la ciudad como hacía un tío mío. Me imaginaba ya despierto tocando la bocina de mi combi propia, haciéndome respetar en la calle como se hacen respetar los que manejan esas chatarras en las que andamos todos en Lima, bien apretaditos. Porque acá los colectivos son grandazos pero allá son más pequeños. Acá en lugar de tocar bocina todo el tiempo, como allá, se dicen puteadas y facilito, como si nada, se menta a la madre. Allá si le mentas la madre a uno, capaz que te mate. Igual, no quiero ser criticón, porque bien agradecido que estoy a pesar de lo duro que ha sido. Me ha ido bien, pienso ahora. Yo soy un sobreviviente de tres guerras en esta Villa del Señor, que aunque usted no lo crea se va pareciendo cada vez más a los barrios de mi querida ciudad de Lima.

A Jerry lo conocí en una fiesta. Jerry era el hombre de la noche, con esa campera y esos guantes de cuero negro. Me lo acuerdo clarito: el jean ajustado y las botas. Tenía un arito de oro que le quedaba muy bien, y se reía por cualquier cosa. Se hacía, digamos, el muy *fashion*, como se dice ahora. Se hacía el que era el hombre más feliz del mundo. Hasta cuando tenía que jugarse el pescuezo. Era valiente, si se puede decir algo así de alguien que tenía su trabajo, tan peligroso. Estaban él con un amigo en "El Baile del paraíso" cuando se armó una pelea. Su amigo, borracho, sacó un 22 corto y le disparó a uno que les tenía ganas hacía rato. Por hacerse el guapo, a ése el tiro le cruzó la pierna de lado a lado. Los que estaban con él se levantaron para pelear. Jerry y su amigo me habían convidado con una cerveza hacía un rato. Y como estábamos compartiendo la botella, pues yo me puse de su lado. Eso se estila.

Si hay una pelea, no le va a dar la espalda al que lo está invitando. Eso no estaría bien visto. Por las dudas yo rompí una botella y me quedé con el pico en la mano. Me enrollé la campera en el brazo, y que se vinieran si eran tan malos. Jerry no se estaba atreviendo porque sí nomás. Sacó de la espalda una pistola calibre 45. Era nueva, brillante y estaba cargada. Entonces fue como si nada hubiera pasado. Los que estaban con el herido se arrepintieron y se lo llevaron por una puertecita del fondo y la fiesta siguió porque ya entonces a esa parte de la villa la policía no llegaba.

Entonces Jerry me convidó una raya, un jale de cocaína peruana. Ellos ya estaban bien duros, tomando desde temprano. Y al rato me dió otra. Y otra. La merca nos puso animados. Luego siempre compartimos ese vicio. A Jerry le brillaban los ojos, más negros de lo que los tenía. Y era de los que hablaba. Se hablaba todo. Se acordaba de todas las mujeres de su vida y de vez en cuando se ponía pesado pensando en Alcira, su mujer, que estaba presa en la cárcel de Ezeiza. Esa primera noche fue digamos que larga; de esas que se estiran hasta la madrugada. Nos tomamos todo y nos sentíamos bien después de mostrar quién la tenía más grande. Fue así, por ese caso, que comenzó nuestra amistad; una amistad de la que todavía me siento orgulloso. Esa pelea, esa noche, esas charlas, nos dieron la confianza para salir a robar juntos. Fue todo en la misma semana. Yo me fui convirtiendo poco a poco en el hombre de confianza de Jerry. Y él supo ver en mí al guerrero que yo quería ser. Aunque todavía lo lamento: nunca llegó a creerme un soldado, un buen compañero de armas; más era lo que me quería que lo que me apreciaba por mi forma de trabajar.

En esa época, cuando nos conocimos, ninguno de los dos tenía patrón. Jerry aceptaba trabajos de los narcos de vez en cuando, pero no era un "perro" con todas las letras, con horario, con obligación las veinticuatro horas de servirle al narco. Su mujer, Alcira, era transa y por eso estaba adentro, pero él no movía droga, no laburaba para nadie fijo y siempre se iba a robar afuera. Cuando me tocó trabajar con él, yo era, de vez en cuando, obrero de la construcción. A veces venía de la obra y él me llamaba para algo. Por ejemplo había permiso de los capos para que apretáramos a otros transas. "O me pagas por tu seguridad o te mato, es muy sencillo", les decía Jerry. Así que ellos pagaban. A él eran varios los que lo acompañaban en esos aprietes: El Peludo, Palín, Coqui. Dos de ellos, muertos. Más Jerry, tres. Uno, preso. Y yo, vivo.

Los problemas comenzaron en la cárcel, cuando Jerry pagó un robo por pocos meses y adentro lo patearon hasta que se quebró. Tuvo que entregar las cosas que le había mandado Alcira y refugiarse con otros transas. Valdivia se la hizo. Cuando salió Valdivia había tomado el poder en la Villa del Señor, negociando con los paraguayos que controlaban la marihuana. Él no lo soportaba, era una derrota. Creo que Jerry no tuvo nada que ver con la guerra que hubo en Perú entre los terrucos y el Ejército, pero siempre hablaba de eso. Él era muy chico cuando se mataban en su barrio por ideas políticas. Y le quedó eso de medirse en las batallas, como en la guerra. Él estaba siempre de un lado, o mejor dicho, le gustaba tener claro quién era su próximo enemigo. Sin un enemigo no vivía tranquilo. A Valdivia le hacía lo que podía. La peor creo que fue cogerle una sobrina que Valdivia quería mucho. Pusi se llamaba, y se parecía a Alcira. Chaparro se reía de las cosas que Jerry le hacía a Valdivia. Ya se iba notando que lo iba a traicionar. Jerry digamos que estuvo con todos, también estuvo con Chaparro, y con Chaparrito, su hijo, que por una cuestión de edad era amigo. Él era en esa época alguien con la misma importancia que tenían los que después se convirtieron en capos. Esos sí que habían sido terrucos. Bien terroristas que habían sido.

Jerry me impresionó en el cumpleaños de Pusi. Esa noche Jerry saltó a defender a un sobrino de Marlon, el peruano que con el tiempo iba a terminar dueño de todo. Esa noche Jerry estaba ácido. Era como si se esforzara en alimentar el odio por Valdivia y sus hermanos. Los Valdivia eran varios. Estaba Julio, el mayor, y jefe de todos; pero detrás tenía a Manuel, Luis y Berta. Creo que fue Manuel el que se metió con el sobrino de Marlon. Él también estaba nuevecito en la Villa del Señor. Venía de San Juan de Lurigancho, de donde era la mayoría de los matones. Jerry se reía de ellos porque me decía: "Angelito, a éstos no les tengas ni miedo ni respeto porque allá en Lurigancho no se comían ni los mocos". El sobrino de Marlon era de la primera generación de "sobrinos" venidos de Perú.

Al muchacho en pleno cumpleaños lo empujaron en medio del baile hasta hacerlo trastabillar y él, bien borracho, se paró de manos. Jerry lo cubrió. Se paró, grandazo como era, alto, entre el chico y los Valdivia. La cosa quedó ahí. Pero el ambiente se fue calentando. Era un patio lleno de guirnaldas y globos. Un grupito bailaba cumbia sobre el cemento alisado y de a ratos hacían las rondas del huaino, tan bonitas. Jerry tomó bastante y estaba tenso.

—Vos no te confíes en nadie acá, eh. No te confíes ni en mí. Y en mí no confíes porque, yo, negro, si te tengo que dar, te voy a dar —me dijo.

Me respiraba en la oreja y me abrazaba fuerte, como si me fuera a estrangular.

—Toma tu teca, loco, y ándate a bailar, ándate a donde tú quieras. Pero no te quiero ver acá.

Yo me fui a comprar un papel a la esquina del pasillo y salí disparado para otro bar.

Dos semanas después dormía en mi rancho cuando escuché que Jerry me llamaba:

—Angelito, ven, ven, ven.

—¿Qué pasa?

—¿Tienes un fierro ahí?

—Sí, tengo una 22, hermano, acá.

—¡Consígueme una 9 ya! ¡Una 9 ya! Porque mira… me rompieron la cabeza a mí y a dos…

–¿Quién te rompió la cabeza?

–¡El Valdivia! Dale, dale, necesito una 9.

–Aguantame cinco minutos.

Yo corrí al barrio Perón, enfrente, a la casa de unos amigos ladrones y traje lo que pedía.

–Toma. ¿Una 9 querías? Vamos.

–No, ¡qué vamos! Sal de acá.

–¡Pero vamos, causa!

–No, no, no. Tú te quedas.

Me tuve que quedar, contra mi voluntad. No entendía por qué mi amigo me pedía el arma pero no me daba parte en el asunto. Por qué, si yo robaba con él, sabía pegar, era fuerte, no tenía miedo. No lo sé. Nomás le obedecí. Y esperé a que volviera. Cuando regresaron, el fierro estaba caliente. Había gastado un montón de balas en un tiroteo que duró un ratazo en la manzana "E". Eran Jerry, más otros tres matoncitos, contra Valdivia y sus hermanos. Era mediados de agosto. Hacía un poco de frío. Faltaban pocos días para el 31 a la noche, que fue cuando se organizó la matanza.

El sábado es el mejor día en Villa del Señor. Son los partidos de fútbol. Son las misas de los difuntos. Son las procesiones. Son los cumpleaños que no se pudieron festejar en la semana. Los que no trabajan están contentos porque hay de todo para hacer. Los que tienen trabajo están contentos porque ese día no les toca. El sábado se ve de todo. Lo más ajetreado es la feria de la avenida Bonavena, donde hay desde pungas hasta tripa o arroz con pollo, chicha, ceviche, pollo asado, choripán, sopa de maní, sopa paraguaya, lo que imagine hay. Es como la frontera de todos los países juntos. Las viejas que tienen plata para armar las ollas andan con sus bolsas llenas. Se surten de lo que encuentran más barato. Las bolivianas son las que más venden, y las que más son robadas por sanguijuelas como alguna vez fui yo, también, reconozco. Se combinan los ritmos: la cumbia con el chamamé, con el huaino, el folclore andino, pachanga en general, diría yo. El sábado es pachanguero. Es el día de fiesta. Andan todos con la mejor ropa que tienen, y piensan en tomar y en sexo. El sábado se arman los asados para la noche, y se van repartiendo los datos sobre la movida: los cumpleaños de quince, los aniversarios, los bautizos, hasta los casamientos. Será porque en cada casa pueden vivir hasta cien cristianos, de tanta pieza y piecita que le hacen, que se conoce mucha gente en Villa del Señor. Entre los familiares de sangre, los políticos y los compadres, cada uno tiene una lista gigante de conocidos. Entonces, siempre existe una alternativa para los colados, un parentesco y de última la vecindad nomás, que en aquella época ya era un motivo para estar incluido en la lista de invitados. En las fiestas no se mezquina. Si hay pollo, hay como cincuenta pollos. Si hay cerveza, hay cajas de cerveza. Si hay vino, damajuanas. Así es. Y si se pudiera matar una vaca para que todo el mundo comiera de ella, pues matarían una entera para que no faltara para nadie. Así que ese sábado de agosto a las nueve de la noche estábamos listos para la fiesta. Y los muchachos se preparaban para la masacre.

En esta historia a mí me tocó un trabajo que me pagaron barato para lo que, mirándolo después de tanto tiempo, fue el hecho. Digamos, por ser justo, que yo fui un correo esa noche. O algo un poco peor, un entregador. Hacía un par de años que yo era amigo de Chaparrito, el hijo de Chaparro. Chaparro era uno de los fuertes, uno de los grandes, de los que tenía su propia venta. O sea, no era un perro, ni un cuidador, ni un *killer* como Jerry, era un hombre que pensaba y que se veía venir que tomaría el poder apenas lo dejaran. Fue su hijo, entonces, Chaparrito, que tenía mi edad, dieciocho, el que me dijo como algo urgente:

—Hoy lo tenemos que matar a Valdivia. Búscalo a Jerry.

Para todos yo me había convertido en el mejor amigo de Jerry, en su pibe de confianza. Igual, como era más grande que yo, o sea tendría unos veinticinco años, yo quedaba como su segundo. Le avisé y Jerry trajo una pistola automática que nunca antes le había visto. Se juntaron todos en una piecita que no tenía techo, vacía. Eran tantos preparándose que casi no entrábamos. Chaparro, padre e hijo, Jerry, Ganso Macho, Chalo Grueso, Sony y tres más. En un rincón quedé yo, callado. Me sentía un inútil; esperaba mi oportunidad, en silencio, trataba de ni mirar.

Mi amigo Chaparrito se dió cuenta y me invitó.

—Bueno, vamos, loco, vamos Angelito, ¡vamos a hacerlos mierda! —me dijo.

Jerry cargaba una escopeta calibre 12. Enseguida saltó:

—¡No! Él no va compadre. Échale *flit* de acá.

—¿Pero por qué? —le dijo Chaparrito.

—No, no, que se borre, él no puede ir.

Adentro mío yo me decía a mí mismo: "Qué loco, ¿no? Mi mejor amigo me está diciendo que mejor yo no mate, que mejor no sea parte de la masacre, y yo me siento como si no me dejaran jugar con ellos". En ese instante pensaba, por un lado, qué suerte, y por el otro me dolía que no me consideraran ni para cargar las armas. Ellos lo hacían, como en una ceremonia, bajo una bombita de luz muy chica toda cagada por las moscas que colgaba de un palo. Era el foco que habían puesto los pibes de ese pasillo de la manzana "H" para hacer algún asado. Yo me había comido varios los sábados anteriores. En la esquina quedaban las cenizas y había una parrilla hecha con un alambrado.

Por otro lado, confieso que me sentía orgulloso de estar por lo menos como testigo. Se estaba por cambiar la historia de la Villa del Señor. O mi propia historia. En una de esas, la de todos ellos. En el aire se sentía que era un momento importante. Nadie hablaba. Se escuchaba el ruido de los fierros, y a lo lejos, unos pibitos jugando y la cumbia de algunos ranchos. Yo era un guacho, un huérfano, un paria de mierda que no tenía nada más que la cama y el 22 corto. No tenía parientes en el negocio. Era un allegado. "Menos mal que tengo la amistad con Jerry, por suerte." Me decía, para conformarme. "Por lo menos me dejan estar aquí."

Yo iba a insistir para no quedar como un cagón cuando en medio de ese silencio habló el viejo Chaparro. Habló con una autoridad como si Valdivia ya estuviera en el piso y él ya fuera el nuevo jefe.

–¡No! Deja hijo. Déjalo, que él no va a servir –le dijo a Chaparrito.

Me mató. Pensé que no me quedaba nada, ni el orgullo. Pensé que ni tenía que salir corriendo. Me metí las manos en los bolsillos del buzo que tenía puesto. Si hubiera podido matarlo con mis manos, lo habría hecho. "Qué viejo miserable", pensaba. "¡Qué cholo concha de su madre!"

Le busqué la mirada a Jerry para que sacara la cara por mí, para que les contara cómo sabía poner el pecho cuando salíamos a robar juntos, cómo lo había cubierto más de una vez.

Jerry miró los fierros ya cargados, alineaditos sobre una mesa que era una tabla medio podrida sobre dos caballetes. Las dos escopetas, el revólver 38, dos 9 milímetros, y la más linda, preciosa, la del viejo, una ametralladora UZI.

Jerry se quedó callado y entendí que era un empleado, ¡tanto que decía que era solo, que no dependía de nadie! Cuando había un jefe, pues había un jefe, y que al jefe ni el más guapo lo contradice, por lo menos hasta que lo va a traicionar; y entonces no le dice nada, sino que lo mata directamente.

Chaparro habló otra vez, en el silencio.

Me habló directamente a mí y mirándome a los ojos, pensé que para echarme.

Dijo:

–Toma, causita, anda a comprarles merca. Y aprovecha para fijarte bien cuántos son.

Al final me tenían confianza. Agarré los cincuenta pesos que me daba Chaparro y salí por el pasillo caminando ancho. En mí estaba la responsabilidad de lo que iban a hacer. Si yo les mentía, ellos perdían. Si yo les decía la verdad, ellos ganaban. Iba a sorprender a los Valdivia como a pollitos guardados en un gallinero. Los Valdivia eran unas mierdas. A mí ni se me ocurrió cambiar la historia. Cuando se decide que alguien ya no será más, es por algo. Yo había aprendido que eso no se discute. El destino se lo gana cada uno. Si están adentro del negocio, y si están arriba del negocio, cuando les toca, les tocó.

Entré al rancho donde ellos se habían juntado a escuchar música de un equipo nuevo y a tomar cerveza. Tenían un cajón arriba de una heladera de esas chiquitas. Saludé y me dejaron pasar.

—Tres —le pedí al más chico de los Valdivia.

Debe haberles parecido raro que cargara con un billete grande. Nunca les había comprado tres bolsas. Y creo que me arriesgué un poco cuando quise sacar de la pieza a un pibe que había sido amigo mío de cuando yo iba a la escuela. El único que no me hostigaba por "peruca", el único con el que podía charlar en medio de todos esos "chetos" argentinos. Pensé: "Si éste se queda acá, lo bajan de regalo".

—Che, ¿y vos te vas a quedar acá? ¿No vas a ir a ningún lado?

—¿Por qué?

—No, te pregunto. ¿No vas a ir a la fiesta de allá?

—Sí, sí, más tarde.

—Bueno, bueno. ¿Por qué no venís en diez minutos, entonces?

—¿Enseguida? Pero, ¿por qué?

—Porque hay un par de minitas, causa. Hazme la segunda.

El pibe no sé si se avivó, pero salió conmigo y le dije: "Anda, ya te alcanzo".

Regresé al rancho donde estaban todos listos. Quise entregarle la merca a Chaparro.

—No, quédatela, Angelito —me dijo, como a un niño que hizo bien.

Recité todo: número, ubicación y vestimenta de los Valdivia y sus soldados. En el centro de todos ellos, vestido con ropa nueva, Julio Valdivia. Es al único que hoy todavía tengo en la memoria: tenía puesto algo blanco recién estrenado porque era muy blanco, no se había percudido.

Luego me dijeron que desapareciera. Yo me metí en una piecita abandonada, un poco más allá, y me tomé de un saque media bolsa. Quedé duro y medio paranoico, pensando que si no me borraba me iban a matar a mí también. Así que me agaché. Desde donde estaba escondido, mirando por una hendija que había en la pared, vi que corrían hasta la puerta del rancho donde los Valdivia estaban confiados, sin esperar que se las dieran por la espalda sus propios soldados, su propio compadre. Porque Chaparro era el padrino de uno de los hijos del jefe Valdivia. Entre compadres es como si fueran familiares. Es muy común en Perú. Todos son compadres de todos. Y aunque se supone que es para ayudarse, muchas veces terminan peleados por cualquier cosita. Es raro ver a dos compadres que duran toda la vida, pero la gente se lo toma como si fuera así. O sea, es difícil tener un buen padrino. Yo por ejemplo creo que le vi más el pelo a mi padre, que me abandonó, que a mi padrino, que apenas llegó una Navidad borracho con una pelota de plástico de regalo. La pelota era de esas que no rebotan y yo la abrí con un cuchillo; mi madre me pegó.

En la oscuridad se vieron los puros chispazos. Y los bultos en movimiento intentando escapar de la emboscada, desesperados. El ataque los dispersó. Dieron un salto hacia el pasillo.

Reconocí a Julio Valdivia. Se movió como un buscapié. En zigzag. Lo hizo con una velocidad increíble para tener cincuenta años, parecía un chico. Será cierto que estaba entrenado. Que tenía experiencia como guerrillero. Era, a pesar de todo, un buen hombre, sobre todo visto ahora, cuando uno ya vivió lo que vino después: con Valdivia se puede decir que todavía hubo convivencia. La intención del hombre fue esconderse en el rancho de una amiga: Nancy Andrade.

Trató nomás. No llegó a cruzar el pasillo cuando lo alcanzó Jerry, al frente del pelotón. Todos llevaban la cara tapada con un pasamontañas de lana negro. Como los terroristas. Dicen que el viejo Valdivia se sintió acorralado contra un paredón y cuando vio que le iban a caer, entonces dijo:

—Esperen, conchas de su madre. Quiero saber quién me va a matar. ¡Sáquense esa huevada de la cara!

De un solo escopetazo Jerry le voló el gorro de visera. La sangre salpicó la campera de cuero negra. Le estalló la cabeza. Había sesos de Valdivia en la pared. Se veía en los flashazos de los disparos. Eso fue lo que quedó en la memoria de la gente; los pasamontañas, y esa forma de matar tan espectacular que no se había visto antes en Villa del Señor. Pasaron por el pasillo. Iban con las caras cubiertas, como en la guerra, como los de Sendero Luminoso, que llegaban en la noche y no dejaban títere con cabeza.

*

Soy Berta Valdivia, la hermana mayor de Julio y Manuel. Esa noche estaba a punto de cenar con mi esposo en un restorán de comida boliviana en el centro de Villa del Señor. Antes de que me pusieran el plato en la mesa, vi cómo un grupo de hombres se había juntado en la esquina de los dos pasillos a comentar algo que recién había ocurrido.

—No tengo ganas de cenar —le dije a mi marido.

Fue como si de repente me diera asco la comida. Una náusea que es la náusea de la muerte. Se me fue el hambre y me sobrevino una preocupación, una angustia que me hizo salir a averiguar. Algo había pasado.

Caminé por el pasillo de la manzana "K", como yendo hacia la "H". Paraba la oreja, trataba de escuchar qué se rumoreaba haciéndome la huevona. Algunos llevaban baldes con agua en las manos. Giré sobre mí. A unos veinte metros se veían las llamas de un incendio. Para allá iba todo el mundo. Me acuerdo de los gritos de las mujeres más grandes, un llanto de esos finitos, agudos, como los de los chicos más chiquitos. Anduve unos pasos y lo vi; estaba tirado en medio de la calle. Mi hermano, Julio Valdivia, había muerto de la peor manera. Lo reconocí apenas por el jean nuevo y el buzo blanco con rayas rojas que yo misma le había comprado. Enloquecí de dolor. Me tiré sobre su cuerpo; estaba todo cubierto de sangre. Lo abracé y vi la cabeza destrozada. Pensé en la guerra que habíamos dejado atrás; pensé que nos perseguía la desgracia. Mucho tiempo después, en el expediente judicial, leí la descripción de los médicos en la autopsia. Pedí una copia para convencerme y para acordarme: "Presenta una herida de contornos irregulares, con bordes contusos y de los que parten varios desgarros, compatible con orificio de entrada de múltiples proyectiles de arma de fuego que aparentemente provocan la pérdida total de los huesos de la calota craneana y de la masa encefálica, encontrándose restos de la misma y sangre en un área aproximada de dos metros de diámetro en una pared que se encuentra por detrás del mismo".

La gente que me rodeó intentaba que yo no viera esa escena final. Querían, pensaba yo en mi dolor, prohibirme el llanto desesperado, el grito que me salía como del vientre, como llorando a un hijo y no a un hermano. Fue en ese momento, cuando querían alejarme del cadáver, que escuché clarito: "Fueron los Chaparro". La gente, ese mar de gente que me rodeaba, no entiendo bien por qué, pero me desprendió de Julito, y me llevó casi en el aire hasta el cuerpo del más joven de los finaditos de la masacre. Le decían el Nene. Cuando lo vi, pensé en mi otro hermano, Manuel Valdivia. Tenía que buscarlo. Tenía que contarle lo que le habían hecho a Julio, prevenirlo de los matadores, de los miserables. Recuerdo entre sueños que un policía me hablaba de la necesidad de declarar, de que debía ir a la comisaría, me decía, y yo, medio aturdida por ese montón de vecinos curiosos que parecían salir de todos los ranchos, de todos los pasillos, como animales inquietos por el olor de la sangre, caminé sin sentido al lado de él, hasta que la angustia pudo ser más, mucho peor de lo que ya era y de lo podría haber imaginado: mi hermano Manuel, el más chico de los Valdivia, también había sido ajusticiado. Su cuerpo descansaba sobre la calle Monzón. Lo rodeaban los mirones.

*

Puedo decir con pesar que yo, Luis Valdivia, fui el único sobreviviente de los hermanos varones de la familia Valdivia que ese día estaban en Villa del Señor. Lamentablemente Jerry, al mando de Chaparro, compadre de mi hermano Julio, le metió un tiro de itaka, con uno de esos retrocarga, sin piedad, a mi hermano, que fue muerto. Fue una gran traición, señor. Le metió un solo tiro nomás. Habrá estado a un metro. Después mi hermano cayó pa' atrás y yo vi que de la misma casa salían cinco o seis más también con itakas. Esos fueron los que comenzaron a dispararme a mí. Entonces yo corrí. Eran muchos los miserables. Eran tantos que cuando corrí y alcancé a hacer cincuenta metros por el pasillo, a la vuelta de la esquina di de frente con otros tres encapuchados que corrían armados en mi dirección.

O sea que los sicarios sumaban a esta altura unos nueve, seis que salieron del rancho más estos tres que llegaron en ayuda de los otros. Algunos dijeron que llevaban las caras tapadas con pasamontañas. Para mí, por lo menos los que yo he visto, las tenían cubiertas con medias de mujer. A mí esos fueron los que me dispararon, divirtiéndose los miserables con sus armas encendidas, con sus malicias, con sus malas intenciones. Ellos no tuvieron problema en hacerme bailar. Porque era como si yo zapateara tratando de salvar mi vida. Fue como si me impulsara Dios, como si algo superior me moviera más rápido que las balas. Me di fuerzas de donde jamás pensé que las tendría. Las tripas me impulsaron y di un salto que me dejó en el piso, cuerpo a tierra. Allá me fueron a dar. Di otro salto más y me refugié como un gato detrás de un coche. La vida no vale nada. Quién no sabe en esta vida de la traición tan conocida que nos deja un mal amor, pero peor y más peligrosa es que te la hagan por plata, por poder, como a mi hermano, como a mi familia. Salté, pero de pronto sentí que algo me quemaba en la espalda. Y enseguida un sabor a sangre en la boca, y la boca llena de sangre. Me habían dado un escopetazo por atrás y un tiro de pistola me había cruzado la mandíbula. Todo eso sin matarme.

Caí al suelo, ¿vio? Como si las balas se les hubieran terminado, pasaron a darme itakazos y patadas en la cabeza. O habrá sido que me creyeron ya muerto por su puntería asesina. Tan asesina no fue, por lo menos conmigo. Dale que golpeaban, y yo: ¡vivo! Meta pedirle, yo, a mi Señor de los Milagros, meta rezarle entre el dolor de la muerte que llegaba y las insolencias de ellos, que mentaban a mi madre. Muere conchetumadre. Muere conchetumadre. Se dieron cuenta, pues, de que no había perdido la vida. Bueno, y cuando ya me iban a ejecutar y me iban a meter el tiro final para que me muriera, pasa mi hermano, mi santo hermano Manuel. De casualidad pasa. Desarmado pasa, porque si armado hubiera estado, les bajaba el cargador de su 9 que bien manejaba desde chico. No sé cómo se le fue a ocurrir, para salvarme, tratar de engañarlos. Sin pensarlo, imagino yo, gritó:

–¡Viene la poli! ¡Viene la poli!

Ellos se dieron media vuelta, olvidándose de mí. Deben haber pensado, por toda la sangre que ya corría, a éste nadie lo va a salvar. Apenas se dieron cuenta de que era Manuel fueron por él. Yo volví a pensar en mi Señor y tuve el último impulso. Salté, herido como estaba. Salté. Lo hice… cómo decirle. Lo hice como si me estuviera tirando a atajar un gol en un penal. Fui a dar con medio cuerpo adentro de un rancho de unos bolivianos amigos que me arrastraron pa'dentro, salvándome. Tirado en el piso, con el dolor en la espalda y la boca destrozada, escuché los disparos. Pareció que las escopetas se habían quedado sin cartuchos. Sonaron solamente dos pistolas y un revólver poderoso. Manuel no se quejó. Ellos le recriminaban:

—Hijo de puta, nos has engañado.

*

La gente creía que yo, Nancy Andrade, era la minita de Manuel. Se confundían. Él tenía fama de romántico, pero yo era sólo su amiga. En realidad la que tenía algo con él era la uruguaya que vivía conmigo en la casa donde los Valdivia se quisieron refugiar pero no pudieron. Manuel, a su edad, seguía soltero. Él mismo me decía que tenía la suerte de no haber dejado a ninguna chica embarazada. Estaba medio enamorado de la uruguaya. En las fiestas bailaba con ella toda la noche y no les daba importancia a otras que querían estar con él. No era como muchos peruanos mal acostumbrados a tener una aquí y otra más allá. Se comentaba que él le iba a proponer casamiento, pero para mí no, porque a él le gustaba ser soltero, no tener que responder cuando salía con los amigos. Manuel era así, medio liberal era. Claro que la chusma habla. Y de ellos hablaban. O sea, no la gente, los vecinos, sino los de la banda, que son como mujeres de tan chismosos.

Por eso es que cuando aparecieron en mi casa a buscarlo me miraron y me dijeron, así que tú eres la novia. Estaban tan armados, tan decididos a matar, que no les contesté. Me quedé muda; y ellos dispararon todos al mismo tiempo. Parecía que con la balacera iban a derrumbar el rancho, que tampoco era muy fuerte, de madera y chapas. A mi amiga la alcanzó un perdigón en un hombro. Nos arrastramos como gusanos para adentro buscando un rincón donde escondernos. Las dos juntas nos metimos debajo de la cama. Después, cuando hablamos, nos dimos cuenta de que las dos mientras rezábamos pensábamos lo mismo, que iban a entrar y nos iban a violar. Ellos no pararon de tirar hasta que las balas se les terminaron. En la pieza las cosas iban cayendo. Yo veía mis pocas chucherías destrozadas, o mejor dicho, los pedacitos de mis cosas en el piso, el polvo de mis cosas, y lloraba por mí y por ellas, porque ya no iba a tener ni vida. De repente, cuando no quedaba nada en pie, nosotras estábamos vivas. Yo no lo podía creer. Mi amiga no quiso salir de debajo de la cama. Yo me atreví y salí a la puerta. Cuando me asomé escuché la explosión.

Fue un segundo, el ruido de una bomba, y enseguida las llamas. Para mí fue una granada, o una de esas molotov. Como casi todo era de madera, el fuego prendió muy rápido y recién entonces mi amiga salió corriendo con los pelos medio chamuscados, las cejas quemadas, pero a salvo. Era raro, en medio de todo eso, nosotras estábamos al mismo tiempo sorprendidas, horrorizadas, pero casi contentas, porque seguían queriendo eliminarnos y nosotras nada, vivitas y coleando. Dejé a mi amiga buscando vecinos y agua para apagar el incendio, y yo me fui a un teléfono a llamar a los bomberos. Cuando volví, vi a un muchacho muerto en el pasillo. No lo reconocí por el estado en el que estaba su cabeza. Después supe, era Julio Valdivia.

*

Yo estaba tan duro que no podía ni pestañear, y el corazón a mil. Con una mano tocaba las otras dos bolsas de merca que me quedaban en el bolsillo y me repetía: Angelito, no te van a agarrar. Con la otra me sonaba y me sonaba la nariz. Me habían dado de la peruana, pero bien cortada, porque la verdad era que ellos la traían pura, casi rosada, y por eso se fueron haciendo clientes y más clientes entre gente de plata, del centro y de más allá. Yo pensaba que siempre hay alguien que te está cagando, que está cagándose en el otro, de una manera o de otra. ¡Ellos se me habían burlado al darme esa porquería aunque yo les había comprado tres bolsas! Pensaba yo: fue lo último que hicieron, y lo hicieron mal.

Estaba en esas, endurecido y cuidando mis bolsitas, escondido detrás de la puerta de un rancho medio abandonado cuando vi venir a los muchachos. De a uno pasaban y se sacaban el pasamontañas. Tenían las caras sudadas y rojas. Ahogados de tanta matanza quedaron. Chaparro, que estaba medio gordo, era el más agitado. Pero también el más contento de todos.

—Angelito, le volamos la gorra al que te robaba la plata —me dijo.

Chaparro se acordaba de que una vez Valdivia, cuando todavía no era tan poderoso sino un chorro de cuarta como lo fueron todos al principio, me había sacado unas zapatillas para hacerse el más poronga delante de los otros.

Yo me quería matar, porque al mismo tiempo que él me decía eso, una mujer del barrio pasó por el pasillo y escuchó lo que me dijo. Ella era amiga de los Valdivia. Iba a contárselo.

Por suerte, cuando la masacre estuvo hecha y ya no quedó ni el olor de los funerales en la iglesia del barrio donde los velaron, Jerry me dió unos mangos por mi ayuda. Guardé la plata por si acaso, y fue esa plata la que me trajo los problemas. En la puerta de mi casa se apareció Atari, un tipo al que yo tenía más cerca de Chaparro, pero que resultó ser muy amigo de Berta. Se apareció con un cuento que yo, como un gil, me comí. Me dijo que tenía un televisor para vender, nuevo, impecable, recién robado. Por cien pesos era mío, me dijo. Para verlo tenía que entrar hasta la Canchita de los Paraguayos. Cerca de donde había sido el crimen. Allá no me esperaba ningún televisor, era Berta Valdivia con esa cara negra de odio.

—Ya sé que fue Jerry el que lo mató a mi hermano. Y tú también estabas ahí —me acusó la chola.

—Yo no estaba. Yo no sé nada —le dije.

—Loco, mira, te voy a decir bien clarita la cosa: si tú no vas a declarar, si tú no firmas lo que sabes en la comisaría, esta granada que ves. ¿La ves? ¡Pues te la tiro en tu casa! ¿Quieres ver cómo quemamos tu casa contigo adentro? Porque primero te matamos, y después te prendemos fuego.

Eso me dijeron. No tenía alternativa, no tenía salida, ellos ya sabían, aunque no todo, porque lo que yo pensaba era si supieran que yo los entregué, entonces directamente me fusilan sin pedirme que vaya a declarar. Atiné a decir que no, por Jerry, porque los Chaparro a mí qué me importaban. Les dije que no, que nada había visto, que quien le había mentido lo había hecho para perjudicarme, porque yo nada, que no iba a declarar ante nadie aunque me mataran. Pero Berta lo miró a Atari y le movió la cabeza hacia delante, como quien señala una basura tirada en el piso, como diciéndole andá, tirale esta granada a esta rata a ver si el muy mierda se acuerda de lo que sabe. Y entonces le creí, me convenció de que lo que había pasado hacía tan poco en el rancho de la Nancy Andrade pasaría en mi propia casa. La mano de la venganza es larga, siempre, y pensé que iban a llegar no sólo a mí sino también a Sabaneta, donde ellos tenían a sus compadres, y que entonces la granada no sería sólo para mí sino para esa familia mía. Porque aunque yo era solo, aunque era un desgraciado en Villa del Señor, en Sabaneta todavía estaba mi madre, y sus hijos, mis hermanitos al fin y al cabo. Cuando pensé en eso, Berta le tiró la granada a Atari, muy canchera, como si otras veces lo hubiera hecho, en tiempos pasados, porque Berta tenía treinta y cinco y había vivido, dicen, envalentonada como guerrillera, como su hermano. Nada más que no lo decían. No eran de mandarse la parte con esas cosas. La gente era mala y comentaba. Los llamaban "los terrucos".

Me llevaron apuntado con un fierro hasta el borde de la villa. Me subieron a un auto que partió a la comisaría. Cuando me tuvieron adentro, me di cuenta de que además ellos tenían gente en la propia policía. En esa época había un colorado que me odiaba porque me tenía ubicado por unos robos. Ella metió la mano en una bolsa de nailon y sacó un rollito de plata atado con una cinta roja. Eran mil pesos, que entonces alcanzaba para un auto viejo pero auto al fin. El oficial se sentó a la máquina de escribir, que era de esas antiguas, y escribió todo lo que le dijo Berta. No era muy distinto, la verdad, a lo que había pasado.

Ese mismo día me encontré con Jerry; en eso por lo menos fui leal y le avisé.

—Mira, amigo, que me llevaron a declarar por la fuerza. Me iban a hacer volar a mi familia con una granada. Me dijeron que te mande en cana a vos. Yo me voy a la provincia porque a mí también me están buscando. Me quieren hacer mierda. Tú cuídate, dicen que Atari te va a buscar para bajarte.

Jerry ni se preocupó. Me dijo:

—No, no pasa nada, si ese Atari es un pescado. Ahora voy a entrar y lo voy a dar vuelta a él.

Jerry tenía veintiséis años y había aprendido muy chico que si aceptaba que le dijeran que estaba en peligro, lo estaría, y además, caminando por la villa sería peligroso andar con él. El que es considerado peligroso llama al peligro, pensaba él. Por eso es mejor que nadie se preocupe por uno, porque uno no corre riesgo, uno vive así, decía. Yo, que era su amigo, su propio protegido, le había salido de testigo al enemigo muerto, y ahora se lo contaba. Parecía una brujería.

*

La pelea empezó por la prepotencia de Valdivia. Estábamos en el baile y él me salió a decir, Teodoro, no sé qué cosa. Teodoro, dale. Teodoro, y meta joder. Entonces no me aguanté y le respondí. Fue un error mío, porque yo estaba sin fierro. No me acuerdo muy bien pero fue algo de que él empezó a puyarme. Me trató de gil. Dale con humillarme. Y yo también, igual, a contestarle del peor modo. Aprovechó la situación de que yo estaba desarmado y ¡pa!, disparó. Me tiró a matar. Pero me alcancé a tirar para un lado y sólo me jodió la mano, acá en el antebrazo, donde todavía tengo esta marca que me dejó el viejo lleno de soberbia. Ese era el principal problema de ese viejo cojudo. Es mejor ser humilde, compadre. La soberbia siempre termina mal. Nunca haga negocios con un soberbio. Es mucho riesgo.

Cuando Valdivia todavía estaba vivo era soberbio y muy abusivo. Valdivia tenía dos hermanos. Uno se llamaba Manuel, y el otro Luis. Ese Manuel era una persona muy buena, el muchacho; al principio salía a robar con nosotros. No todos nosotros nacimos en el negocio. La mayoría viene de otros trabajos, sobre todo del robo, del descuido. Entre los peruanos el descuidismo es bien calibrado, es un arte. De a dos o tres, se hace mejor. Uno vigila, otro distrae, el otro arrasa. Este Manuel era de robar duro, con fierros. Manuel mantuvo los códigos cuando la familia pasó a tener más poder en Villa del Señor, porque ellos manejaban la venta y se llevaban bien con los paraguayos, que por entonces vendían principalmente marihuana. El problema fue que los dos hermanos cometían muchos abusos. Cosas feas, maldades innecesarias. Por ahí pasaba uno de esos cirujas con su carrito y estos miserables le mataban al caballo. O por ahí se les pasaba la mano. Una vez Valdivia le faltó a mi señora también. Que sí, que mamita, que qué buena cola. Y no satisfecho con eso, fue subiendo su lisura conmigo. Hasta que ese día de los insultos en el bar a mí me llenó la mierda y le contesté. Él se tenía que hacer respetar, así que me metió un tiro acá, ¡pum! Casi me mata. En el cuello, es esta marca que me quedó acá. Fue el roce de esa bala.

Entonces nosotros nos hemos reunido un día. Éramos Chaparro, Cali y yo: los Chaparro, los Aranda y los Reyes. Y juntos hemos dicho: bueno, compadre, este faltó acá, faltó allá, me faltó a mí. Había peleado conmigo, con el compadre Cali y con Chaparro. A Chaparro le había roto su puerta. Entonces dijimos, compadres, vamos a hacer una cosa, tal día, tal fecha, se muere este huevón. Bueno, listo, antes de hacerlo hay que pensar varias cosas. En primer lugar la gente, y después los fierros. Luego estudiar el lugar y cómo vas a hacer. El factor sorpresa. Él tenía normalmente unas diez personas, perros que lo seguían a todos lados y que le marcaban su zona.

Bajamos itaka, ametralladora, fierros, *walkie talkie*. Ya sabíamos todos dónde estaba. Cuando hizo su primer movimiento, un itakazo en la cabeza, y la mitad de la cabeza fuera. Después muchos dijeron que él antes de morir dijo "quiero saber quién me va a matar". Es mentira. No alcanzó a hablar. De un itakazo. Nosotros éramos por lo menos dieciocho o veinte. Batuteábamos Chaparro, Cali y yo: hicimos tres baterías con unos seis hombres cada uno. Conmigo estaba Jerry, el peruano alto. Le digo Jerry, mira, la nota es así, así y así. Bueno, compadre. Los que estaban en la mira eran Valdivia y su hermano Luis. Los dos sí o sí tenían que marchar. Pasó que la suerte lo benefició a Luis y cuando Jerry le pone el fierro en la cabeza y dispara, no sale la bala. Pasó Manuel y cuando vio que lo tenían al hermano gritó que venía la policía. Luis aprovechó y salió a correr. El tercer muerto fue el Bebe, de Caja de Agua, un grandazo. Él cuidaba, era perro de Valdivia. Era un muchacho bueno pero tanto caminar con ellos se había vuelto también irrespetuoso.

¿Usted ha visto esa esquina donde está el Señor de los Milagros, al lado de una pileta? Esto es Bonavena, se lo dibujo para que se ubique. Usted sigue para adentro, para acá donde hay una esquina, sigue derecho para adentro y acá es donde era la Canchita de los Paraguayos, que la han tomado, ahora ya viven ahí. ¿Sí? Ya. Esto por acá es un pasadizo y acá ya sale para Galíndez. En esta esquina fue el acontecimiento. Acá fue la huevá. De esta casa para adentro, por el otro lado había una entrada. Que uno se mandaba para ahí. Por eso le caímos de sorpresa. Él estaba parado acá, como yo ahora, con las piernas juntas, y con la cabeza meta dar vueltas para los dos lados como una lechuza. Porque él miraba para un lado y para el otro. Y jamás se imaginó que nosotros le íbamos a caer por acá. Pero por suerte siempre existe un camino corto para llegar.

Valdivia tenía perros. Pero, ¿viste esta cosa de que cuando suena un disparo ese ruido tiene su autoridad, y la gente raja? Je. Es como por arte de magia. Además en esto es como en un equipo, se cambian de camiseta. Cambia la cabeza, y se la sacan y enseguida le piden la suya al que ganó. Ahora soy tuyo, te dicen. Así fue, los perros de Valdivia rápido se cambiaron de camiseta: que no, que yo no tengo nada que ver. Bueno. Vengan. Mire, compadre, fíjese bien en el mapa: Valdivia cayó acá, en el medio de la Villa del Señor. Bebe cayó acá, unos metros más allá, en otro pasadizo. Y Manuel vino a morir acá, cerca de la avenida Bonavena. Desde entonces mandamos nosotros. Claro que la paz nos duró poco. Siempre hay uno que se quiere hacer el más.

CAPÍTULO IV

Nada tenían que ver las vidas de Facundo Lozano y su mujer, María Salas, con las de los hermanos Cali y Marlon Aranda hasta antes de ese domingo frío. Su enemistad carece de historia. Apenas si está documentado el involuntario roce de una bala 9 milímetros que alteró el ánimo más humilde que orgulloso de Facundo. Eran casi las diez de la noche. Estaban en una disco de peruanos sobre la avenida Bonavena que hacía furor en esa época. El local era un galpón sin recovecos en el que sonaba el folclore más pop del momento: Dina Paucar apenas era una recién llegada al magnífico negocio de la cultura chola cuando la migración peruana ya la llevaba con sus huainos sentidos a las periferias de ciudades como Buenos Aires. El boliche se llamaba Yuri y era el emprendimiento de una madraza ayacuchana casada con un boliviano que alternaban los discos de sus patrias para una concurrencia siempre andina. El lugar cumplía, en Villa del Señor, con la rutina de los grandes antros del centro limeño en los que la discoteca se vuelve el corazón ignífugo de los trabajadores invisibles de la economía peruana; un público masivo en el que abundan los obreros de la construcción y las empleadas domésticas. La salida de "permiso" de las chicas que trabajan "cama adentro" en

Lima es tan corta e intensa como a destajo el contrato por el que las tienen a disposición de lunes a sábado. Por eso las discotecas aprovechan para abrir a plena luz del domingo. En Lima –o en las pequeñas Limas concebidas por los inmigrantes llegados de la sierra y la selva– la puerta de una discoteca a la caída del sol dominical suele ser un polvorín de peleas callejeras. En Yoli, después de tanto brindis, el ambiente estaba espeso. El aire tenía el calor de las brasas dormidas. Cualquier incauto podía encenderlas con un leve soplido. Facundo Lozano atizó ese fuego sin medir las consecuencias, sin pesar a su contrincante, nada conocido por su nombre de pila sino por su apodo: Cali.

Para ser precisos: Lozano intervino sobre una pelea ajena. El incidente había comenzado hacía unos segundos. Cali le disparó a un tipo que estaba robándole a una vecina boliviana; los testigos coincidieron en esa versión del conflicto cuando declararon ante la policía y el juez. Robar a trabajadores bolivianos desarmados era mal visto por este grupo de peruanos. A fines de la década, los peruanos que se iniciaban en el negocio narco todavía se financiaban con esporádicos golpes a comercios o camiones de transporte de mercaderías, asaltos con cierta categoría en la cátedra delincuencial. El nuevo código que comenzaban a gestar en Villa del Señor incluía la lucha contra los compatriotas "rastreros", vistos como lacras que arruinaban la zona. Los ladrones muy jóvenes, a veces sumergidos en el consumo de pasta básica, eran considerados enemigos del negocio cultivado con contundencia y pericia quirúrgica: la droga. El arrebato no estaba bien visto por los jefes. No era tanto un imperativo ético como una necesidad comercial y estratégica. El rastrillaje de billeteras, la mano ducha en meterse en carteras y bolsillos en un tumulto a bordo de un colectivo o en la parada del tren habían sido alternativas para algunos soldados narcos, pero siempre contra argentinos y en el centro de la ciudad. Es verosímil que Cali Aranda haya salido en defensa de la mujer boliviana asaltada en la villa.

Nadie en el entorno de Facundo Lozano y su mujer comprende por qué, si los capos de la droga en el barrio ya eran temidos y la fama de Marlon Aranda opacaba a la del resto, Lozano no se calló la boca y buscó mejor pista para bailar esa noche. Quizás se había tomado unos tragos temprano y se sintió respaldado. No estaba solo. Además de María Salas, su concubina, lo acompañaba un amigo que desde hacía dos meses compartía techo con ellos en una casita de la manzana "H", en la misma Villa del Señor. Se llamaba Néstor Almazán Briceño. El doble apellido hacía suponer que era peruano, pero no. Venía de un pueblo del interior de Tucumán. Llegó a Villa del Señor siendo un adolescente. Le llevó un tiempo perder la tonada y por eso después de catorce años le seguían diciendo "el Tucu".

Los Lozano eran su segunda familia. Aquel domingo habían salido a dar un paseo por la avenida Bonavena, a dar un vistazo y tomarse unas cervezas con la excusa de buscar a la sobrina de María, una chica de quince. También los acompañaba un pibe de doce años, flaco y moreno, que apreciaba a Facundo como a un padre verdadero: Eduardo. Era el hijo de María. En la pista de Yuri y contra la barra saturada del boliche se agitaba una legión que arriesgaba el presentismo y el pago de todo el lunes por una borrachera. En la puerta, los muchachos y algunas chicas pasaban tiesos para evitar el bamboleo del exceso dominical.

Esa noche, el fin de Facundo Lozano comenzó a hilarse con el roce de la bala. Con el revoleo de disparos de ese matón que intentaba hacer justicia por mano propia con un ladronzuelo. Sintió el escalofrío. Pasó rasante; lo supo con certeza.

–¿Por qué no miras dónde tiras? –se atrevió Lozano.

–¡Tú cállate! ¡Que no es con vos! ¡Sal, corre! –le advirtió Cali Aranda.

Esos fueron los cinco segundos de margen que tuvo Lozano para moverse de la línea de tiro. Cali estaba a tres metros de él cuando corrió la pistola hacia el morocho y, sin intenciones de liquidarlo, lo midió.

—¿Por qué me voy a ir? —abundó Lozano.

El tiro sonó por sobre la pachanga boliviana que aturdía de fondo.

—¡Porque para vos también tengo tiros! —le dijo Cali con la cara llena de risa.

María se acercó empujando con los brazos a la gente que había comenzado a apiñarse.

—Permiso, por favor, permiso, ¡soy la mujer! —se abrió camino.

El murmullo tras el tiro sonaba como un rezo sucio.

—¡Corre! ¡Corre! —le gritó Cali a su repentina víctima.

—¿Por qué me vas a echar vos de acá? —alcanzó a decir Facundo.

El tirador tenía balas de sobra. Así que disparó varias veces al piso. Quería obligarlo a zapatear.

María se tiró sobre Cali para arrebatarle el arma:

—¡Vos no me vas a echar de mi tierra, hijo de puta! —se defendió ella sacando a relucir su condición de local.

—Tú cállate, la concha de tu madre, ¡y ándate! —se la quitó de encima de un solo zarpazo.

Con la otra mano disparó dos veces. La primera falló. El tiro rebotó en la pared de Yuri. El segundo disparo fue certero.

Facundo se dobló en dos, se llevó las manos a la panza. Le había dado en el estómago.

Entonces Eduardo, el hijo de María, también trató de parar a Cali. Se tiró sobre él, y como si fuera la manija de una puerta que quería cerrar, se aferró a la mano con la que sostenía el fierro de caño largo. Cali lo empuchó y apuntó al pecho de Facundo.

—¡Tú no te metas, la concha de tu madre! —le dijo.

Y le dió con la culata en la cabeza.

María gritaba pidiendo auxilio. Entre su hijo y el Tucu trajeron un taxi que los ayudó a poner a Facundo en el asiento de atrás. El auto entró al patio exterior del Hospital Piñero y entre los tres movieron a Facundo hasta la guardia. Después de cinco horas lograron sacar la bala 9 milímetros que había zigzagueado caprichosamente en su interior. Pasó los siguientes diez días en una cama de cirugía. Nunca antes había estado internado.

Al menos eso consta en el expediente de cuando, quince días después de los tiros, Eduardo declaró ante el juez. Entonces el chico contó lo que había visto esa noche y luego la escena final de la disputa desigual entre los Lozano y Cali. Convencido de que estaba ante el famoso Marlon, dijo: "Después vi a Marlon irse del pasillo tranquilamente".

Cali, el mayor de los Aranda, era confundido con Marlon, como si los dos ocuparan el mismo cuerpo. Como si hubieran sido parecidos, aunque no lo fueran. Marlon, robusto, de rulos, iba vestido con equipos de gimnasia amplios y zapatillas último modelo; Cali era mucho más flaco, de pelo lacio y corto, achinado y con los pómulos angulosos, y casi siempre usaba jeans, zapatos y camisa.

Durante semanas se creyó que el asesino de Lozano había sido Marlon y no Cali. El lugar del asesino se disolvió entre los dos cuando el rumor puso a Marlon en escena.

Incluso en el juzgado que investigó el posterior crimen de Facundo se ordenó un informe socioambiental "respecto de Marlon Aranda Rodríguez", confundiéndolo también con su hermano. El nombre de guerra de Marlon siempre fue Marlon. Su nombre propio era su alias. Así figura en incontables causas en las que se lo ha investigado. Tampoco a Cali en Villa del Señor se lo conoció por el nombre propio: con Cali alcanzaba. La construcción de una figura de poder dentro de un territorio suele tomar prestado lo que necesita de la ficción, hasta para convertir una biografía imposible en un relato oral que se vale por sí mismo, capaz de ser verosímil y de perdurar. La leyenda no sólo se construye con la exageración y la mentira, sino también con ciertos tópicos como la compasión del líder ante las miserias de sus dominados, y al mismo tiempo su costado oscuro de matón que debe destacar su mayúscula crueldad: en el mismo hombre, las virtudes y los defectos extremos del ser humano.

Cuando Chamorro todavía gobernaba en acuerdo con los hermanos Teodoro y Porfirio Reyes y con los Aranda, Cali y Marlon, muy lentamente el mito de Marlon creció, alimentado quizás por el lugar simbólico del viejo puntero Roka: de él heredó la capacidad para negociar con la comunidad, con la policía de turno, con sus segundos mandos que siempre se mantuvieron a raya. Así como se lo puso en la escena de la bailanta defendiendo a los tiros a una mujer boliviana de un chorrito rastrero, después de la muerte de Facundo Lozano y de que su hermano cayera preso, Marlon comenzó a aparecerse en todas partes, cada vez con mayor intensidad. En un rincón inaccesible del barrio, cerca de la Canchita de los Paraguayos, bajo un alero, en una banqueta, tomando cerveza, escuchando música, armado, rodeado de gorilas armados, en fiestas con paraguayas, en fiestas con peruanas, en fiestas con bolivianas, en fiestas con sus muchachos. Al jefe que busca el poder se le asigna un don divino: el de la ubicuidad.

Luego, cuando la figura de Marlon se fortaleció, pasó de omnipresente a misteriosa, como suele suceder. Su nombre, entonces, comienza a circular como un bien de cambio. El que puede se llama Marlon. Casi como si en el nombre estuviera la marca de un apellido: Marlon Antonio, Marlon Eduardo, Marlon Eulalio, Marlon Polo, los sobrinos de Marlon se multiplican, y con ellos su potestad. Entonces, cuando su nombre ya es una marca y, a partir de algunos puntos de referencia propios de la organización, el líder puede ausentarse. Marlon se aposentó bajo ese alero, Marlon cerca de la imagen del Señor de los Milagros, Marlon de tal a tal hora, Marlon en el bar que puso a nombre de un testaferro. Hay un momento en que esa presencia merma; su inmaterialidad, sus apariciones espontáneas arriba de una moto como las de los Ángeles del Infierno, o en un auto importado con chofer, lo van convirtiendo en lo que se sospecha que es: el mal. Pero antes de prescindir de su presencia en el barrio, genera, por las dudas, el mito complementario de un otro implacable: con su sangre, con su inteligencia, pero desprovisto de conmiseración, el hermano mayor: Cali. La muerte de Facundo Lozano coronó a Cali como el cerebro en las sombras de la familia Aranda. Desde el encierro en la prisión, desde la clandestinidad, daría las órdenes más duras, mandaría a liquidar, actuaría como el otro yo de Marlon, siempre a salvo de las peores decisiones, capaz de mantener su moral de generoso rufián interesado por la comunidad. ¿Con quién negociarían los delegados de las manzanas gobernadas por los Aranda? ¿A quién le tocarían la puerta por la mañana para exponer su problema personal, la historia del familiar enfermo, del padre muerto en Perú, del niño al que hay que operar urgente, del crédito que no se puede pagar? Susana, la esposa de Marlon, era joven y tenía una madre joven, doña Mari. La madre de Marlon nunca vivió en el barrio. Doña Mari supo ocupar ese lugar. Ella era la matriarca ideal, capaz de hablar por el capo, capaz de ser generosa, capaz de impartir justicia. Doña Mari era la mujer que podía hacer construir una casa de tres pisos, blanca y siempre más alta que todas las demás, en una esquina de la avenida Bonavena, justo frente a Villa del Señor, en el barrio Presidente Perón. Doña Mari era la mujer que daba y regalaba, y era capaz de ir a un restaurante de la villa, escoltada por sus soldados, a buscar a una atrevida que le quiso robar el marido, sólo para darle un fierrazo en la cabeza con sus propias manos. Facundo Lozano era un hombre de mediana estatura; no superaba el metro setenta y tres. "Trigueño –según las descripciones periciales–, de buen desarrollo óseo y muscular, en buen estado de nutrición, cabellos negros; ojos pardos; nariz, boca y orejas medianas", lo que más llamaba la atención de él era ese bigote largo y cuidado que llevaba sobre los labios como una insignia que coronaba la barba afeitada. Sin ropas pesaba sesenta y ocho kilos. Tenía algunos tatuajes, nada recordable. La noche de la discoteca los tiros le produjeron tres cicatrices. La primera, en la muñeca izquierda, donde le quedó incrustada una bala. En la espalda, del mismo lado, una marca redondeada, costrosa. En la panza, una cicatriz de veinticuatro centímetros.

Cuando se dieron cuenta de que Marlon no era Cali, en el juzgado apuntaron a Cali. Quisieron saber cómo vivía, qué lo hacía tan temerario a la hora de disparar. Una asistente social entrevistó a Luciana Garay, la concubina de Cali. El informe que escribió y firmó dice: "Soltera, convive hace diez años con Aranda Rodríguez, peruano de treinta y un años, soltero. Con él tiene una hija de cuatro años, reconocida. Garay completó el ciclo primario. Su compañero cursó hasta tercero del secundario. Ella comenzó a trabajar a los quince años en el servicio doméstico. Actualmente la llaman a veces para limpiar. En la casa tiene un pequeño almacén y despacho de pan hace unos tres años. Lo atiende ella sola; cuando tiene que salir viene su hermana. También hace algunos arreglos de costura para las vecinas. Tiene dos máquinas de coser industriales; hasta hace alrededor de un año hacía pantalones, polleras, remeras, que vendía en el barrio y a una señora que tenía un negocio. Últimamente Aranda Rodríguez era vendedor ambulante de golosinas. Además, hacía changas como electricista. Viven en la casa hace siete años. Era propiedad de un tío de Garay que se fue a vivir a Corrientes. Se la están pagando; 100/200 pesos por mes, según lo que puedan. La casa está sin terminar; le falta el revoque exterior e interior. Ellos terminaron una de las habitaciones donde duermen los tres. En la otra habitación guardan cosas. El baño y la cocina están sin revocar. Al frente, separado, hay otro cuarto, que es donde tienen el negocio. Hay electricidad; extraen el agua con un bombeador eléctrico. Hay un pozo ciego. Cocinan con gas de garrafa. Tienen teléfono. El orden y la higiene son buenos. El barrio es modesto; la calle, de tierra. En cuanto a los entretenimientos, salen poco, y siempre lo hacen en familia: van a pasear, al parque Pereyra Iraola, a Jumbo, etcétera. Visitan familiares o los reciben en su casa. El causante ayuda a su compañera en las tareas domésticas. Se entretienen mirando televisión, películas en video. A él le gusta leer. La señora Luciana Garay me produjo una impresión favorable. Es todo cuanto puedo informar a V. E., a quien Dios guarde. Ivonne Chenot. Delegada Inspectora".

Cali había llegado a los veintiún años a Buenos Aires. Apenas había hecho unos pasos en Lima como ratero cuando se instaló en un hotel de Constitución y comenzó como vendedor ambulante. Su prontuario pasa de tres acusaciones por hurto y una condena por intento de robo de tres meses, a comienzos de los noventa, a presunto homicida del ex capo Julio Valdivia, como parte del grupo de sicarios de Julio Chaparro. Chaparro lo había contratado junto a su hermano Marlon y a otros muchachos venidos de San Juan de Lurigancho. Se codeaba desde entonces con los hermanos Reyes, Teodoro y Niki Lauda. Berta Valdivia dijo que él fue uno de los matadores de sus hermanos. Luis Valdivia aseguró que él fue el que le gritó a Manuel, mientras lo masacraban a tiros: "¡Esto es por querer traicionarnos!".

El juez que investigó el crimen de Lozano también ordenó una pericia psiquiátrica de Cali. Allí se lee: "Se trata de una persona de treinta y dos años de edad. Nacido de parto eutócico. Desarrollo psicomotor a término. Enfermedades comunes de la infancia. Padres vivos y sanos. Se hallan separados hace veinte años, ignora la causa. Fue criado por su madre. Tiene doce hermanos, el examinado es el anteúltimo. Proviene de Perú, desde 1989 se halla en esta ciudad. Primario completo. Buena adaptación y rendimiento. Dice realizar changas. Soltero. Hace ocho años que se halla en pareja. Niega ingesta etílica al igual que haber experimentado con drogas psicoactivas. Sin tratamiento psiquiátrico-psicológico. Estado actual: de presentación pasiva; se muestra distante, expectante, cierta reticencia, carente de espontaneidad. Se adapta al rol de examinado, parece tranquilo. Atento, adecuado registro sensoperceptivo, sin fallas amnésicas actuales. Lúcido. Globalmente orientado. Con conciencia de la situación en que se halla. Juicio normal. En la esfera afectiva, se evidencia su tendencia al retraimiento, ensimismado, dificultad para expresar afecto. Sin fallas en la volición. Conclusiones: las facultades mentales al momento del examen guardan los parámetros compatibles con la normalidad".

Facundo salió del hospital a los diez días. María y el Tucu le hicieron saber que se habían cruzado en el camino de uno de los hombres fuertes de Chaparro. No era Marlon Aranda, el que ellos creían, sino su hermano; mucho más sanguinario, le dijeron. Así que el miedo acompañó al albañil cuando su cuerpo adolorido –la cicatriz aún húmeda en la panza, el paso de un enfermo convaleciente– llegó en taxi a Villa del Señor. Caminó apoyándose en las paredes desde la avenida Monzón, por los pasillos de la manzana "H", hasta su casa.

Debía hacer reposo absoluto por diez días más, pero al segundo prefirió levantarse. Quería llevar las únicas zapatillas que tenía a remendar, necesitaba cambiarles las suelas porque ya estaba pisando con la planta de los pies; ese fue un invierno crudo. Lo acompañó el Tucu. Se habían convertido en amigos tan cercanos que se hacían compadres.

El Tucu había vivido hasta los ocho años en su ciudad natal, al cuidado de unos tíos. Algunos de sus hermanos se habían ido a Buenos Aires con sus padres. Así que la primera parte de su infancia había sido una ensoñación en un barrio de San Miguel de Tucumán, en el que esperó hasta el cansancio que regresaran por él. En Buenos Aires sus padres se habían instalado en Villa del Señor en una pieza en la que debían turnarse con otros para dormir. Emilia, la mamá, y sus chicos tomaban la merienda en el comedor que dirigía el famoso Roka, el puntero que arreglaba sus conflictos con una metralleta bajo el brazo. Solían llevar una olla y se las llenaban con guisos para la cena. Fue Roka quien los ayudó a instalarse, cuenta la mujer que todavía vive en la villa. Roka les señaló el terreno en el que podían montar el rancho. Les regaló chapas de cartón y ella y los chicos juntaron listones de madera de La Quema, un lugar en el que se tiraban los sobrantes de un aserradero. El padre del Tucu era albañil y trabajaba en una obra donde le regalaron una cama para los chicos y una cocina de dos hornallas. Su madre entró pronto en una empresa de limpieza. Trabajó en las oficinas del Ministerio del Interior, en algunos hospitales y hasta en la Casa de Gobierno.

Cuando llegaron de Tucumán a comienzos de los ochenta, Villa del Señor era un descampado en el que los ranchos se iban montando como sombras grises sobre el barrial del bajo, abriéndose camino en el monte. Los Almazán Briceño hicieron crecer la casa como pudieron, pero siempre fueron demasiados. Así que cuando por fin llegó el Tucu, ya de dieciocho años, se fue a vivir con su amigo. Facundo le abrió la puerta de la casa que alquilaba con María sin pedir nada a cambio. De vez en cuando conseguía una changa. Solía aceptar cualquier tarea y recibir en pago mercadería de los comerciantes a los que les limpiaba la vereda y los vidrios. Casi no aprendió a leer ni a escribir, hacía mucho que la escuela no estaba en su horizonte. Aún así, no había entrado en el delito ni había sido tentado para las variadas actividades ilegales que compiten con la miseria.

Facundo Lozano era testarudo. La insistencia de su mujer no pudo con su intención de salir esa tarde al zapatero. Cuesta imaginarlo, pero aunque podía sentir la herida que le recordaba cómo le habían tirado a matar, no salió armado. ¿Otra vez calculó mal la dimensión del enemigo? Los peruanos amigos de Cali pensaron que Facundo regresaba para cobrarse una venganza por los tiros recibidos. En su dinámica de sumas y restas, de ofensas y escarmientos, era lógico que pensaran eso.

La herida de Facundo Lozano era enorme, pero había pasado diez días en el hospital, sin moverse, y salir a la calle le pareció un buen síntoma. El médico le había dicho que caminara despacio, pero que le haría bien moverse. Hicieron una cuadra, Facundo paraba cada varios pasos y descansaba, sostenido por el Tucu.

Llegaron a la avenida Bonavena y tocaron en la casa del zapatero. Tardaría diez minutos, les dijeron. Así que esperaron sentados en los escalones de un zaguán, protegiéndose del viento frío, un poco más allá. Tuvieron mala suerte, justo en ese momento pasó por la esquina del pasillo y la avenida una de las hermanas Aranda: Celeste. Los miró como si con los ojos les disparara a matar. Y apuró el paso.

–¿Y a ésta que le pasa que me mira así? –le dijo Facundo a su amigo.

Ni siquiera la actitud de Celeste Aranda espantó a Facundo. Se quedo allí sentado. Con dificultad sacó una moneda de un peso del bolsillo del pantalón y se la dio al Tucu para que fuera a comprar pan casero a un puesto sobre Bonavena. El Tucu no tardó más de cinco minutos. Apenas apareció en el pasillo, Facundo le gritó:

–¡Apurate!

El Tucu vio salir vapor de la boca de su amigo y, después, de la de Cali. Facundo se levantó como un resorte; Cali Aranda ahora lo apuntaba con la 9 milímetros a la cabeza.

Sin decir más, le disparó.

Lo sucedido después es una descripción que le corresponde hacer al único testigo del crimen, el Tucu; con la bolsa de pan en la mano vio la coreografía que desplegaron los narcos. Fue un instante demasiado largo. Encararon sin miedo, sin titubeos y de la manera más rápida y efectiva liquidaron la posible amenaza. El Tucu no puede dejar de pensar que si atacaron así fue porque imaginaban que del otro lado había una fiera llena de rencor, dispuesta a saldar cuentas con ellos. De no ser así, se preguntaría muchas veces, por qué el matador se acercó, le dedicó una frase, y disparó sin más. "Facundo se cubrió la cara y el tiro le pegó en el brazo", cuenta el Tucu ante el juez. "El segundo le pegó en la pierna, y ahí cayó arrodillado. Marlon volvió a gatillar desde arriba y entonces le dió en la cabeza", dice ante la policía. Su descripción es precisa, pero sigue enredado con la identidad del asesino. Otra vez confunde a Cali con Marlon.

La manera en que habían eliminado al enemigo "los muchachos de Chaparro" perfeccionaba una estrategia que hicieron conocida en Villa del Señor en los años siguientes: "Primer tiro en la pierna, segundo tiro en la cabeza". Aunque a los soldados de la organización se los sometiera a un régimen que comenzaba con esa pena cruel pero no tan riesgosa para el cuerpo como para el amor propio, la del rasurado a cero de cabeza y cejas, a los demás, los sentenciados como Lozano, se les disparaba primero en la pierna. Cuando la víctima cae de bruces, cuando implora por su vida, entonces, el tiro en la cabeza. Y si los sicarios son más de dos, entonces el segundo, por norma, remata al condenado en la sien. Así se hacen las cosas. Así aprende todo el mundo a quién hay que respetar y obedecer en Villa del Señor.

El Tucu vio a tres hombres. Uno era Cali. Los otros eran dos de sus sobrinos. Juanjo y su primo, Raúl Suárez Aranda, recién llegados de Lima, cumplieron con las normas de la banda. Juanjo llevaba sólo diez meses en Buenos Aires y vivía, igual que Cali, en la provincia. La Justicia consideró probado que Juanjo esperó que Cali descargara su rabia contra Lozano, abriendo el fuego. Lozano se derrumbó, arrodillado, hacia atrás y dió con la espalda contra la pared de un rancho en el que se vendía comida. Juanjo lo remató: gatilló dos veces con su pistola 11.25.

*

Si hay una constante en el desarrollo de las organizaciones de narcotraficantes durante la década del noventa en la ciudad de Buenos Aires es la desidia o complicidad policial con el crimen. A una trama de corrupción oscura y urbana se le sumó una práctica absurda pero también rentable para la administración de la corporación: la invención de causas judiciales por narcotráfico contra mendigos, borrachos, prostitutas, adictos, cartoneros, inmigrantes recién llegados de su país o del interior, o pacientes del Hospital Borda: a mayor vulnerabilidad, más chances de caer en manos de una mujer obesa famosa en el submundo como Kika. Kika los embaucaba y la policía los reventaba. O en una versión más cruda, un oficial de menor rango los citaba para un trabajo como albañiles y les dejaba un paquete en la mesa del café, para que luego uno de sus compañeros de brigada los descubriera.

Los fiscales que investigaron los casos no podían creer que cada semana detuvieran uno nuevo. Llegaron a contar ciento siete. Los escenarios en los que se producían esas detenciones ilegales que luego llevó años desmadejar, y mantuvo encerrados a cientos de inocentes, eran los barrios del sur de la ciudad. En todos ellos los grupos de narcos peruanos se fortalecieron. La noticia fue un escándalo pero, finalmente, las condenas afectaron a pocos. Varios de los sospechados por esos delitos que no fueron condenados continuaron en la fuerza. Algunos de ellos en Drogas Peligrosas. Resulta al menos sorprendente que la policía haya actuado con la celeridad suficiente como para detener a Cali, a Juanjo y también a su primo Raúl Suárez Aranda. Pero sí. La casualidad quiso que en el momento en que disparaban a Facundo Lozano, pasara por la avenida Bonavena un auto de la Brigada que iba manejado por el jefe del grupo. Cuando escuchó los tiros, el jefe bajó del auto y se metió por el pasillo. Entre los restaurantes Tito y El Rinconcito Boliviano yacía, arrodillado, Facundo Lozano.

—¡Se fueron para el fondo! —avisó un vecino.

El policía corrió por los pasillos. Cree haber hecho unos doscientos metros cuando al pasar frente a un rancho una mujer que lo reconoció avisó:

—¡La Brigada! ¡La Brigada!

Los tres muchachos que caminaban rápido en el fondo de ese pasillo aceleraron la marcha. El policía les ordenó detenerse. Ellos corrieron. Uno se dió media vuelta y con una pistola disparó. Había mucha gente fuera de sus casas, así que el poli prefirió no responder. Los perdió de vista. Pero a la salida del barrio, por la calle Monzón, desde un móvil de la comisaría vecina se los distinguió demasiado apurados. El oficial de la Brigada volvió sobre sus pasos. En el camino se cruzó con la mujer que los había alertado: Celeste Aranda. Le pidió que lo acompañara y ella lo hizo. Pasaron junto al cadáver y el policía se comunicó con el juzgado de turno para dar parte del hallazgo de "un occiso, decúbito dorsal con las piernas hacia el norte y la cabeza hacia el sur". En ese mes de mayo hacía tanto frío que Facundo tenía puesto el slip azul, una malla Sergio Tachini, un *jogging,* y arriba el jean bordó; en el torso, una faja que le apretaba la herida, una camiseta, un buzo azul y blanco y una campera de corderoy. Al cuello llevaba tres cadenas con dos vírgenes y un corazón de oro, un anillo atado a un cordón; en la muñeca, una pulsera de Boca; en el bolsillo de la campera, dos relojes que esa semana intentaría vender para comer. Se cubría con una bufanda de lana azul y roja de San Lorenzo y en la cabeza tenía un gorro de lana negro de los Chicago Bulls.

Cuando escucharon el reporte sobre los recién fugados, dos policías de uniforme se bajaron de uno de los móviles de la comisaría. Como en una película mala de desventuras criminales, y cuando habían hecho cincuenta metros por el pasillo que da a la calle Galíndez, casi chocan con cuatro de los que huían, que corrían en sentido contrario. Uno de los agentes dió la voz de alto. Ellos pararon en seco. El de pulóver rayado saltó como un gato y trató de escapar con grandes zancadas. Otra vez, un cana lo tuvo tan cerca como para ofrecerle plomo.

—¡Si no te quedás quieto, te bajo!

Eran Juanjo, Raúl y su tío Cali.

"En el día de ayer fui con mi primo a la Villa del Señor de los Milagros, para ver a una chica que nunca encontramos. Como tengo amigos allí, ya que viví un tiempo en el barrio Presidente Perón, estaba visitándolos para armar un partido de fútbol. Como no había nadie estábamos caminando por adentro, por uno de los pasillos, con mi primo, cuando escuchamos los tiros. Salimos corriendo a ver qué pasaba y vimos a un montón de gente y que estaba muerto Facundo, a quien conocía de vista", dijo Juanjo en la declaración indagatoria que le tomó el fiscal. Siguiendo esa lógica, explicó que cuando se disponían a retirarse de la escena se encontraron con Cali y el argentino. "Justo ahí nos interceptó la policía, nos detuvo y nos metió en el patrullero", declara.

Juanjo, que llevaba diez meses en la Argentina, se convirtió en el principal motivo de preocupación de los Aranda Rodríguez: pocas veces un miembro de la familia integrado a la empresa narco ha tenido que pagar con tanto tiempo de cárcel como tendría que hacerlo Juanjo. Si bien la detención de Cali fue un golpe –porque desde entonces su hermano Marlon tuvo que fortalecerse en la calle con un ejército integrado por otros Aranda–, los sobrinos, que como Juanjo revistaban en esas filas, gozaron de mejor suerte: los detenidos lograron negociar su libertad con las comisarías. Pero no siempre los arreglos con los jefes policiales de las áreas controladas son directos y con garantía de impunidad. En Villa del Señor contaron que los precios de las coimas para liberar soldados caídos en manos de la policía varían según la cuantía del detenido, su importancia en la organización, su nivel de filiación familiar y hasta su edad. Marlon podía conseguir precio cuando eran varios los familiares presos en una redada casual.

Poco después de que lo detuvieran, Juanjo fue entrevistado por una "especialista en psicología clínica" que redactó un informe para el juez. Dice: "Estudios secundarios incompletos. Cursó el ciclo primario en la Escuela César Vallejo. Abandonó los estudios porque se enfermó de neumonía y además su familia tenía problemas económicos. Sufre de migraña (dolores recurrentes de cabeza) desde que padeció la neumonía. Es hijo de una unión legítima de

Eladio Huascar, corredor de artículos de limpieza, y de Celeste Aranda Rodríguez, peruana, no recuerda la edad, trabaja como mucama por hora. En agosto del año pasado vino a la Argentina a trabajar dado que en su país no hay empleo. A los once años ayudaba al padre en la venta de elementos de limpieza. Permaneció hasta los dieciocho años en Lima. Después vino a Buenos Aires, donde trabajó en el estampado de remeras. Era empleado por coreanos con los que trabajaba doce horas diarias y percibía un ingreso de $450.– por mes. Jugaba al fútbol en su país. Le gusta leer. Se destaca la buena disposición del procesado durante toda la entrevista. Se expresó en forma correcta sobre la información solicitada".

Cruzando las fechas y los turnos de los juzgados criminales, se puede rastrear el destino de cada causa judicial iniciada tras un homicidio. Hasta el año 2008 hubo cincuenta y cuatro asesinatos cuyo móvil era la pelea por el territorio narco. La guerra puede ser más monótona de lo que uno imagina. Los métodos se repiten, el perfil de los victimarios y las víctimas también. En el caso de Lozano, la gran diferencia era que no había sido un crimen impune: Cali Aranda y su sobrino Juanjo fueron condenados a doce años de cárcel.

El expediente del crimen de Lozano descansaba en un Tribunal Oral en lo Criminal, al final de una angosta escalera de un edificio de la década del 30. El despacho del juez que tuvo que interrogar a los testigos del crimen es una habitación casi tan grande como la que comparten ocho empleados silenciosos y aplicados, ocultos tras pequeños montículos de papel viejo, pared de por medio. El juez recuerda el caso: lo impactó, dice. No puede olvidar el miedo de los que habían visto algo. Su manera de repetir como zombis no me acuerdo, yo no estuve, no escuché nada, no fue así, me equivoqué, no sé. Fue tal el temor que el tribunal percibió en la declaración de los testigos, que los jueces por unanimidad se negaron a tomar esas declaraciones como válidas. Prefirieron basarse en lo que habían declarado ante la policía y ante la Justicia durante lo que se conoce como la "instrucción" de la causa, su etapa investigativa en el papel. Cada tramo de este relato fue primero una anotación salida de ese expediente de seis cuerpos. En medio de un rumor de leyes y artículos, entre empleados judiciales poco comunicativos, las historias salieron de su encierro jurídico a lo largo de semanas. Vale la pena relevar algunos de ellos, producidos durante el juicio y retomados en la sentencia por el homicidio de Lozano.

María Salas, Néstor Almazán (el Tucu) y Eduardo Salas no tuvieron miedo hasta que comenzaron las amenazas. Queda claro al leer sus declaraciones iniciales, en las que describen el primer encontronazo con Cali Aranda Rodríguez, y luego la muerte de Facundo. El Tucu no esperó para contar la verdad. A las 17.50 mataron a su amigo. A las 21 de ese mismo jueves se sentó ante un oficial de la comisaría y relató con detalles cómo Cali lo había masacrado. Al día siguiente se levantó y se fue al centro, al juzgado. Allí repitió todo lo que había dicho ante la policía. El mismo día los reconoció. Primero al sobrino. Luego, a pesar de que se había cambiado el peinado, al tirador que abrió fuego: Cali. Al final de su declaración testimonial se lee: "Desea aclarar que se encuentra muy preocupado, no tanto por su seguridad, sino por la de su familia y la de Lozano".

El Tucu llevaba una década en el barrio. En 1996, cerca de su casa, habían masacrado al clan Valdivia. Conocía la geografía de poderes, podía intuir de dónde vendría el golpe. Chaparro había logrado montar una zona de seguridad en las manzanas "F", "G" y "H", que se extendía cada vez más hacia las de alrededor. Ya en el corazón de Buenos Aires, palpitaba la pequeña Lima. Chaparro era el jefe indiscutido hasta ese mes de junio, al menos. Los hermanos Aranda eran sus muchachos más fuertes. Fue Chaparrito, el hijo del Capo, quien se le acercó para dejárselo claro. El 14 a la mañana iba por un pasillo, a media cuadra de la casa de su madre, en la manzana "N". Una conocida lo detuvo y le dijo "te llama Chaparrito". El Tucu la esquivó y siguió de largo. El joven matón se le acercó dando largos y exagerados pasos. Cuando lo tuvo al lado, sin tocarlo, le dijo casi al oído: "Más vale que te cuides por lo que hiciste, si no adonde te cruce te voy a dar vuelta". Dos días después sus propias hermanas se lo repitieron varias veces: "No salgas, Néstor, porque todo el mundo dice que cuando te agarren te van a matar como a una rata".

María Salas no sólo declaró, sino que autorizó a su hijo Eduardo a reconocer al hombre que le disparó a Facundo en Yuri. El chico contó que "todos los pibes del barrio decían que cuando Facundo saliera del hospital lo iban a matar". Sobre el segundo sobrino, prófugo por el crimen, dijo que se había cortado el pelo, y contó dónde paraba. Sobre Cali dijo que el día del fusilamiento, cuando corría a ver el cuerpo, lo vio en un pasillo "chupando cerveza" y, después, escapar, cuando una mujer avisó que estaba la Brigada. A ambos los reconoció. Finalmente, fue Eduardo el único de los tres que no cambiaría su declaración ante la Justicia. El 8 de octubre de ese año, cuatro meses después del homicidio de Lozano, el Tucu y María se presentaron ante el juez acompañados del abogado defensor de Cali y Juanjo. "Yo vengo a decir –declaró– que capaz que ahí me equivoqué cuando fui al reconocimiento. Fue un momento de nervios. Los pibes que están presos no son, ninguno de los dos. Estoy bien seguro. No sé como se llaman los autores, yo los veo siempre en la feria de Bonavena. Cuando denuncié las amenazas fue verdad, pero después no me molestaron más. Vinimos con María Salas, acompañados por la mujer de uno de los presos, para levantar la denuncia. Cuando hice el reconocimiento me habré equivocado, yo los veo sueltos."

El juicio oral fue casi un año después del crimen de Lozano. Es una sentencia extraña, que luego fue confirmada por la Cámara de Apelaciones. En ella se confirma el clima de tensión y miedo que había en la sala de la calle Paraguay. Para entonces María Salas había muerto. Era portadora de VIH y una infección había avanzado hasta acorralar sus fuerzas en una cama del Hospital Piñero, el mismo en el que había estado su marido cuando comenzó la persecución de los narcos. El abogado de los Aranda argumentó ante el tribunal que había que creer en la segunda declaración de la mujer, cuando se desdijo de las acusaciones a Cali porque al saber que "tenía sida, sabía que se iba a morir y no quería irse de este mundo sin decir antes la verdad, que el señor Aranda Rodríguez es inocente".

Cuando terminé de leer la historia de los Lozano y los Aranda, llamé por teléfono al abogado que había defendido a Cali en el juicio. Un tanto desconfiado, el hombre –que era además miembro de una organización de defensa de los derechos humanos– dijo que recordaba vagamente esa época. "Eso era algo bastante terrible. Sólo puedo decirle que era como el Far West. No me olvido de que en el juicio había un chico muy joven, casi un niño, hijastro de la víctima, que fue el único que se mantuvo en sus trece. Los señaló sin dudar a pesar del clima que se vivía en el juicio", me dijo.

Cuando en el 2006 encontré a la madre del Tucu en Villa del Señor, me contó algunos detalles de aquella época, y otros de una menos remota. Supe entonces que María Salas estaba embarazada cuando asesinaron a Facundo. La madre del Tucu nunca supo qué pasó con ese huérfano. Tampoco del destino de Eduardo, el adolescente que hoy debe tener unos veintidós años. No todas las historias tienen una voz que las cuenta. Esta surgió de los expedientes judiciales. Más adelante veremos que el destino juega implacablemente con las vidas en Villa del Señor. Con el correr de los días, los años, la sangre y la cocaína traficada cada vez en mayores cantidades, todos se olvidarían de aquel impertinente acribillado, Facundo Lozano. Todos menos Néstor Almazán, el Tucu.

CAPÍTULO V

Cómo cambia la vida de uno si uno se lo propone, me digo siempre. Imagínese, compadre, que una prima mía tenía un televisor y había que ir a rogarle para que lo prendiera. Es que en ese tiempo era un lujo tener un televisor, hasta blanco y negro. Y cuando uno se compraba el tele a color, ¡puta!, el huevón pensaba que se había sacado la lotería. Qué ha pasado, Teodoro, me preguntaban cuando yo pude comprarme mi televisorcito blanco y negro; era como una joya. Fue cuando volví de la selva y ya andaba cultivando la idea de que me iba a Venezuela, o me venía para acá. Después conseguí una máquina de coser zapatos, unas hormas. Años después llegué al tele de color, fue como si me hubiera comprado un coche. En ese tiempo me acuerdo que tenía todas esas cositas, y como antes no había tenido nada, ahora era mucho, era demasiado. Después, con Fujimori, hubo una inflación que subió diez veces las cosas. De la noche a la mañana. Pucha, la verdad es que a la clase del pueblo nos mató. Lo que tú tenías no te servía. Diez soles, diez veces más. No, dije yo, acá ya no se puede más. Y hablé con mi señora: mira, las cosas no se pueden hacer acá. ¿Por qué tú no me esperas y yo me voy de viaje? Le dije. Y me vine para Buenos Aires, porque acá estaba buena la situación. Yo lo sabía porque mis vecinos, Marlon y Cali, ya se habían venido.

Con Marlon nos conocemos desde que teníamos cuatro años. Los dos vimos cómo la familia del otro fue levantando su casa mientras nosotros crecíamos. Ahora, cuando uno ya al cuero lo tiene cuarteado, capaz que todo eso no se nota, pero fueron años y años: la casa de él está a tres casas de la mía, en la misma cuadra. Pasábamos todo el día en hacer huevonadas: la tarde entera esperando que nos prestaran una canchita para entrar a jugar al fútbol. Nos íbamos juntos de la escuela sin permiso de nuestros viejos y peleábamos todo el santo día. Las dos familias han sido hasta un momento tan cercanas que nuestras madres iban del brazo a hacer las compras al mercado.

Marlon y Cali ya estaban acá. Vivían en un conventillo cerca de la estación de Constitución en el que habré pasado unos ocho meses. Era una casa tomada. Había tres o cuatro familias, paraguayos también. Ahora yo he pasado con mi coche y he visto que han puesto ahí un lavadero de ropa. Marlon robaba de vez en cuando y yo, con otros muchachos, me dediqué al punguismo. Empecé a caer, a ganar una causa, otra causa. No lograba mucho. No veía resultados buenos. Entonces, me dije: a otra cosa mariposa.

Marlon se fue a Perú y en ese momento fue cuando yo conocí la Villa del Señor. Y al amigo que me haría tener siempre la mejor mercadería. Porque, para hacer mejor el negocio, todo depende de con quién uno empiece, desde dónde uno se para. Cuando Marlon volvió de Lima, yo ya conocía la villa y había empezado por mi cuenta, sin meterme con nadie más.

Mi primer capital habrá sido diez gramos. Hasta que poco a poco esa cantidad se dobla, se dobla y se dobla. Hice mis primeros clientes con los mismos peruanos. Ellos se pasan la voz: quién tiene la piedra, tal persona, Teodoro la tiene. Y la que les daba era buena, era peruana. Porque el peruano siempre vende la peruana, esa es la mejor. Con la boliviana no pasa nada, es una porquería. Siempre la peruana. Para no quemar el lugar donde vivíamos, no la vendía en el conventillo, no. De ahí salíamos a robar nomás. Con la droga entré en la villa. Imagínate que a principios de los 90, la villa era más silencio todavía: me acuerdo que había plantas, árboles, estaba todo lleno de agua, después poco a poco se ha ido ganando terreno, hasta que quedó todo construido, con dos pisos, tres pisos. Era silencio la villa. No había cloacas, nada de lo que ahora hay.

Al poco tiempo Cali se va en cana, y quedamos trabajando Chaparro, Marlon y yo, que hacía mis cosas aparte. Usted, compadre, me pregunta que por qué yo aparte, solo, y si me quería quedar con todo, pero la verdad es que no. Porque yo nunca lo necesité. ¿Me entiende? Porque ¿cuál era el problema? Cuando yo empecé a negociar, empecé a negociar por poco. Pero, qué es lo que pasa, el que me abastecía a mí después agarró amistad conmigo; entonces qué es lo que hicimos, hicimos una cadena, hasta un punto uno, después de ese punto, otro. O sea que ya nunca más volví a papelear. Eso de rallar las piedras de cocaína, rebajarla y empacarla en papelitos doblados, cerrar, pasó al olvido. Esa cosa lo dejaba pa' ellos, pues. Ante todos los demás, incluidos Marlon y Cali, me planté como un proveedor, un mayorista con todas las letras. Les dije: yo acá, si ustedes quieren que se las venda, se las vendo; no tengo ningún problema. Entonces yo ya no quería socios, ni andar con una tracalada de gente vendiendo en la calle, preocupado por si los llevan en cana o te cagan. Ya era solo. Y hasta ahora soy solo. ¿Me entiende, compadre? Es bien distinto el transa que el narco. Desde ese momento yo me dediqué a lo grande. Lo chico, para el resto. Le puedo decir que papeleando pasé solamente un par de años. Después subí escalones rápido, subí. Empecé a tener más conexiones, más amistades, y a traer por cantidades. Cuando empecé, claro, estaba un poco nervioso. Hasta que después uno se mete en el ambiente, empieza a agarrar los fierros, se hace respetar, y ya empieza a andar bien.

Lo que pasa es que el primero que entró al negocio fui yo. O sea, yo ya tenía noción de cómo era. Porque yo soy una persona que si hay un huequito donde me tengo que meter para sacarle plata, me meto. Allá veo otro huequito, y me tengo que meter, me meto y le saco. ¿Me entiende? Es que yo sufrí muchas necesidades con mis padres, a nosotros nunca nos hicieron un cumpleaños, nunca nos han dado un regalo para la Navidad, nada. No es porque no querían, es porque no teníamos para eso. Cuando yo tenía cuatro años, dormíamos en el piso sobre una manta. Ni cama teníamos. Usted sabe, compadre, que en el Perú cuando se hace el bautismo de un chico se viene la fiesta, comida para los parientes, cerveza y pisco para los invitados, hasta que quedan tirados de tanto festejar. A mí, compadre, a los cinco años no me habían bautizado. Mi viejito, pobre como era, necesitaba la partida de bautismo para anotarme en la escuela, así que ni pensó en la fiesta, era imposible. Me llevó a una iglesia de San Juan de Lurigancho y habló con el cura: él le pidió un padrino que me tomara de ahijado. Así que mi viejito salió a la calle y paró a un hombre cualquiera que pasaba. Lo chapó y me lo puso como padrino. Fue un bautismo para los ojos de Dios y para el papel que necesitaba. Así era la miseria nuestra.

La verdad es que a uno lo que le queda doliendo es esa necesidad tan conchasumadre que pasó, ese dolor de no tener ni para comer. De chico uno lo siente, y se acuerda, pero ya de grande es peor cuando vienen los hijos y uno no tiene para darles. Después de mi primera novia, Soledad, tuve otra. Yo tenía dieciocho años, ella tenía quince, y era muy bonita. Las mujeres de la selva son bonitas porque son cruzadas con alemanas. Salió embarazada. A mi hijo, en vez de darle leche, yo le daba té, o maicena. Tuve otro hijo. Hasta que yo me vine pa'cá por la misma necesidad. Es que la situación era muy jodida. La verdad es que se pasaba mucha hambre allá.

Cuando me vine pensaba que iría a buscar a mi señora, ya el mayorcito tenía ocho. Y yo unos veinticuatro años. El amor no es que se muera pero la distancia lo va enfriando. Además yo he sido siempre frío. ¿Cómo explicarle, compadre? De chico ya era frío. De muchacho por cualquier cosa que no me gustaba, me peleaba. De criatura no conocía fierro, pero era muy raro, muy de no aguantar. No me importaba si me ganaban, pero yo también daba. Lo único que me quita esa costumbre de ser como una heladera para la mayoría de las cosas son las mujeres, y cuando vine a Buenos Aires fue peor porque acá, apenas llegué, tuve muchas. No, la verdad es que no he sido fiel, compadre. Siempre he tenido mis historias. Hasta que llegué a Maira, esa morenaza tan bonita que me quedé mirándola un rato aunque en el mismo baile estaba el novio, rodeado de otros peruanos que eran sus amigos. No me importó. Yo la crucé a ella en una fiesta cuando era la enamorada de ese otro muchacho. Era una de esas fiestas que se hacen en el barrio en las que ponen música, tomas, y tomas, y ahí mismo te pones a bailar. En Galíndez y la Calle Sin Apellido, justo a la entrada de Villa del Señor, había un baile en la esquina. Le decían "El Paraíso". Solían ir conjuntos. Ahí empecé a conocerla a ella, y ahí también conocí a ese muchacho, Valdivia. Fue más o menos un año o dos después de que llegué, yo ya me había ido del conventillo a vivir a la villa, Tenía una pieza en la manzana "H", cerquita del altar del Señor de los Milagros, casi pegadito. Para mí ella era muy bonita, era delgadita, y al final me llegó a gustar mucho. Era casi de mi tamaño, metro sesenta o algo así. Pelo largo, casi hasta la cintura. Trigueña. Ojos marrones. Esa noche bailé con ella, la saqué. Bailamos bien. Me llevó un año conquistarla, y que dejara al otro. Éramos amantes hasta que al fin se metió conmigo. La conocí cuando ella tenía diecinueve años. Vivía con una tía que la había traído de Perú. Nos parecíamos en que, aunque éramos de barrio, a los dos nos gustó siempre el centro, ver novedades. Yo le contaba que con mis amigos solíamos meternos en cualquier bar a tomar cerveza o a jugar pool. En algunos boliches estaban más con el rock, con el pop, y en otros con la cumbia y los conjuntos. Entre las calles Amancay y Ucayali, había un local grande adonde íbamos a escuchar a los grupos folclóricos, porque también me gusta Dina Paucar, "la diósa hermosa del amor". Es muy bonita esa música. Con Maira nos parecíamos en eso y en que a los dos nos gustaba mucho el ceviche, y la comida que hace mi madre, sobre todo los frijoles y la sopa de mote. La tía dijo bueno, está bien, y nos fuimos a vivir los dos. No fue una exigencia mía. Ella sabía que andaba con el negocio encima. No le importó.

Como fui uno de los primeros que entró en el negocio, cuando Marlon y Cali también se interesaron y se juntaron con Chaparro, a mí ya lo que me importaba no eran todos esos clientes que se iban haciendo en la villa, sino sostenerme solito para después pasar a vender en cantidad. Por eso para mí ellos podían estar o no, porque yo no solamente se los daba a ellos: tenía otra gente. Villa del Señor para mí era un sitio seguro para parar, para laburar, pero después ellos hacían lo suyo, y yo lo mío. Con ellos yo frecuentaba muy poco. Eran amigos, pero igual. De a poco supe que este negocio es muy egoísta. Enseguida empezaba la envidia. Y la verdad es que siempre va a ser así. Yo por eso me peleé con mi mujer. Porque cuando yo empecé a negociar, ya empezamos a tener nuestros problemas por el dinero, que éste es mío, éste es tuyo. Empecé a traer yo, ella también quería traerlo. Es que somos iguales ¿viste?, quería convencerme ella. Y no es así, porque cuando hay problemas, si es que somos iguales anda tú y saca el fierro. Es mentira que somos iguales los dos. Cualquier problema, salía yo. ¿Me entiende? Mire, compadre, si llega a encontrar mujeres que se inicien en esto y sobrevivan es porque tienen al lado un macho que le hace de guardián porque si no, esto es de hombres. La mujer tiene las de perder. Yo muchas veces le decía que se convenciera. La madre de mis hijos tiene como un carácter horrible también. Y mi carácter también es horrible. Pasamos peleando. Hasta que se fue a la mierda todo. Y hasta que nos separamos. La mayoría de los que trabajan así en pareja, tú saca tus conclusiones, terminan separados. Porque el negocio es negocio de hombres.

No me ponga en ese aprieto, compadre, no puede preguntarme que quién fue el amor de mi vida. ¡Je! No me haga reír. Si me insiste, compadre, bueno, le voy a decir que yo creo que a nadie quise como a Maira. Las he respetado a todas, porque además algunas de ellas son las madres de mis hijos. Tengo ocho hijos. Dos con cada mujer, o sea que he estado con cuatro. La última vez tuve un niño con la Deysi, una muchacha que me gustó mucho por su cabello hermoso y por sus ojos, muy bonita. Ella ha declarado a favor mío en un juicio que luego le cuento, y vive en Perú, pero fue capaz de venir a salir a favor mío. Es una muchacha muy leal. Pero ya no me vuelvo a casar. Ya no podría. Con Maira ha sido la última vez, me digo. La he querido demasiado. En serio. ¿Que cómo sé que la quise tanto? Compadrito, no sé, a veces cuando peleábamos o discutíamos, quedaba tan mal que me iba a tomar. ¡Me sentía mal! ¡Muy mal! Uno, que ha tenido tantas mujeres, igual sentía que no iba a tener otra. Que después de ella ya no habría mujeres. Mi debilidad siempre han sido ellas. He tenido muchas y la verdad es que las otras me aguantaron, un poco como mi vieja le aguantaba a mi viejo, pero con Maira ya no. Ya no me aguantó.

Lo que pasa es que es un negocio que te puede dar muchos amigos y enemigos. Cuando yo robaba, entre ladrones éramos todos iguales. Pero ya cuando me empezó a ir bien en este negocio los mismos muchachos me miraban diferente. Que te veían que subías y trepabas escalones tras escalones. Y que te comprabas una cosa y otra cosa. Se te nota por un lado que te va bien, y cómo te vistes, lo que tienes. La envidia es uno de esos sentimientos que nadie puede disimular. Es envidia mala porque a la final si ellos no lo hacen es porque no tienen huevos pa' hacerlo, porque no es fácil esto. A mí me fue bien porque tuve la suerte de dar con mi compadre, con el que nos pusimos de acuerdo; hasta entonces le compraba a otra persona. Hasta que armamos una amistad buena y decidimos que nos empatábamos para ganar más. Él hacía lo suyo y yo lo mío. En estas cosas es difícil encontrar al socio ideal. Tú tienes que ser una persona derecha, pues. Acá, en este negocio, se sabe todo. La gente se pasa los datos. ¿A quién vas a ver? A éste. No, éste es así y así, es drogadicto, se lo va a fumar, va a haber problemas. ¿Y éste? Con este muchacho está todo bien. Y yo no tengo vicios, me entiendes, para mí es un laburo, yo le saco provecho. Y mi plata no la malgasto. Ayudo a mi familia, ahorro. Yo sé lo que es no tener nada, ¿me entiende? Sé hacer mi negocio.

En el negocio hay muchas leyes, pero yo creo sinceramente, compadre, que la más importante para que sobreviva por siempre es que no hay que permitir que a uno lo cierren. A mí me cerraron varias veces. Cerraron, sí, como cerrar el camino, o cerrar una puerta. En Perú decimos que nos cerraron cuando alguien a uno lo cagó, por un decir. Me cagó la guita, por ejemplo. Casi siempre le diría que es por dinero. Es que no se juega con el dinero, menos en este negocio. A mí me cerraron, y les tuve que dar. Me cerraste cuando yo te di algo, y no me lo volviste a dar. Entonces, me cerraste, pero de qué te vale si no lo vas a disfrutar, ¡si los muertos no disfrutan, huevón! Y se tiene que dar sí o sí, porque si tú lo dejas pasar va a haber otra persona que va a querer hacer lo mismo, ¿me entiendes? Si tú sabes que él lo cerró a ese, y bueno, entonces a ese también le cabe que yo lo cierre. Pero si yo agarro y te mando pa' arriba, la otra persona que lo va a querer hacer, no lo va a hacer. Ese es el problema que yo tengo, que no puedo dejar pasar a nadie. Eso es lo que te va creando el poder.

*

Teodoro es un soldado. Alguien que puede responder sobre la vida y la muerte convencido de que algo superior se lo está encomendando. Porque la lógica de la guerra es la que sostiene la lógica del narcotráfico. Aunque la mayor parte del tiempo Teodoro respondía preguntas sin retacear información, por momentos entraba en silencios.

La cárcel ocupa dieciocho hectáreas en las afueras de la Capital. El módulo era uno de los siete que tenía el penal, en el que había mil setecientos hombres presos por delitos federales. Ocho de cada diez estaban encerrados por tráfico de drogas. Teodoro ocupaba uno de los módulos de ingreso, a pesar de llevar tres años detenido. Era una garantía que habían conseguido sus abogados para mejorarle la estadía mientras le pedían a un juez que le permitiera mudarse a Devoto para terminar la carrera de Derecho. En la entrada de cada pabellón hay una sala de monitoreo que parece la del *Enterprise*. Allí hay un penitenciario sentado ante un tablero de televisores muy pequeños en blanco y negro, que toman cada ángulo del panóptico en el que viven doscientos noventa y nueve hombres, y Teodoro Reyes. Entre la sala y la puerta de acceso al pabellón hay un jardín en el que suelen trabajar con obsesión dos internos: son jardineros, como el padre de Teodoro, y mantienen los pocos metros cuadrados de tierra hechos un vergel de pequeñas gerberas anaranjadas, las únicas cuyas semillas parecen conseguir.

—Compadre, le voy a pedir un favor.

—Claro, Teodoro, dígame nomás.

—Que cuando venga usted, me traiga una revista.

—Claro, cómo no. ¿Qué revista?

—Cualquiera, compadre, nomás tiene que tener fotos de Luciana Salazar.

La puerta de acceso da a un pasillo largo. Todo el penal está lleno de ellos. La lógica urbana de la villa parece reproducirse en

117

este pabellón de seguridad pensado por un arquitecto argentino en base a lo diseñado hace dos siglos por Benjamin Bentham, el científico que ideó el panóptico para observar el movimiento de los presos desde lo alto sin necesidad de moverse. Se trata de una construcción radial de edificios, todos haciendo eje en una torre central. El de Teodoro es un panóptico con forma de decaedro, con diez lados en los que se suceden las pequeñas celdas personales. En ellas entra una cama, un inodoro y queda el espacio suficiente para pararse y dar dos pasos cortos. Eso también me lo contó Teodoro porque en realidad nunca nos dejaron ir a la celda. Siempre nos vimos en unas oficinas de concreto donde los presos suelen ver a sus abogados o a veces, muy de vez en cuando, a los fiscales y los jueces. Salas de magistrados, les dicen. Son color cemento y casi siempre tienen una mesa de fórmica y dos sillas de plástico vencidas.

Teodoro es un inmigrante. La migración peruana es la más tenaz del continente. La capacidad de los peruanos para instalarse en otro punto del globo, sea Tokio, Buenos Aires o Nueva York, es extraordinaria. No hay capital en la que la comunidad no tenga su lugar. La antropología contemporánea habla de "translocalidad migratoria", esa virtud para construir localidad que tienen los peruanos en el mundo.

En los comienzos de su carrera mafiosa, Teodoro mató con sus propias manos. No había dinero para invertir en otros soldados y además la inconfundible manera de cada uno de hacer justicia por mano propia es la carta de presentación de cualquiera en el negocio. Es como le ocurriría a un joven profesional que desarrolla una cartera de clientes en base a su propia atención; al crecer y expandir sus negocios, contratará personal. Eso quizás le haya significado un aprendizaje meteórico. La manera en que Teodoro y los otros jefes habían asumido la necesidad de deshacerse de Valdivia, y la forma en que se fue adaptando a su nuevo lugar de mayorista, me empujaban a revisar los relatos de Teodoro.

A repasarlos mientras acudía a los libros de historia peruana contemporánea. Si ubicaba los hechos en un mapa cronológico, era posible que Teodoro se hubiera saltado a propósito cinco o seis años de su vida. Era posible también que Teodoro hubiera estado en la selva, como me contó, pero quizás no en la cosecha de la hoja de coca, sino en algún tipo de entrenamiento. ¿Lo habría preparado una Escuela Militar de Sendero Luminoso? ¿Su educación había sido a través de su hermano Niki Lauda o de algún otro pariente que le había enseñado a robar en Lima? ¿Por qué tenía esos conocimientos de estrategia ofensiva en el ataque? ¿De dónde había sacado Teodoro esa claridad para organizar a dieciocho sicarios en tres grupos manejados por jefes como Cali Aranda, Julio Chaparro y él mismo, Teodoro Reyes?

¿Y el tiempo que había pasado entre su regreso de la selva y su partida hacia la Argentina? Esa distancia temporal parecía desvanecida en la mala relación con su mujer peruana, la madre de los dos hijos mayores. Al poco tiempo de instalarse en el conventillo de Constitución, en Buenos Aires, ya estaba con otras mujeres. Y ella, su primera esposa, en Lima pronto conoció a otro hombre y tuvo otros hijos. La disolución de ese amor y su preparación militar no terminan de quedar claros en sus relatos, casi siempre heroicos.

Teodoro mira de costado, y con la cabeza ladeada inspecciona a su visita; como si estudiara a un rival antes de lanzarse por los ríos de su memoria a sacar de su confinamiento algunos recuerdos. Eso lo intranquiliza. ¿En qué momento cruzó la barrera de la desconfianza y se paró con las manos en los codos para contarle todo a un desconocido? Quizás fue aquella ocurrencia mía que lo hizo reír, cuando luego de preguntarle por la muerte de su padre él contaba que lo mataron golpeándolo en las pelotas por mujeriego y a mí se me ocurrió hacer un chiste sugiriéndole que era tan mujeriego como él, como el hijo. Me había dado pena de mí mismo por haber hecho ese chiste, pensando que no era el momento, pero quizás haya sido esa broma, y mi risa ante su risa, la

119

única garantía que selló la confianza. Debí prometerle lealtad: no revelar nombres reales; no darle al enemigo información que lo pueda perjudicar, evitar que la verdad que él cuenta sobre su vida termine sirviendo como prueba en un juicio. Desprecia a la policía y a la Justicia. Debo jurar que nunca, jamás, testificaré en su contra. Estoy de acuerdo. En mi ética, la mayor virtud está en la verdad. La verdad está lejos de las comisarías y de los tribunales. La verdad está sólo en la calle.

Si Teodoro no se muestra sensible ante la muerte ajena, nada le resulta menos conmovedor que la propia. Sucede que anda siempre rondándolo. Cuando se refiere a ella es como si hablara de una vieja conocida. Piensa en cuántas veces estuvo en riesgo de perder la vida. ¿Habrán sido nueve veces? Saca cuentas. Sí, unas nueve; se ha gastado más vidas que las que tiene un gato. Siete de esos peligros fueron por asuntos comerciales, dice. Una vez casi se muere en un accidente en la ruta cuando volvía de Perú en un ómnibus. Otra, cuando un marido furioso que no quería que se volviera a acercar a su mujer lo atacó. Estaban en otro de los bailes de Villa del Señor. Había conseguido una pieza alquilada junto a la figura del Señor de los Milagros, el Cristo moreno, que por entonces ya había sido levantada por los devotos limeños en la mitad de un pasillo sobre la manzana "H". Marlon Aranda y Cali habían conseguido una en el primer piso del mismo inquilinato. El fin de semana festejaban los robos que habían logrado durante la semana en el centro. Él ya tenía con qué invitar a una dama y nadie sabía que tenía mujer y dos hijos en Lima, así que era un buen candidato. La chica se le regaló, dice. Él pensaba que ella ya se había peleado con el novio que tomaba una chela en la otra punta del salón, sobre una barra cubierta con un mantel plástico a cuadros: era una gran pieza construida en un primer piso. Habían armado todo con maderas y caballetes, las sillas eran bancas. El piso del baile, cemento alisado grueso. Así que cuando el hombre, un oso de metro ochenta al que tuvo que mirar hacia arriba, le dió el primer empujón para separarlo de la ninfa, Teodoro ya había desarmado una mesa de ocho y hecho volar por el aire con su propio peso los vasos desechables llenos de cerveza. Cuando el hombre lo agarró del fundillo del jean y del cuello, sintió que era una pluma, que su cuerpo no pesaba nada, y que, por lo tanto, con esa levedad, caería desde el balcón. Cruzó la ventana y dió en la vereda, arriba de un cemento recién hecho, dejando su corta figura en bajorrelieve sobre el suelo.

Uno de los misterios que Teodoro se demoró en revelar es cómo se hizo de su primer capital, de qué manera consiguió ahorrar para su primer kilo de cocaína. Fue un golpe de suerte, una tarde en que con otros tres salieron a trabajar hacia la iglesia de la Medalla Milagrosa, buscando la oportunidad. Trabajaban en lo que se conoce como el escape, es decir, manotear y salir corriendo, sin usar la fuerza, sino la astucia y la coordinación. Dentro de un auto vieron un bolso y un colgante. Fue meter la mano y sacarlo, era una mochila con quince mil dólares. Había chequeras y tarjetas de crédito, pero ni las usaron. Se dividieron la plata y a él le tocaron cuatro mil dólares. Por fin tuvo dinero para ir a Perú, después de tres años y medio sin ver a sus hijos.

En Lima vivió quince días de fiestas y polladas, de cumpleaños atrasados y casamientos adelantados. Se fue gastando en regalos el dinero que llevaba. Guardó apenas para llevarse a la Argentina a dos de sus sobrinos. Fue un viaje largo que lo hizo volver a pasar por el desierto y la cordillera. Cuando entraban en las montañas, cerca de la frontera entre Chile y Mendoza, el chofer venía parlándose una pasajera. El bus derrapó por la ladera del cerro y se desbarrancó volcando varias veces. Teodoro iba con los auriculares de un walkman puestos. Escuchaba un disco de Chacalón, cuando el ídolo de la cumbia peruana todavía estaba vivo. Con el primer golpe perdió la conciencia. Cuando la recuperó, ya no se podía parar. ¿Tanto he tomado?, se preguntaba. Se sentía mareado. Cuando aclaró la vista vio que sus compañeros de viaje gritaban y sangraban, habían sido expulsados hacia todos los rincones, y se quejaban de horribles dolores. Dos de ellos murieron. Dos más quedaron en coma. Él no supo de sus roturas hasta que horas después despertó en un hospital en Santiago de Chile. Tampoco recordaba que durante el rescate, cuando le preguntaron su identidad, instintivamente dió su nombre falso: Fernando Barrios. Le dolió la espalda como si se la hubieran partido con un bate de béisbol, y pensó que le habían cortado las piernas, no las sentía. Quiso salir corriendo pero no pudo. Lo habían esposado a la camilla.

—¡Sáquenme de acá! ¡Por favor, no tengo nada que ver! —gritó.

Los carabineros lo tranquilizaron con un interrogatorio. Querían saber por qué había dado ese nombre si en el documento que llevaba encima decía que era Teodoro Reyes. Quién era Fernando Barrios. La policía sospechaba con razón. En el accidente la chapa del colectivo se había rajado. Escondida en la carrocería habían sido hallados tres kilos de cocaína peruana de máxima pureza. Teodoro jura que esa mercadería no era de él. Luego él mismo hizo muchos viajes supervisando mulas que pasaban por la frontera norte cargadas con su cocaína pero en ese caso, dice, no tenía nada que ver con el cargamento. Era, seguro, un negocio de los choferes o los de la empresa de buses. Se justificó diciendo que el nombre que había dicho era el de su mejor amigo. No había más pruebas que esa, así que mientras lo operaban el juez decidió que él no era el de la coca. Que mejor lo dejaran ir. Cuando llegó a Buenos Aires, se buscó un abogado y le hizo juicio a la empresa de transportes por las consecuencias del accidente, incluida su prisión en el hospital. Les sacó quince mil dólares. Ese, jura, fue su capital inicial. Con esa cifra pudo hacer su primera compra grande. Le alcanzó para cinco kilos.

Julio Valdivia, el viejo capo acribillado, tuvo un amigo irremplazable. Fue el único de los cercanos que no participó del complot para matarlo, y el que más lamentó su muerte y la de su hermano.

Le decían El Loco Miguel. Julio y Miguel eran mayores que Teodoro, Cali y Chaparro, que eran hombres con mañas y acostumbrados a usar el fierro por cualquier cosa. Es notorio cómo, en el recuerdo de los matones, lo que habla de su honor en general no es la extrema violencia que aplicaron sobre sus enemigos o competidores, sino la regulación de esa violencia como logro superior. Cuando a Valdivia le volaron la cabeza, por breves días, Miguel intentó quedarse con la villa. Pero se equivocó de método. Antes de la masacre, ya se había cruzado con dos de los amigos de San Juan de Lurigancho: Marlon Aranda y Teodoro Reyes.

En el boliche dentro de la villa, Miguel le reclamó a Marlon por un arma que le había prestado. Marlon desconoció el negocio. "Qué arma. Devolver qué." Miguel lo cortó: "Cierra el culo", le dijo. Teodoro no logró escuchar la escena, después Marlon se la contó. Él sólo vio que su amigo sacaba el fierro y de la nada disparaba contra el Loco. El viejo y dos de sus hombres sacaron pistolas y eso se volvió tiroteo. Teodoro se tiró detrás de la barra y desde ahí disparó. Miguel cayó herido. Su mujer, la Loca Irma, lo sacó de entre las balas arrastrándolo por los pies. Se recuperó en el Hospital Piñero.

Al salir, el Loco Miguel se sintió fortalecido. Para vengarse y para tratar de recuperar el territorio, armó una banda con gente de Villa San Sebastián. Cuatro veces lo intentó, y cuatro veces la tropa de Chaparro, el sucesor de Valdivia, los sacó de Villa del Señor a los tiros. A Teodoro le llegó a domicilio la furia de Miguel por el disparo que recibió en el bar. Estaba recostado en su casa —ya se había mudado con su madre a varias piezas conectadas por un pasillo cerca de la avenida Bonavena— cuando la puerta del rancho voló contra un televisor. Teodoro había traído desde Perú a su hijo mayor para que fuera criado por la abuela. El chico llevaba poco tiempo en Buenos Aires cuando vio cómo esos tres peruanos vestidos con equipos de fútbol entraban en su casa y le disparaban a su padre. Lo sorprendió ver la agilidad con que Teodoro saltó de la cama, y se metió en el baño. Si hay un tiroteo, el baño es el lugar más seguro de cualquier casa. En Río de Janeiro, en Bagdad o en Buenos Aires, el baño tiene más pared por metro cuadrado, es un lugar reducido y hay menos espacio para que reboten las balas.

Teodoro escuchó que alguien gritaba "¡salgan o los reviento!". Era su compadre. Los tres soldados de Miguel corrieron hacia el interior de la villa. Teodoro cruzó a buscar un arma. La recuerda con precisión: una Taurus 3.87, brasilera. Él, su amigo y un pibe que solía laburar para él salieron a buscar a los otros, que se apertrecharon en la otra punta de la Canchita de los Paraguayos. No sabe cómo, si en su casa, o más tarde, fue que le dieron en una pierna. Lo llevaron al Piñero. Es el disparo que le hizo esa marca del tamaño de una moneda de diez centavos con orificio de entrada y de salida por el gemelo. Teodoro puede mapear sus nueve vidas en las cicatrices que le ha dejado la muerte cada vez que lo tocó sin llevárselo. A muchos otros narcos la parca los había arrastrado por menos. A la Loca Irma, por ejemplo, la empujó feo. Con el tiempo el Loco Miguel y ella se volvieron adictos a la pasta básica. Empezaron por mejicanear clientes. Eso no se hace. Eso empeora el cartel. Lo pone malo. A ella le dieron un tiro en la frente y dejaron su cadáver en la puerta de su casa de la Villa San Sebastián. Miguel siguió siendo un líder en su barrio, pero cada vez más degradado. Él tenía algún parentesco con el hijo mayor de Alcira, Damián, el hijo de su primer marido. Cada vez que Damián, ya adolescente, desaparecía del conventillo de Alcira, terminaba enredado con Miguel, que lo usaba de perro. Lo último que Damián contó del Loco fue que por las noches, cuando se encerraba a fumar, alucinaba que lo venían a buscar. En la pared del rancho había hecho un agujero desde el que observaba el frente de su casa como un francotirador. Cuando veía a alguien que se acercaba, le disparaba a los pies, por las dudas, para que se alejara.

Teodoro nunca desperdició balas de esa manera. Teodoro hablaba con asco y rechazo de los que, siendo traficantes, consumían drogas. En eso era igual a Alcira. Casi el estereotipo del narco que, se supone, no puede darse con lo que vende. Si se le metía en la cabeza Marlon, ya convertido en su principal enemigo, porfiaba hablando sobre sus consumos. No lo criticaba diciendo que Marlon era demasiado asesino, como hacía con Valdivia o Chamorro. No hablaba de lo que le podría haber arrebatado. Se refería sólo a que era "un payaso que se drogaba sin control". Pero para eso faltaba un tiempo y dos guerras. Entonces Teodoro y Marlon seguían siendo amigos de la infancia y vecinos y compinches de Villa del Señor. Se conocían, pero nunca se habían medido el coraje como cuando el negocio empezó a importarles más que ninguna otra cosa en la vida. Teodoro ya había conseguido ese contacto que la cruzaba en el norte, y él se encargaba de hacer llegar los embarques cada vez más grandes al Gran Buenos Aires, cerca de la Capital. Desde allá la trasladaban con mulas que movían lo justo y necesario en taxis que pronto también fueron de las dos familias, los Aranda y los Reyes. El temple de Teodoro Reyes tuvo su oportunidad para lucirse en el verano, cuando Chaparro gobernaba la villa engolosinado con el poder que le daban sus soldaditos apostados en las esquinas de media Villa del Señor. A uno que pretendía escalar posiciones en el ejército del capo se le ocurrió hacerlo ensuciándolo a él, justo a él.

Fue Cali Aranda el que le advirtió de la situación. Fulano se ha ido a quejar adentro con Chaparro de que Teodoro no paga.

—Y a mí qué carajo me importa Chaparro, si yo tengo dos huevos, tengo tres huevos, soy bien machito.

—Compadre, no se ponga mal porque no le conviene.

—Mire, compadre, a mí si Chaparro viene y me saca un fierro, lo mato yo, causa.

—Pero compadre…

—Lo mato y usted no se meta, compadre. Yo agarro y lo mato, la concha de su madre.

—No, pero Teodoro, cómo vas a hacer esa huevada compadre.

—A mí que no me venga a meter una mano, que no me venga a gritar. Yo trabajo solo, a mí que no venga con sus cosas. ¡Yo me lo llevo!

—No, quédate tranquilo, causa, quédate tranquilo, compadre, que está todo bien, no va a pasar nada. El problema es del Fulano que te vino a acusar, compadre.

—Ese huevón no sabe lo que hizo. Está loco, es como que me quiere poner a mí como que soy el malo de la película. Entonces los chapeo.

Al otro día Teodoro salió a cazar al fulano. Con ese acto de deshonor lo estaba poniendo en el centro del huracán, para que en cualquier momento el jefe ordenara cobrarle esa deuda impaga.

—Y bueno, lo mandé pa'l techo al huevón —me diría Teodoro más tarde—. No dijeron nada. Ni Chaparro, ni Cali, ni nadie.

Él no era de los que dejaría que hicieran con su nombre lo que quisieran. Y Chaparro ya estaba adelantado, él tenía huevos. Poco tiempo después encerraron a Cali Aranda en la cárcel por el crimen de Facundo Lozano. Chaparro se puso ambicioso. Quiso entonces quedarse con todo, con la parte de los Aranda también, y se le dió por gozarlo a Marlon, que había quedado solo en la calle. Hasta el final con Teodoro no volvió a meterse. Sabía que Teodoro Reyes podía matar para defender su nombre.

CAPÍTULO VI

No recuerdo cuándo fue la primera vez que Alcira me propuso que me convirtiera en el padrino de su hijo Juan. Quería que fuera su compadre. Desde entonces, cada tanto, de una u otra forma sacó el tema del bautismo de Juancito, de la necesidad de que tuviera a alguien que lo cuidara y protegiera si ella faltaba: si caía presa o si la mataban. La propuesta me resultaba por lo menos desmesurada. La sola idea de que debía asumir esa responsabilidad me causaba repulsión. Desde el comienzo le dije que no, que era impropio, que no estaba dentro de los códigos de mi oficio. Así como en su mundo había reglas no escritas como que no se puede mejicanear al hermano, en el mío era imposible emparentarse de la manera que fuera con una fuente.

—Pero yo no estoy loca —me dijo.

Lo que más me inquietaba era la idea de convertirme en compadre de Alcira y Denis, las consecuencias de esa familiaridad. Así que fui cambiando las excusas. Al mismo tiempo, no dejé de ir una sola semana al inquilinato de Alcira. La visita comenzó a convertirse en un ritual no sólo para mí sino también para los niños. Juancito se instalaba en mi regazo y me pedía que le contara cuentos mientras su madre cocinaba o atendía a los clientes.

Entonces era común que llegaran a pedir sus dosis hasta en la misma cocina de Alcira.

La primera gran mudanza, dentro del mismo terreno, fue de las piezas de la entrada a las del fondo. Dividió el baldío en dos, para siempre. Adelante, una fila de piezas para alquilar. A lado y lado, armó ranchos de chapa con piso de cemento. Al fondo, puso un portón de hierro, detrás, al lado del único árbol que había en todo el solar, hizo construir las piezas para ella y su familia.

Para disimular que la venta de droga había vuelto a ser su mayor ingreso, Alcira se compró un horno industrial y comenzó a fabricar empanadas. En eso los encontraba yo cada vez que llegaba. Denis amasando, con las manos llenas de harina. Y los primeros inquilinos con las cajas en las manos, llevando pedidos. Para Alcira el negocio gastronómico siempre fue una manera de ahuyentar a la policía y al mismo tiempo una caja chica a la que hacía rendir. En el sistema económico de Alcira la combinación de un emprendimiento gastronómico con el rellenado de bolsitas de cocaína se relacionaban tanto entre sí como que el dinero de uno derivaba en el otro, solidariamente.

Llegar al mediodía de un sábado a visitarlos implicaba el privilegio de probar la exquisitez del día. El ceviche que preparaba Denis sólo podía compararse con el que hacían cerca de su casa y del mar en el Callao. Manejaba con precisión el cuchillo al cortar las pequeñas lonjas de pez pollo, el pescado con el que en Buenos Aires se reemplaza al toyo limeño. Era un alquimista al mezclar el limón con el ají rocoto y lograr el líquido en el que el pescado era remojado media hora antes de ser dispuesto en el plato con todos los detalles de costumbre: el trozo de maíz, la cebolla morada cortada en finas julianas y el maíz blanco que mitiga el picante del plato. Durante esos encuentros Alcira comenzó a sentirse en confianza al menos para hacer ostentación de su poder doméstico. Sus gritos se volvieron tan habituales para mí como lo eran ya para los inquilinos, los empleados de su pequeña organización, el hijo adolescente y los más chicos. Pero sobre todo como lo eran para Denis. Con el tiempo mi presencia se volvió diplomática: cuando llegaba se producía cierto armisticio. No había golpes. El lenguaje se suavizaba con un intermedio entre la rudeza habitual de Alcira en el control del clan y la visita del extranjero que se volvía cotidiano, el humor era el mismo pero sin tanta violencia.

Las puertas de la casa de Alcira se abrieron para mí a medida que me apegaba a los niños. Un día Alcira me propuso que la acompañara a llevarlos de paseo a algún sitio. A la semana me vi trepándolos a los juegos que hay en el último nivel del Shopping del Abasto, el barrio más peruano de la ciudad. Aún así intenté que la idea de asumir el padrinazgo, de convertirme en el padrino, se disipara en la cabeza de Alcira. Juancito hacía su trabajo silencioso: apenas habló, dijo mi nombre y sus rulos ensortijados eran lo primero que yo veía meciéndose por el pasillo del inquilinato cada vez que entraba. También nos acostumbramos a ir juntos al kiosco en busca de un *huevo kinder* para sentarnos luego a armar los diminutos juguetes siguiendo las instrucciones de un plano que descifrábamos como si fuera el que nos llevaría a un tesoro. Sabía que cuando Alcira se sulfuraba y los niños no respondían a las órdenes, los fajaba. En la casa le habían puesto nombre a la pequeña cincha con que los castigaba: le decían Josecito. Con Josecito se hacía todo tipo de bromas. Vino Josecito. Vieron a Josecito. Como Alcira supo que no estaba de acuerdo con que les pegara a los nenes, me juraba que sus estallidos eran cada vez menos y hacía chistes:

—¡Estos quieren que me denuncies a los derechos humanos de los niños! —me decía y se reían todos, ellos y ella.

—¡Sí, Cris, por favor, diles a los derechos de los niños! —decía Juan a media lengua.

En febrero de 2006 viajé a Barranquilla, Colombia, a cubrir el carnaval más intenso de América Latina y a visitar a mis amigos.

En medio de la fiesta uno de ellos me llevó a conocer a una mujer que leía las cartas del naipe español. Solían contratarla algunos funcionarios de Naciones Unidas cuando tenían que emprender negociaciones y proyectos con las comunidades de la Costa Caribe. Jesenia, la bruja, los acompañaba para indicarles con quiénes era mejor entablar relación, cómo cuidarse de las traiciones, para analizar el terreno no sólo con las varas de los sociólogos y los violentólogos expertos en resolución de conflictos. La mujer decía que con sólo mirar a los ojos veía el aura de las personas, y algunos aspectos de su pasado y su futuro. Con esos ojos de un verde casi fosforescente, clavado en las cuencas ojerosas de una mujer que parecía no dormir, Jesenia convencía a su cliente al saludarlo con un pestañeo.

En el patio de entrada su madre y sus tías, todas mujeres setentonas que descansaban del calor monstruoso de la ciudad vestidas con batones de popelín, conversaban sobre viejas historias del carnaval. Una de ellas relataba con detalle cuando vio por primera vez caminar a un degollado con la cabeza en la mano. El "descabezado", supe después, es un personaje típico del carnaval y lava en la fiesta el amargo sabor de la guerra. Para tirarme los cartas, Jesenia me hizo pasar a su habitación. Hizo que me sacara los zapatos y me sentara como un chino sobre su cama de madre soltera. Cubierta con una colcha amarilla, sobre ella comenzó su tarea. Pensé en la *mai* Oxún. Quiso comenzar con mi vida, con el devenir de mi propia vida. Le dije no, sólo quiero saber sobre los personajes de la historia que estoy escribiendo. No le gustó la idea, pero procedió.

Me dijo que al más poderoso de todos lo descubriría en una situación que jamás debía divulgar si no quería perder la vida. Si lo cuentas, te matan. En una carta, sobre la cama, apareció una mujer morena, de menos de cuarenta años, con hijos de varios matrimonios y ataviada con uvas que le cubrían el torso desnudo. Jesenia cerró los ojos y dijo:

—Jamás esta mujer y tú deben firmar juntos el mismo papel.

—¿Qué?

—¡Jamás! Tú y ella pueden ser amigos toda la vida. Pero a condición de que nunca se dejen tentar por poner sus nombres en el mismo documento. Eso sería peligroso para los dos.

—¿Ella me traicionaría?

Tiró cartas.

—Esta mujer nunca te traicionará, siempre y cuando le quieras a su progenie. A ella no le importa otra cosa. Quiere que seas alguien importante para sus hijos más pequeños. Tiene dos. Una niña y un niño.

Tiró más cartas.

—El niño —dijo— es quien más cerca estará de ti.

La visita a la bruja rindió sus frutos cuando regresé. Alcira se aferraba tanto a las creencias en deidades paganas y hechizos andinos que el argumento de una bruja del caribe sobre lo de firmar juntos el mismo papel me resultó ideal para espantar la idea del padrinazgo. Si bautizábamos a Juan en una iglesia, había que anotar nuestros nombres en el certificado que el cura, tras una bendición, entrega a los padres. Ah, sería peligroso, dijo Alcira. Sí, para los dos.

—Entonces por ahora no pensemos más en eso. Voy a consultar con una bruja nueva porque veo que la *mai* no tiene mucho poder con usted. Es duro de roer.

A mi regreso de Colombia me esperaba una noticia: el casamiento de Alcira y Denis. Habían tenido varias peleas de las que yo no sabía demasiado, algunas violentas. De pronto Alcira quiso que su fantasía dorada de lucir el vestido blanco y bailar el vals se concretara con urgencia. Me propuso ser el padrino de la boda. Arriesgué la misma teoría barranquillera y volví a rehuir al compromiso.

Los preparativos de la boda hicieron evidente el primer espaldarazo que les había dado el negocio ilegal. Los sueños pueden convertirse en realidad. En Colombia a los narcos que iniciaron sus carreras vistosas en los ochenta, al ritmo de Pablo Escobar, los hermanos Ochoa, los Rodríguez Orejuela, les decían los mágicos. Veinte años después en Buenos Aires, como por arte de magia, las piezas del conventillo se transformaron en cuartos de material noble. En la cultura andina, el cemento y el ladrillo son el símbolo más cierto de prosperidad. La construcción no sólo es el gremio al que más se integran los inmigrantes llegados de Perú y Bolivia a Buenos Aires, sino una declaración de principios. Construir es sobrevivir. Denis era clave en el desarrollo del proyecto de Alcira. Experto obrero de la construcción, sólo él y algunos ayudantes podían levantar el castillo inexpugnable que estaba ideando Alcira.

La prosperidad de ese año comenzaba a parecerse a la que Alcira conoció en su mejor época, cuando supo reinar en Constitución. Al principio Alcira recordaba su pasado sin sumergirse demasiado en su vida narco. Pero cuando le comentaba que al salir de su casa iría a una cita en el barrio de esa estación, se imaginaba el escenario, los hoteles, la prostitución callejera, y suspiraba. Nunca sufrió así por alguien. Sólo por ese territorio al que controló alguna vez.

*

Las cosas se me fueron de las manos una sola vez en esos dos años. Fue por culpa de una concha. Las conchas siempre me han traído problemas. Puro problema, el que tuve con esa piba que me vendía en Constitución, por las calles Salta, Solís, San José, avenida Garay, Pavón y hasta San Juan. Entré a una esquina disputada y no quise pagarle a la Brigada, así que lo tuve que pensar. Me enorgullezco, aunque ahora me suene medio estúpido, pero jamás les pagué a esas ratas. Por eso aparecía y desaparecía. La idea era volverme invisible. Desde que aterricé con mis ahorros hasta que me metieron presa, antes de que me detectaran ya estaba en otro lugar ¡como por arte de magia!

Para colmo de males, la piba era una argentina. En el negocio los argentinos, si no son putos, me traen dramas. Son complicados. La piba era linda y tenía un macho que la explotaba. Se peleaban en la calle porque él la veía charlando con otro o imbecilidades como esa. La vigilaba. La extorsionaba. Era un hijo de puta. Tuve que meterme. No me quedó otra. En esas situaciones una no tiene que dudar, tiene que actuar de la forma más rápida posible. Así que lo visité con mis soldados. Pero ojo, no le hicieron nada.

Yo misma le pegué. Ni tan fuerte como para que se quejara tanto. Los hombres que golpean a las mujeres es fija: son muy débiles, hasta lloran por el dolor de una trompada bien dada en el hígado. A éste le di dos cachetazos y después los chicos lo patearon como para que no se le ocurriera sacarla a la piba en pelotas a la calle otra vez. ¡Con qué derecho! Ella era una mujer trabajadora de doce horas diarias que nada ajeno se quedaba en el bolsillo y no robaba clientes.

No es fácil en el negocio, cuando se es del tamaño que yo soy, conseguir los empleados que no se vayan a atrever a despacharse cualquier domingo con los clientes después de lo que te costó sumarlos a tu lista. Es todo un tema. Por eso, cuando se dan esas situaciones, hay que meterse y ser firme. Defender al otro, sobre todo si es una mina, porque el otro es uno también. El gil se recuperó de los golpes y le quedaron las marcas en la cara, pero también el resentimiento.

La piba estaba enamorada y, con la calentura que tenía, empezó a verlo a mis espaldas. Así que el tipo le sacó de mentira verdad mi dirección, el hotelito de la calle San José donde me refugiaba los fines de semana, que era cuando más vendíamos. Él, muy picado porque le había puesto los puntos, le pasó el dato a la policía. Era un argentino con un amigo en la Brigada. Como todo fiolo, era buchón. El traidor se esconde en cualquiera. Nunca se sabe quién te va a hacer voltear. Es raro, a veces te das cuenta, a veces no. La mayoría de las veces, desgraciadamente, me di cuenta. Siempre es doloroso. Sobre todo cuando la traición está muy cerca de ti, en tu propia familia, en tu propia casa.

Entraron con una orden de allanamiento al hotel, pero uno de los soldados alcanzó a silbar fuerte. En aquel entonces no usábamos celulares. Escuché el chiflido: bicho feo-biiiicho feo, y me corrió un frío por la espalda. Era como escuchar que te van a gatillar en la cabeza. Sin perder el tiempo, con la frialdad de un muerto al que no le importa nada, agarré el medio kilo que guardaba en un bolso con pañales y lo desenvolví en el inodoro. La bolsa en la que estaba tenía olor a merca, así que la hice un nudo y la tiré. Pero se atascó. Tiré la cadena y se quedó sin pasar para adentro. Me hinqué y con la mano la empujé. El negocio es así, a veces te tenés que ensuciar las manos. Cuando me aseguré de que había pasado, respiré. Me lavé las manos. Me puse perfume. Me senté. Me concentré. Me encomendé al Tata Bombori. Hice pis.

Estuve dos días detenida. Me tuvieron que largar porque el cobarde éste había hecho una denuncia anónima y con eso nadie queda preso. Le salió mal. Aunque yo perdí plata, quedé marcada en el hotel y tuve que esconderme. Volví a Villa del Señor. Me refugié con Jerry. Nadie podía volver a delatarme así. Tuve suerte. Podría haberlo perdido todo. En el ambiente se iba a saber lo que había pasado. Que un perro de mierda, un fiolo al que nadie respetaba, me había querido voltear como si yo fuera una gila. No lo iba a permitir. Por eso tomé la decisión correcta para el momento. Aunque parezca feo, yo lo recuerdo con orgullo. Mandé a matar al buchón. Me costó tres mil pesos. Lo hicieron cerca de mi casa. Le bajaron dos cargadores de nueve milímetros en el estómago. Cuando escuché los tiros, estaba mirando la tele. Me paré en el aire, me puse las zapatillas y salí a la calle. Era en la otra cuadra, llegué como para ver su cadáver sobre el barro de la vereda. No me dió culpa. Era necesario.

*

Durante la investigación para esta crónica varias personas entrevistadas aceptaron que alguna vez habían matado o al menos habían mandado a matar. Conocía de cerca el discurso de los ladrones del Gran Buenos Aires, los pibes chorros de San Fernando que todavía se enorgullecen de haber robado sin ultimar. La muerte en el lenguaje narco se hace presente como un conjuro repetido hasta el cansancio. La muerte como algo constante y natural avanza primero en la boca de los narcos y los transas que confiesan sus crímenes por fin seguros de que no soy más peligroso que un sacerdote detrás de una cortina de terciopelo en una capilla derruida en medio de la sierra o la selva. Escuchar a la muerte se vuelve una señal sorda que pasa de fondo como acolchada por el sinfín de acontecimientos más melodramáticos. Las peleas sentimentales de Alcira con sus hombres podían desatar el recuerdo más espectral.

En la lista de Alcira, los muertos de Jerry se podían diferenciar entre los necesarios y los errores. Ella estaba en el corazón de la villa cuando el escuadrón atacó a los Valdivia, y recordó la tristeza que le produjo saber que, en lugar de bajar a Luis Valdivia, habían bajado a su hermano Manuel, "un chico bueno, que no se metía con nadie, que nunca había pasado por encima a ninguno de nosotros".

–¿Qué hiciste, Jerry? ¡Sos un hijo de puta! ¿Por qué masacraron a ese inocente? ¿Qué tenía que ver con la guerra de ustedes? Nada, ¡infeliz! Te ensuciaste las manos en un inocente.

–Son negocios, Alcira; él quiso cruzarse, quiso morirse.

Eso había sido un error, pero había habido otras muertes necesarias. Alcira llevaba años en el negocio. Jerry ya sabía que a ella la habían violado a los ocho años. También quién había sido, cómo se llamaba, dónde vivía, qué hacía aquel tío abusador, el primo hermano de doña Francisca. Apenas Alcira tomó conciencia de que se había enamorado de un *killer,* supo qué le pediría. Fue un trabajo impecable. Lo bajó en un supuesto intento de robo. Sólo ella supo que el maldito había pagado en vida. Se lo merecía. Lo habían detenido una vez por violación y lo habían dejado en libertad. Después violó en Bolivia, de donde tuvo que escapar porque en la comunidad casi lo linchan. Ahora no le haría eso a nadie más. Alcira reconoce que una leve sensación de placer le recorrió la espalda cuando la llamaron para contarle la desgracia que había afectado al pobre tío. Se ríe. Disfruta aún.

Entre muertes, peleas de gritos y amenazas, y el deseo encendido, Alcira pasó cinco años junto a Jerry. Le resulta difícil decir ahora cuántas veces él cayó preso, pero tiene claro que un día se hartó de tumbear. El verbo tumbear refiere a múltiples actividades, siempre relacionadas con la tumba o cárcel. Son las mujeres de los presos —o sus madres— quienes los sostienen desde afuera con la logística necesaria para obtener mínimas condiciones de dignidad. Los lujos de la alimentación, las visitas, la droga y el ojo distraído de los carceleros se pagan caro. Para un narco o un transa preso todo servicio está tarifado. Y, entre ellos, el del abogado es el más caro. Aunque contratarlos siempre esquilma, si se cuenta con el dinero no se escatima en ellos: es la más delicada e importante de las inversiones.

Cuando a Jerry se le daba por cuestionar su oficio de traficante desde la ética del robo a mano armada, Alcira sabía qué decirle: "Vos robás hoy, mañana, pasado; pero cuando vos perdés, lo que me das no me alcanza para nada porque termino gastándolo todo en abogados y en paquetes para llevarte al penal. Estando preso se te antojan las mejores comidas, las zapatillas último modelo, lo más caro. ¿Vos te quejás de que uso tu plata para crecer en mi negocio? Cerrá la boca, porque cuando caés la que te termina manteniendo soy yo, la transa, ¡pa-pi-to!".

La soberbia con la que se paraba frente a Jerry y su metro ochenta y cinco se fundaba en su formidable crecimiento económico. Su zona le había quedado chica. Como en toda estrategia de ocupación de un mercado, el crecimiento de la cantidad y la calidad de los clientes tiene un límite. Se satura. Si los flujos ilegales de los pequeños transas tuvieran economistas dibujando diagramas de comercialización, el de Alcira habría llegado a su curva ascendente y amenazaría con descender, porque la competencia le daría su merecido. Por eso apostó a Constitución, la zona donde habían asesinado a Grove, su primer marido.

Dejó de vender en papelitos de diez para sacar sólo bolsas de más de cinco gramos. Puso a trabajar a dos pibas. Una argentina y una peruana. Hizo un trabajo fino: armó una lista de hoteles en los que reservaba pieza. Era una revancha extraña: en su mapa mental rodeaba aquella vieja escena del crimen. Por fin se rodeó de dos pibes armados que le mantenían el área vigilada. Sus propios "perros" patrullaban como vendedores ambulantes dos cuadras a la redonda del hotel en el que hacía rancho ese día. Cualquier problema con un cliente, ellos lo resolvían.

Alcira comenzó a mover de a cinco kilos. Tenía confianza con uno de los peruanos que hacía bajar la droga desde la frontera entre Pocitos y Yacuiba, en Salta. Había sido buena pagadora. Así logró entrar en la lista de diez que ese vendedor "al peso" abastecía. Claro que, si las ganancias se multiplican, también lo hacen los enemigos. Los pasos torpes del recién llegado suelen hacer ruido. Y cuando se acercan a los de los más grandes, las huellas quedan indelebles en los expedientes judiciales. La escucharon. La siguieron. Tenían de ella tanta información como si fuera una gran narcotraficante. Ella se sentía segura porque trabajaba con uno de sus hermanos.

A Jerry no le gustaba trabajar con sus propios paisanos. Prefería hacerlo con un grupo de chilenos que se habían especializado en boquetes. Durante una temporada fueron inmobiliarias, luego agencias de viaje, al final lo intentaron asociándose con Los Gardelitos (una banda de ladrones tucumanos con éxito en la capital). La mejor etapa fue la de las casas deportivas. La mercadería era buena para revender. Alcira lo hacía en la villa con un bolso en el que llevaba desde zapatillas hasta raquetas de tenis. Jerry les ponía a sus objetos un precio mayorista. Alcira compraba y ofrecía los productos al doble. La ganancia también iba al negocio propio que daba hasta cuatro veces su valor, el de la merca.

En el robo a un local de Nike, mientras intentaba llevarse el dinero de la caja y cargar una camioneta estacionada en la puerta, atraparon a Jerry. Al leer los expedientes judiciales confirmé que la mujer que lo acompañaba en el intento de robo se deshizo de culpa y cargo declarando en su contra. Puede que haya sido un acuerdo. Todo indica que Jerry se había sentido tan atraído por la muchacha como para evitarle la cárcel. Alcira cree que se trata de la Rumbera, una de sus amantes. Siempre las tuvo. Siempre parecidas a ella. De pelo largo, cintura, buen culo, con la personalidad fuerte y los ojos achinados. Jerry tenía sus gustos concentrados en nacionalidades. Bolivianas o peruanas, nunca paraguayas o argentinas.

Hasta el final anduvo metido con la pollera menos aconsejable, dice Alcira. Sólo pensar en esa licencia permanente en la que vivía Jerry y Alcira se altera, aprieta las mandíbulas y es posible imaginarla parada, frente a la mole que era su marido. Lo enfrentaba sin miedo, con rabia y dolor, con odio y crueldad, sin piedad alguna, como si en el otro comprobara su propia dureza. Alcira construye el pasado a partir de la muerte de su primer esposo, sobre la base de una serie de antinomias. Elige arbitrariamente algunos defectos de Jerry para armar la coraza de su firmeza, y habla del vicio por la droga. Ante ese exceso de él, opone su abstinencia. Si algo la enorgullece es no tomar, no fumar, no drogarse.

Él era un buen tipo, si se lo piensa bien. La mimaba, la llevaba a comer afuera, vivía comprándoles regalos a ella y a los chicos, no la obligaba a quedar embarazada y era generoso con su negocio aunque despreciara a los de su calaña. Laburaba, en lo suyo, pero laburaba. Proveía. Se preocupaba por los chicos. La mimaba. Era un buen esposo.

En esa época Alcira sintió que tenía lo propio. La propiedad. "El rancho". Se compraron una casa de cinco ambientes. La pintaron de rosado y la dejaron lista para mudarse de Villa del Señor a ese barrio de clase media con una escuela de curas para los chicos.

Jerry era un sol, se convence Alcira, sólo que tenía un enorme defecto; cuando terminaba un "trabajo" exitoso, necesitaba gratificarse. En su caso no era una clásica gira por tugurios con chicas, alcohol y merca, sino un encierro en su propio rancho que podía durar una semana. Con una bolsa, bebida y cigarrillos. No comía. Nadie podía molestarlo. Durante días dejaba de hacer ruido. Alcira llegaba a preguntarse si seguía vivo. Nunca pudo con ese hábito. Aunque de la queja por esas giras en soledad, nada obtuvo.

Alcira consiguió imponer su lugar como transa:

—¡Sabés que me revienta que estés tan enfermo de la droga!

—Pero es solamente por ahora, mami. Pásame uno solo y no pido más.

—Si querés tomar más, me la tenés que comprar.

—¡Pero no me la puedes vender!

—A mí no me interesa que seas mi marido. Esta plata es mía y de mis hijos. ¿Qué sentido tiene que haya luchado tanto para tener una cosa? ¿Y te la voy a dar a vos para que te la tomes? Vos estás loco. Yo, que es mía, no la tomo, sería de locos dártela a vos y que te la tomes. ¡Yo te la vendo!

—¿Por qué eres tan ambiciosa?

—Porque si es por vos me quedo tirada y nadie cría a mis hijos. Yo quiero ser mayorista, Jerry, y no lo voy a conseguir financiándote los vicios.

*

139

Los relatos de los dealers y pequeños traficantes que caen presos suelen alimentar un mito razonable: "Era lo último que hacía"; o en una versión muy argentina: "Después de ésta cuelgo los guantes". Alcira jura que así pensaba la madrugada en que decidió mover esos cuatro kilos y un patrullero encendió las luces azules delante de su coche. Para seguir creciendo, para dejar la venta minorista y consagrarse como vendedora al peso se había asociado con uno de sus hermanos. En sus recuerdos de infancia no hay hermanos. Sólo una madre violenta. Lo demás, limpiar, correr, barrer, casi como en la colimba. El hermano, fantasmal, apareció sólo en la peor hora, y para engañarla. Juntos habían apostado: quince kilos en sociedad, la ganancia de cuatro años sin parar.

Esa noche no había conseguido una mula que le moviera el paquete hasta un punto de encuentro con un cliente. Le habían dicho que la seguían. Temía que le reventaran el rancho en Villa del Señor, donde había llegado a ser la transa más próspera de la zona de la Canchita de los Paraguayos. En un momento se sintió invulnerable al lado de Jerry. Todo el barrio sabía que él había estado a la cabeza del grupo que mató a los Valdivia. Nadie podía tocarla. Los demás eran giles que andaban en el punguismo, a lo sumo en un robo a mano armada con campana. Algunos se vanagloriaban por haber hecho camiones de caudales en Perú, y por lo bajo se hablaba del pasado como Sendero Luminoso de Teodoro y de Niki Lauda. Alcira los veía entonces como clientes. No se imaginaba que durante los cuatro años que pasaría presa, desaparecida del mercado, esos peruanos se convertirían en los nuevos capos de la villa. Cuando una caída deja espacio en la red, cuando se produce un vacío en el que falta un proveedor para determinada cantidad de clientes, o consumidores, o transas de pequeño calaje, el impulso vital de la dinámica narco empuja hacia arriba como si se tratara de un sistema biológico. Se acomoda de tal manera que la ley del más fuerte, la del parentesco y la de la corrupción que garantiza impunidad impulsan como a un delfín al más arriesgado, el que se quiera quedar con la porción de negocio que el recién detenido ha dejado.

Sandro, ese hermano con el que hoy suele cruzarse cuando visita a su madre en la provincia, cada tres meses, no era sólo su socio, sino además su chofer, el remisero que la llevaba a cada cliente. Por eso cuando puso el culo en el asiento de atrás del patrullero, amarrocada como una gila, pensó: no me los va a devolver. Se va a quedar con la mercadería y con los clientes. Sabía que alguien la reemplazaría, pero no había alcanzado a imaginar que sería Sandro. El hermano de Alcira se quedó con diez kilos que todavía los dos almacenaban antes de distribuir en la primera gran operación de mediana escala a la que se habían atrevido. Era el comienzo de otra etapa. Claro que ella sabía que podía quedar en el camino si se animaba a más. La ambición era la peor consejera en este negocio de celosos caimanes. El enemigo puede tener hasta tu misma sangre.

En la cárcel comenzó peleando por la cama. Supo que estaba embarazada en la enfermería y sintió que ya no le tenía miedo a nada. Sobrevivió sin más roces hasta que el embarazo estuvo avanzado. Tenía una panza pequeña que parecía no querer crecer. Adelgazó. No sentía a la criatura. La carcomían la preocupación y el desengaño. En la cárcel los chismes corren más rápido que en la calle. El llamado cotidiano logra concentrar en pocos minutos toda la información conspirativa disponible en el entorno de cualquier interno. "Jerry te mete los cuernos con la sobrina de Valdivia", le dijo una paraguaya que fue mujer de uno de los capos. La noticia le llegó poco antes del juicio oral.

Ante el tribunal, en una sala del quinto piso del edificio de la avenida Comodoro Py, en Retiro, escuchó la condena. Cinco años y seis meses. La sentencia la derrumbó. La depresión, que se había hecho carne con las novedades sobre los amoríos de Jerry, se volvió grave. A veces, a pesar de la prosperidad que ha ganado durante los últimos años, cuando entra en períodos de honda preocupación, todavía la asalta la misma tristeza. Se queda acostada, sin poder levantarse, mientras la asisten sus empleados y sus ayudantes nuevos. Es como si aquel encierro en Ezeiza la volviera a tomar por asalto.

La trasladaron a la maternidad Sardá, en Parque Patricios. No pudo retener al bebé, que parecía querer escaparse de su cuerpo delgado. Buscaba sobrevivir. Gabriel, el hijo de Jerry y Alcira, nació de urgencia cuando llevaba seis meses de gestación. El parto trajo un único consuelo; ya no tenía que estar encerrada en un pabellón rodeada de otras internas con sus hijos, sino en un hospital. Algo es algo. El niño pesó casi 700 gramos. Tardó seis meses en llegar a los dos kilos y medio. Entonces los mudaron otra vez al penal de Ezeiza. Durante sus primeros años el nene no conoció sino las paredes y los barrotes del penal. Ya caminaba cuando pudo ver la calle, gente caminando por las veredas, casas, autos. Desde entonces y hasta que su madre cumplió cuatro años de condena efectiva, Gabriel entró y dejó la cárcel como un preso con salidas transitorias. A veces lo iba a buscar su abuela, otras su madrina; en pocas oportunidades su padre, Jerry. Si acaso había una presencia de ese hombre, era difusa. Durante algunas conversaciones telefónicas desde el pabellón en las que Alcira desesperaba ante su desidia, ella comprobaba su manera infantil de enfrentar las malas. Alcira le gritaba, lo insultaba y lloraba con el crío en los brazos.

—¿Te volviste pelotudo? ¿Ahora sos medio boludo? ¿Te pudo más la concha que otra cosa? No pensás en tus hijos, hijo de una gran puta. No pensás en tu familia. Voy a perder la casa si no te movés.

—Ese no es mi negocio.

—Qué no va a ser tu negocio. La droga también es tu negocio. Te creés que no sos de la banda. ¡Pero trabajás para Marlon! Siempre lo hiciste. Sos perro de ellos. ¡Gil!

CAPÍTULO VII

Niki Lauda es un nombre tardío. Porfirio Reyes se lo ganó cuando ya tenía treinta y ocho años, en Villa del Señor. Había sido Porfirio, alguna que otra vez "mi amor" y pocas "señor", hasta que los pibes le zamparon el apodo que le quedó para siempre. Había dejado Lima en medio de la diáspora más grande de su país, un lugar donde la partida se estila más que la llegada. Como miles de peruanos había iniciado, ante la oficina del Alto Comisionado de las Naciones Unidas para los Refugiados, un expediente para que se le otorgara esa condición. Así quiso entrar en Buenos Aires, como refugiado. Aquí ya estaban sus vecinos Aranda, Marlon y Cali, y Teodoro, el hermano con el que se reconciliaría después de once años de distancia. Cuando Porfirio llegó a Buenos Aires comenzó por cortar cueros para zapatos en una marroquinería de Boedo, luego pasó por una obra en construcción, y por fin se hizo chofer de una remisería. Su velocidad al volante le valió el apodo. Niki Lauda. Nunca nadie volvió a llamarlo Porfirio.

De las historias de los Reyes me deslumbró la de Niki Lauda. Me intrigaba su rol de rebelde que siempre terció contra otros peruanos que querían disputarles el poder a él y a su hermano menor, Teodoro. Era el único de los narcos de Villa del Señor a quien se acusaba con pruebas judiciales de ser ex soldado de Sendero Luminoso. Así lo confirmaba un fax de Interpol que llegó a la Dirección de Antiterrorismo de la Policía Federal. Aunque parecía más un mito que una verdad, durante seis meses investigué si eso era cierto, si era por lo menos verosímil que un miembro de la guerrilla maoísta se hubiera reciclado en matón narco. Sendero estaba en la Argentina. Varios de sus líderes y cuadros intermedios se habían exiliado y muchos habían conseguido calidad de refugiados, con asistencia de la iglesia y de la ONU. Niki Lauda fue el único de los narcos de Villa del Señor que llegó a Buenos Aires como un perseguido político.

En Lima los rastros de un hombre que puso bombas para Sendero Luminoso sólo se pueden encontrar en la cárcel, donde hay cientos de militantes maoístas presos por delitos cometidos hace veinte años. La mayoría de ellos se han mantenido fieles a su ideario, y organizados. Entre los contactos de Sendero Luminoso nadie registra a Porfirio Reyes como miembro de la organización. En Buenos Aires intenté confirmar si alguno de los senderistas exiliados conocía a Reyes. Di con un hombre que ocupó un puesto relevante dentro de la organización. Fue uno de los sobrevivientes de la matanza del penal de Castro Castro en la que fueron asesinados cuarenta y dos jóvenes maoístas. Lo llamé por teléfono. Vivía en la provincia pero trabajaba en la Capital. Le dije que me movería hasta donde le quedara más cómodo.

–Claro, claro, entonces en la esquina de mi trabajo –dijo.

–Bueno, ¿dónde?

–En el parque Rivadavia.

–Perfecto. Yo vivo al lado.

–Ah, bueno. Lo espero en la esquina de Rosario y Beauchef.

Cuando llegué, lo vi cerca del primer puesto de libros, a la sombra. Tenía los bigotes anchos de los que me había hablado por teléfono para que lo identificara, los ojos claros y la piel cobriza.

Parecía un Charles Bronson indio. Uno podía pensar que era de la selva. Sostenía en las manos un montón de porta CD de plástico. Me contó que él, sus hermanos, sus cuñados y sobrinos eran vendedores ambulantes en el barrio. En la otra esquina, en Rivadavia y José María Moreno, estaba su primo. El morocho de Rivadavia y Colpayo era hermano de él.

–¿Alguno de ellos también era militante del Partido?

–Varios de nosotros lo fuimos.

–Porfirio Reyes, su hermano, Teodoro Reyes: ¿fueron compañeros suyos?

–Es gente que no registramos de ninguna manera. Acá nos conocemos todos, y ellos no figuran en ninguna parte. Hubo muchos que aprovecharon que había posibilidad de recibir una ayuda como refugiado y pretendieron pasar por senderistas.

–Resulta difícil creer que alguien se da la parte diciendo que es senderista.

–No si lo que tú quieres es generar miedo en la gente.

El hombre de Sendero, con su mercadería en la mano, hablaba con la mirada en alto. Prometió averiguar más sobre los hermanos Reyes, pero fue seco.

–Hemos sido criticados por muchos asuntos, pero jamás he sabido de algún compañero que haya pasado a la ilegalidad, y mucho menos al narcotráfico. Nuestra filosofía es la de la revolución, no la de la salvación individual.

A medida que el hombre hablaba, yo recordaba que lo había visto muchas veces. Algunas con carpetas archivadoras, otras con los porta CD en la esquina de mi casa. Caminamos juntos hacia la avenida y a la vuelta de la esquina me presentó a su hermano. También a él lo había visto decenas de veces.

A la semana volví a cruzarlo a la salida del subte.

–Nada, de sus amigos nada –dijo sin dejar de ofrecer su producto a los transeúntes, como un espía que habla de costado, inmutable al rayo de sol.

Poco tiempo después, un colega me escribió para contarme que había podido entrevistar a Niki Lauda. Me envió un e-mail en el que hizo un resumen de lo que le había dicho. "En 1997 llegué a la Argentina como asilado político. En Perú sufrimos represión y fuimos perseguidos. Militábamos en el Partido Comunista. Me causa mucha risa que me señalen como integrante de Sendero Luminoso. Eso es una locura. Conocí gente de Sendero, pero nunca participé. Siempre me opuse a su metodología."

Viajé a Lima a buscar el pasado y la juventud de Porfirio Reyes. Tuve que rastrearlo por seis fiscalías y juzgados, cruzando la ciudad en todos los sentidos, siempre perdido, siempre confundido por el imbatible sonido de las bocinas, el claxon del limeño que es su arma para todo servicio y el voceo de los que van colgados en la puerta de los buses anunciando el destino: ¡San Juan de Lurigancho Canto Grande Santa Helena! Trescientos cuarenta y nueve destinos posibles en esa ciudad de ocho millones y medio de habitantes que hace tres décadas tenía apenas cuatro. Así como la ciudad vivió una explosión de nuevos habitantes venidos del interior, arrastrados por una crisis económica que se hizo sentir con dureza desde los setenta y luego por la guerra que produjo miles de desplazados, Lima se llenó de gente y con ello se llenó también de conflictos. Los que tienen que ver con la violación de las leyes se hicieron cada vez más frecuentes. Los tribunales que se concentraban en los edificios señoriales estallaron. Y cuando el Estado tuvo que perseguir a la guerrilla, al menos impostando que lo haría respetando el Código Penal, creó entonces una justicia excepcional, la que debía juzgar a los terroristas. Es difícil encontrar un expediente porque abundan los juzgados de transición entre uno y otro régimen.

Los funcionarios de la oficina de prensa del Palacio no están muy al tanto de cómo llegar a una información. Pero son amables. Les parece inverosímil que un periodista de Buenos Aires ande tras un expediente de senderistas que podrían haber actuado entre 1984 y 1986. Eso no debe existir a estas alturas, señor. Deambulé por pasillos de mármol y pregunté en oficinas a empleados siempre dudosos sobre el destino de los expedientes. No recuerdo quién me había pasado el nombre de un abogado de uno de los personajes: había sido su defensor en una causa por narcotráfico. El local estaba en una de las callecitas paralelas al Palacio de Tribunales, dentro de una casa centenaria pintada de azul y amarillo. La correspondencia salía del cancel de la puerta como si la escupiera. La abogada llevaba tres meses sin pagar los gastos del edificio.

Por fin, el archivo de casos ya juzgados de todo el país prometía estar en un edifico cercano. Yo tenía una lista de apellidos para chequear. En un recodo del centro histórico, rodeado por un caudal pastoso de coches en pugna a pleno bocinazo, el lugar era una fortaleza de granito rodeada de rejas. Yo quería saber si los Aranda Rodríguez o los Valdivia, por ejemplo, habían sido investigados como supuestos senderistas. Según el empleado que iba y volvía con los nombres a una computadora y luego a unos gruesos volúmenes foliados, el único que tenía una causa era Porfirio Reyes. Y esa causa debía estar en los tribunales del Callao. "Hubo condenados", dijo el oficial de justicia y entregó, como si susurrara un tesoro, el número del expediente y el juzgado.

Los tribunales del Callao quedan sobre una avenida a cuyos lados crece el suburbio: puro comercio, cemento bien pintado y, más allá, el mar. La oficina de la jueza de transición es un salón amplio aunque lleno de escritorios de otros funcionarios judiciales. A pesar de compartir el espacio con sus colegas, la doctora ha logrado darle un toque personal a su escritorio. A la vista hay tres copas ganadas en algún certamen, un Cristo con un martillo en las manos, la bandera del Perú y algunas fotos familiares bajo un vidrio verdoso. La rodean los papeles. Los expedientes se acumulan como ladrillos en una caprichosa construcción que la encierra.

La jueza es joven. Vital. Expeditiva. Seca. Busca en las torres de papel archivado y da, después de un rato, con una causa judicial ya expirada. Sí, es un expediente que tramita en su despacho, y que ha girado durante veinte años por la ciudad de un juzgado a otro, de los criminales a los de terrorismo, y luego a las cámaras y los tribunales superiores. Allí está el pasado. La juventud de Porfirio está en ese expediente sucio que ha sido carcomido y manchado por el tiempo, las ratas y las polillas. Tiene tres cuerpos, el color sepia de los papeles húmedos, el olor de los ácaros y el tiempo transcurrido. En esas mil fojas hay que rastrear en muy poco tiempo los pasos de Porfirio Reyes, sus alianzas, sus acciones.

*

A pesar de la vasta literatura que se acumula desde los noventa sobre las bases ideológicas y acciones de Sendero Luminoso y sobre el accionar represivo ilegal de las fuerzas de seguridad, es sorprendente leer un expediente como el de Porfirio Reyes y su grupo. En este cuento armado con precisiones que buscan verosimilitud jurídica se usa el lenguaje de la literatura popular, y es inevitable sentir que se está leyendo una novela por entregas, en la que la materia prima es la verba inflamada y voluptuosa de Sendero, y al mismo tiempo el chisme barrial y la invención del rumor. La acumulación de supuestas pruebas no resistiría la revisión de la causa judicial por parte de un tribunal imparcial. El brazo judicial antiterrorista se hizo de una mezcla de corrupción e ignorancia que, complotada con un policía entrenado para fabricar una novela de terror, fue un éxito; sobre todo en el encarcelamiento de supuestos senderistas. En miles de casos esa pertenencia política era verdadera, comprobable, y aún así el militante había pasado por un juicio viciado; luego, en la cárcel, viviría al lado de sus compañeros, en colectivos bien organizados, controlados y persuadidos. Si el sacrificio de morir estaba planteado oficialmente en la idea de la "cuota", divulgado y entronizado por su líder Abimael Guzmán, el de vivir encerrado toda la juventud era un sacrificio que podía tolerarse sólo si no se quebraba la conciencia y se permanecía en el marxismo-leninismo-maoísmo.

El informe de inteligencia que abre la investigación sobre Porfirio y su novia Patricia cuenta con detalles los dichos de una vecina que cita a otra vecina, amiga de Palmira, la madre de la joven de veinte años. La alcahueta parece saberlo todo: Patricia era una buena chica hasta que conoció a Porfirio, al que le decían "camarada Carlos". No sólo sabe que son guerrilleros, sino que además duermen juntos, ambos odian a la madre de ella y acumulan panfletos y armas en la pieza que mantienen cerrada con llave noche y día. Un auto negro estaciona a diario a unos treinta metros de la casa en construcción de la familia de Patricia. La muchacha es linda como sólo pueden serlo las mujeres de veinte años que dejan su pelo lacio al viento y usan pantalones con camisas de colores abiertas hasta el inicio del escote, sin precauciones pero siempre al límite del recato. Su familia no vería jamás con buenos ojos que ella se comprometiera con un grupo de terroristas armados e impiadosos. Sendero Luminoso fue, desde las primeras bombas de dinamita en Lima, la peor de las pesadillas para cualquier padre de una joven tentada a participar de la revolución. Pero al mismo tiempo la universidad y las escuelas, los institutos y los sindicatos de educadores fueron las arenas preferidas por la organización para reclutar jóvenes dispuestos a inmolarse por la revolución modelo Mao. En sucesivos congresos, tras el Segundo Plenario del Comité Central donde se había iniciado lo que Guzmán llamó I.L.A. (Inicio de la Lucha Armada), la decisión de aplicar la violencia fue triunfando. Hacia 1985 los planes de Guzmán habían cambiado de nombres varias veces. La organización pasó de "batir" al enemigo, al "Gran Plan" de "Conquistar las Bases de Apoyo" y, luego, al "Desarrollo de la Guerra de Guerrillas". Con la idea de cercar la ciudad desde el campo, las elecciones de la capital se volvieron cada vez más importantes. La de Caja de Agua, donde vivían los Reyes, era clave.

Lo que más llama la atención de Palmira es que su hija desaparece por dos o tres días sin dar explicaciones y regresa con la ropa sucia, como si se hubiera revolcado en la arena, "entierrada". A la policía le parece suficiente prueba de que ha estado entrenándose en una de las escuelas militares de Sendero Luminoso para el adoctrinamiento de sus cuadros. El fiscal antiterrorista se emociona con el caso. La lectura del testimonio que consiguieron los hombres de inteligencia de la Policía Nacional del Perú (PNP) es una telenovela. Como la madre se asusta con los nuevos hábitos de su hija, contrata a un muchacho del barrio para seguirle los pasos: es la única tarea de inteligencia real que se ordena a lo largo de toda la investigación, un expediente en el juzgado del Callao que, veinte años después, no cabe en mis manos. El espía la sigue por el Callao: Patricia casi no va a la Universidad de San Martín, se la pasa con su compañero Carlos y otra pareja. Se mueven en el bendito auto negro de vidrios polarizados –otro cliché de película de malos– y cuando vuelven a dejarla, por las noches, en la casa de la madre, paran a unas dos cuadras, en una de las calles paralelas de la urbanización Taboadita.

Ante el informe del espía, la mujer acosaba a Patricia con preguntas. La esperaba cada vez que regresaba para acicatearla, pero la muchacha corría a encerrarse bajo llave en su cuarto y no le respondía. Hasta que cambió de carácter: "Hace aproximadamente un mes se ha vuelto una chica dura, agresiva, desconfiada, meticulosa y observadora". Así se portó cuando un día le presentó a Carlos como su novio. Se quedará a dormir conmigo, le aviso. La mujer estalló de furia y quiso frenarla, echarlos de la casa. La discusión terminó a los gritos con una amenaza de Carlos que se lee en el expediente: "Cualquier día te enfriamos, vieja de mierda". Se quedaron a vivir. Salían juntos por las tardes y llevaban siempre una mochila cuidadosamente puesta bajo el brazo. Él solía regresar con paquetes siempre bien envueltos. La curiosidad carcomía a doña Palmira que, cada vez que salían, no esperaba a que pasaran la puerta para comprobar que sus fantasías eran reales; en la pieza tenían un arsenal de Sendero Luminoso. Una tarde se olvidaron de echar llave y entró.

En el expediente se detalla el hallazgo: "Al rebuscar entre sus pertenencias descubrió la existencia de armamento. Gran sorprendimiento se llevó al ver en su propia morada pistolas, ametralladoras y granadas, así como tarros de leche, gaseosas y botellas conteniendo líquidos extraños".

Durante la guerra, al ritmo con que Sendero Luminoso volaba edificios y mataba a supuestos enemigos de clase, soplones, policías, militares y familiares de cualquiera de ellos, el Estado peruano cometió atrocidades como las de sus pares sudamericanos durante las dictaduras de los setenta y ochenta. El gobierno militar de Francisco Morales Bermúdez había entrenado a sus fuerzas, preparándolas para eliminar guerrillas como las que se habían desarrollado en Uruguay, Chile y sobre todo en la Argentina, el país con el que más identificados se sentían. La política de combate a Sendero quiso emularlos, pero el enemigo al que intentaban sitiar era completamente distinto a Montoneros y el Ejército Revolucionario del Pueblo, las dos organizaciones de la izquierda armada argentina en las que se focalizó la represión. Una de las diferencias de la política represiva era el carácter institucional del gobierno peruano tras la dictadura: el presidente Fernando Belaúnde Terry debía mostrar una cara democrática en el manejo de sus tropas. A los terroristas había que juzgarlos. Por eso se generalizó la acusación y, en muchos casos, se culpabilizó a inocentes. Entre las miles de denuncias de violaciones a los derechos humanos que se contarían veinte años después, en el Informe de la Comisión de la Verdad que revisó las prácticas ilegales de todos los actores de la guerra, se cuenta un capítulo especial sobre "Presos inocentes, requisitoriados y arrepentidos".

151

Para construir la causa judicial contra Patricia y sus amigos, el fiscal se valió de dos informes de inteligencia: por un lado el de la vecina chusma y el espía barrial y, por el otro, el policial, en el que se da sustancia al resto de la historia. En él se dice que allanaron una supuesta imprenta clandestina de la que, horas antes, habían sacado las máquinas y los panfletos de Sendero Luminoso. Como si estuvieran sembrando intrigas en el enemigo le achacan a los vecinos una versión: "La intervención policial se dió debido a un soplo de algún integrante del grupo subversivo como una forma de eliminar o entregar al Estado a elementos de su misma organización que están sobrando o han sido identificados plenamente por la policía". Dejan sembrada la idea de que los "camaradas importantes" debieron estar presentes en el lugar y que, si no lo estuvieron, es porque sabían que la policía les iba a caer. La versión, burda, apunta a dos personajes que ya tienen en la mira: Patricia y su novio Porfirio; la "camarada Edith" y el "camarada Carlos". Ella había tomado su nombre de guerra de una mujer que deslumbró a las masas como ninguna otra senderista lo haría: la heroína ayacuchana Edith Lagos.

Edith Lagos fue el ícono más transparente y empático que haya tenido Sendero Luminoso en toda la guerra. Tenía sólo diecinueve años cuando la mataron en un incidente absurdo, cerca de Ayacucho. Hija de una clase media comerciante, Edith podría haber elegido un destino más cómodo, lejos del peligro y la entrega absoluta que requería ser soldado de Sendero. Se había hecho conocida en las asambleas populares en las que su voz era un estruendo bélico saliendo de un cuerpo de adolescente. Tenía además la belleza de la ayacuchana de rasgos largos y ojos rasgados. Su imagen llegó a ser tan popular que, según cuenta el periodista Gustavo Gorriti, en las ferias al borde del camino entre Ayacucho y Huamanga, se vendía su figura de arcilla al pie de un árbol lleno de brotes. "Casi una Diana Cazadora andina, acabada ambigüedad de fertilidad y guerra", dice el periodista. Edith murió y corrieron las versiones.

Según un artículo de la revista *Granta*, Edith y su "conviviente" habían salido a la ruta porque ella quería aprender a manejar un auto. Durante la práctica el coche se descompuso y, como iban armados, decidieron robarse otro. Cruzaron el auto roto en el camino y esperaron al primer incauto. La suerte no estaba de su lado. El vehículo que se acercó resultó estar lleno de hombres de la Guardia Republicana que iban de civil. Uno de ellos, al verlos que apuntaban, disparó a la mujer con una ametralladora. El hombre alcanzó a escabullirse, lanzándose a rodar por el barranco que había al costado del camino. Los policías creyeron que en los alrededores había más tropas de Sendero y escaparon, dejando el cadáver de la mujer sobre la ruta. Cuando regresaron, ya no estaba, lo habían escondido en un rancho cercano bajo un monte de paja. El cuerpo de la chica fue llevado a Andahuaylas, donde al fin su padre la reconoció, vestida con esos jeans azules bajo los que llevaba pantalones de lana. El funeral de Edith Lagos fue multitudinario. El cajón salió de la Catedral de Ayacucho, fue cubierto con una bandera roja del Partido Comunista del Perú, Sendero Luminoso (PCP-SL), y marchó hacia el cementerio rodeado por más de treinta mil personas. La fama de la camarada Edith, la guerrillera heroica, fue tal que muchos creen que con su muerte se malogró la única cara humana que tenía Sendero Luminoso. Entrevisté durante horas a uno de los hombres que lideró las Autodefensas Campesinas en el Valle de los ríos Apurímac y Ene (VRAE) y logró derrotar militarmente a Sendero al cabo de unos diez años. Lo culpan de, al menos, cien homicidios de Senderistas y no se arrepiente de haber masacrado guerrilleros, porque ellos le mataron a su esposa y a dos hijos. El hombre, preso en Buenos Aires por narcotráfico, me dijo: "Sólo respeté a Edith Lagos, una mujer increíble, después de su muerte Sendero empezó a perder de a poco la guerra".

*

Para cuando reventaron la supuesta imprenta clandestina de Sendero, los hombres de la Dincote, la Dirección Nacional Contra el Terrorismo, ya seguían los pasos de Patricia y Porfirio. En un tercer informe dicen que el camarada Carlos se ha escondido y sólo circula ella, pero con otro aspecto: "Se cortó el cabello. Usa pelo corto. Usa vestidos, antes usaba pantalones. Se maquilla, antes no lo hacía". El policía que redacta el informe vuelve a citar al espía contratado por Palmira y cuenta que, a medida que pasa el tiempo, la muchacha deja de llamarlo Porfirio para pasar a decirle camarada Carlos. Con estos últimos toques, el investigador se anima a progresar en su carrera con un informe en el que detalla como "conclusiones":

1. Patricia y Carlos son elementos activistas de algún grupo subversivo.

2. Patricia, quien ha sido reclutada hace algún tiempo, actualmente estaría posiblemente ejecutando actividades que le asignan.

3. Carlos, tipo agresivo, observador y maestro de Patricia, se presume que sea jefe de alguna célula subversiva y esté tratando de establecer su cuartel en la casa de Patricia, ya que continuamente llega con paquetes de tamaño mediano, los cuales son guardados en su dormitorio y cuidados celosamente.

El allanamiento era inminente.

El Grupo Operativo Delta 3 de la Dincote entró a la casa familiar de Patricia con una orden judicial. En ese mismo lugar dormía su hermano, Javier. Dijeron que los buscaban a los dos, y en el acta que confeccionaron a mano detallando lo encontrado escribieron que en el cuarto del muchacho había "volantes alusivos a la subversión" y, en el jardín, una bolsa de plástico con "manuscritos con anotaciones de las fábricas 501 SA, Surge, y Nugget", tres empresas que habían sido atacadas con dinamita y bombas incendiarias por Sendero Luminoso. Entre los volantes había un texto completo de "Desarrollemos la guerra de guerrillas", un documento de 1982, viejo para ser distribuido en 1986, en el que Abimael Guzmán ya se centraba en "Conquistar las bases de apoyo" y volantes con las leyendas: "Sin lucha no hay victoria", "Citas del presidente Mao Tse Tung", "Balance de cinco años de guerra popular", "Primero de mayo: movimiento revolucionario internacionalista" y "La sociedad peruana contemporánea". En un cuaderno espiralado, escrita a mano, figura una canción.

Por los valles y los andes los guerrilleros libre van
Los mejores luchadores del campo y la ciudad.
Ni el dolor ni la miseria nos harán desfallecer.
Seguiremos adelante sin jamás desfallecer.
Seguiremos adelante sin jamás retroceder.

Nuestros pueblos nos ordenan combatir hasta triunfar.
Adelante camaradas, la consigna es de vencer.
Venceremos al fascismo en la batalla final.
Abajo el imperialismo.
¡Muera!
¡Viva nuestra libertad!
Las banderas de combate como un manto cubrirán
A los bravos guerrilleros que en la lucha caerán.

En el expediente que leo ante la jueza en los tribunales del Callao, los volantes están pegados a las fojas como ilustraciones en el cuaderno de un escolar. Doblados varias veces sobre sí mismos, abultan el libraco y lo hacen más voluminoso. Hay algunos pequeños cuadernos de educación a los cuadros, con discursos del "comandante Gonzalo" y, por fin, uno del "Presidente Gonzalo", que es como se hacía llamar Abimael Guzmán en la segunda fase del ataque a las ciudades desde el campo, convencido de que la victoria era suya. En ella se puede leer la matriz del pensamiento del líder, citado en tercera persona por alguien que pareciera haberlo escuchado. Las pericias grafológicas practicadas por expertos policiales sobre la letra de la "Olivetti color plomo claro con teclas blancas y letras negras" dicen en el expediente que el escrito es obra de la camarada Edith.

"El Presidente Gonzalo", en el balance de su plan inicial "El gran asalto", dijo que ansía un gran éxito. "Se han cumplido tareas de inicio del Gran Asalto, que es la más grande ofensiva guiada por el ejército guerrillero popular. Estamos viviendo momentos ardorosos de victoria, que van a potenciar la base de apoyo, y que son efectuados por los guerrilleros que bregan con su sangre. Se han golpeado las bases económicas y el Perú dará nuevos hitos. Vamos a construir un mundo en camino del socialismo y, de ahí, al comunismo. Nuestro pueblo está vertiendo su sangre desinteresadamente en esta coyuntura política de dos años entre dos contradicciones: entre la feudalidad y las masas, entre el viejo Estado y el nuevo Estado. EL IMPERIALISMO y todos los reaccionarios son tigres de papel. Hay que practicar el marxismo y no el revisionismo ni ser conversos, ser franco y honrado y no urdir intrigas, mezquindades."

El fiscal antiterrorismo cruzó información, hay que reconocerlo. Entonces, en base a los planos supuestamente dibujados por Patricia, busco entre los atentados de las zonas en las que dominaba la célula guerrillera. Detecto uno del año anterior: a las cuatro de la mañana dos personas tiraron tres bombas de dinamita a los fondos de una fábrica de muebles de San Luis, en el cordón popular de Lima, y se encontró una "lata mediana de Milo –un aditivo de chocolate para leche infantil– conteniendo doce cartuchos de masa de dinamita carga reforzada". Según el expediente, eran los mismos senderistas que en marzo de 1986 incendiaron el local del Programa de Apoyo de Ingreso Temporario, o PAIT, un plan del gobierno de Alan García para el desempleo. En ese caso, había sido un ataque a las cinco de la mañana. Dos guardias dormían cuando sintieron el fuego en el techo de una de las habitaciones del local. Habían tirado una bomba incendiaria igual a las que aparecen en cientos de atentados de Sendero: una bolsa llena de gasolina precedida por telas encendidas. El incendio fue tan menor que entre los dos guardias lograron sofocarlo.

En el último tramo del expediente se pueden ver atisbos de la trama por detrás del melodrama armado a punta de informes de inteligencia. En la casa detuvieron a Patricia y a su hermano Javier. Javier declara y reconoce que durante los últimos dos años estuvo visitando cada domingo a un tercer hermano, Rodolfo, en la Isla Penal El Frontón, la peor de las cárceles que haya concebido el gobierno peruano para recluir a los senderistas. Aislada, derruida, al ser condenados a vivir en ella, los presos sabían que los esperaba la tortura en un sitio infernal: una antigua mazmorra subterránea donde se encerraba a los castigados. El lugar era invadido por la marea alta y muchos murieron ahogados allí: le decían La Lobera. En ese infierno Sendero Luminoso construyó su política más exitosa: la autonomía dentro de las prisiones, el poder que da la territorialidad extrema cuando un grupo controla sus condiciones de encierro, cuando los carceleros temen más que los detenidos. En El Frontón lograron dominar casi todo el penal, hasta liberar completamente de la presencia de guardias penitenciarios algunos pabellones, como el Azul. De a poco hicieron de la cárcel un centro de adoctrinamiento. No sólo los que caían presos eran iniciados en el marxismo-leninismo-maoísmo y el "pensamiento Gonzalo" sino también quienes los visitaban. Javier admitió –no sabemos si bajo tortura– que "en algunas oportunidades he asistido a las charlas o escuelas que dan los internos a los familiares o visitantes de dicho penal, asistiendo por propia voluntad. Casi por lo general trataban sobre política nacional o internacional".

A lo largo de la investigación queda claro que una cosa es el testimonio tomado por los hombres de la Dincote y, otra, el que se da ante el fiscal antiterrorista. Patricia se sintió más segura en ese lugar y su versión intenta derrumbar la telenovela: "En cuanto a mi detención, estoy de acuerdo con que se prosiga con las investigaciones, pero no deseo recibir vejámenes contra mi persona. Fui vendada en mis ojos, siendo golpeada en la cabeza, puñada, recibiendo golpes fuertes. Luego fui desnudada, echada boca abajo, atada de las manos. De allí me levantaron y volvieron a echarme. Luego de ello fui atada de las piernas. Posteriormente mi cabeza fue sumergida en un depósito conteniendo agua. Después de haber sido sumergida me desataron, efectuándome tocamientos libidinosos en las partes íntimas del cuerpo. Este hecho lo han efectuado en una oportunidad. Luego he sido amenazada de ser violada y de que me iban a poner electricidad. El objeto de todas las cosas era que admitiera mi responsabilidad en hechos que nunca había realizado".

¿Pero qué fue de Porfirio Reyes, alias Camarada Carlos, alias Niki Lauda? Si se ordenan las fechas del expediente, surge que fue detenido poco después que Patricia y su hermano Javier, junto a otros cinco supuestos senderistas. Cada uno de ellos tiene un nombre de guerra. Y todos son acusados de haber participado de los atentados a la mueblería 501 y al local del PAIT de Canto Grande. Los de la Dincote se dicen convencidos de que la camarada Edith, con sus veinte años, no es cualquier militante. Tiene un hermano en El Frontón, es alumna de una universidad roja como la de San Martín y, lo peor de todo, las famosas pericias grafológicas demuestran no sólo que ella escribía volantes y manuscritos maoístas, sino que además son suyos los planos que señalan los lugares de los atentados y los croquis en los que se marca la casa de dos miembros del Grupo Delta a los que, con toda seguridad, querían eliminar.

Porfirio era electricista en una obra en construcción, el hotel de Barranco. Roby Cancha Cancha era albañil. Varias veces lo invitó a participar de reuniones del partido. Varias veces Roby, que además era su vecino en San Juan de Lurigancho, se negó.

Allanaron la casa de los Reyes y se llevaron preso a un primo. Allanaron luego la casa de Roby y éste no dudó: dijo que su amigo y compañero lo había querido enrolar en Sendero Luminoso. Cuando finalmente Porfirio cayó preso, pasó en la cárcel solamente unos diez días. Salió en libertad. En cambio Patricia estuvo presa varios días más. Luego salió, también, en libertad. Pero en 1993, cuando Sendero fue finalmente derrotado tras la caída de Abimael Guzmán, volvieron a encarcelarla por aquellos supuestos actos de su juventud. Alguien, algún juez tardío, quiso trabajar y sumar casos de condenas terroristas, que era lo que se llevaba. Y leyó el expediente. Puede que la suma de incertezas no hubiera alcanzado para condenar a la camarada Edith, pero la confesión de las fojas ciento veintitrés, donde Porfirio Reyes –alias el Camarada Carlos– acusa a sus compañeros, fue suficiente.

Porfirio asumió ante el fiscal, un mes después de su detención, que "por orden de su coacusada Patricia participó en el seguimiento de efectivos policiales para su aniquilamiento en base a croquis, y que fue entrenado por ella en el Parque Zonal de Las Flores". A Patricia le achacó los atentados, ser el cerebro, su mentor. Le creen, aunque durante los tres cuerpos de papeles se ha dicho que ese lugar era ocupado por él, que él la había seducido. Al resto, su cuñado y tres militantes más, los señaló en una rueda de reconocimiento ante un fiscal. Su rastro se pierde tras ese 17 de junio de 1986. En abril de 2006 lo mataron unos peruanos que querían quedarse con el pasillo de la Villa Padre Mugica donde Niki Lauda controlaba la venta de cocaína.

*

Veintidós años después, en la urbanización Taboadita del Callao donde vivieron los camaradas Carlos y Edith, las casas lucen como en cualquier barrio de clase media. Las calles, ya no de barro, ahora son asfaltadas. Los frentes bien pintados y los antejardines han borrado las huellas de lo que fue una toma. Una mujer de unos sesenta años abre un portón pensando que es su hija Patricia la que llega a guardar el coche en el garaje. Patricia, en libertad hace cinco años, ha podido rehacer su vida. Ha intentado olvidar el pasado. No está en casa, pero su madre accede a dar su número de teléfono.

Del otro lado de la línea, la camarada Edith suena dulce, aunque su tono cadencioso no logra ocultar la angustia.

—Me obligaron a escribir papeles como si fuera una guerrillera. Me armaron una causa judicial, mintieron para convertirnos en sus víctimas. Mi hermano Javier terminó con tratamientos psiquiátricos por los golpes, y murió en la cárcel de un edema pulmonar. Sólo por estudiar en la Universidad de San Marcos nos acusaron.

Dice.

—¿Usted recuerda a Porfirio Reyes?

—…

—Él, según consta en el expediente, era su pareja.

—No conozco a esa persona, nunca lo conocí.

Patricia hace un esfuerzo notable por no recordar. Lo confiesa.

—He preferido olvidar. Por favor no me pregunte nada, no quiero recordar lo pasado.

—¿Cómo era él?

—¿Era?

—Sí, él falleció.

—…

—En Buenos Aires, hace poco.

El silencio se alarga hasta que decide preguntar.

—¿Cómo murió?

—Lo mataron. Le dispararon.

—¿Por qué?

–Por una guerra de narcotraficantes.
–Ah. No lo conozco. Nunca lo conocí.
–¿Está segura?
–Perdone, pero tengo que cortar.

CAPÍTULO VIII

Esto era como un castillo, para que nadie entrara. Peor que si hubiera tenido de esas zanjas llenas de cocodrilos. Pero usted sabe: por más que uno se tenga fe, por muy protegido que uno se sienta, siempre tiene que tener una salida de escape. No vaya a ser que se quede encerrado, o que no tenga para dónde salir corriendo. Eso le pasó al pobre Chaparro y a sus chaparritos ese febrero, con el calor loco que hacía. Ellos controlaban hasta los calzones de los que pasaban por su zona de la manzana "H"; ellos empezaron con el sistema de los vigilantes y los vendedores, todo muy organizadito, con señas y claves secretas. Como si fueran la corte del rey todos querían andar cerca del capo de todos los capos: se la pasaba en la Canchita de los Paraguayos. Así le decían al potrero para jugar al fútbol que había justo enfrente de mi casa. En la manzana "H" han pasado las peores tragedias de mi barrio. No es por exagerar; a mí me ha tocado en carne propia. Al comienzo, como cuando fue lo de Chaparro, fueron los familiares los que tuvieron que andar de acá para allá con los muertos. Después, cuando se les hizo costumbre reventar gente y ranchos, yo, doña María Buena, delegada de manzana, tuve que poner el cuerpo para enterrar los cadáveres. Es todo un arte eso de sepultar muertos ajenos. Hay que hacer la colecta para sacar para el ataúd, hablar con el cura para que les dé una despedida cristiana; después uno llora un poco antes de que le echen tierra encima, y después se va del cementerio con las manos vacías y el alma apenada.

Podrás tener un castillo, un tanque de guerra, una bomba atómica metida en tu rancho, pero por algún lugar te tenés que poder escapar de tu enemigo, si es que te quiere encerrar. Si no, te pasa como a Chaparro que se creía invencible porque paraba en la Canchita de los Paraguayos. Lo vi desde mi ventana, pero no quise mirar. Lo vi, pero me eché para atrás y me escondí porque pensé que de tanto tiro alguno se iba a colar por mi ventana, que no tenía ni cortinas. Éramos pobres en esa época. Yo había llegado de Paraguay hacía unos tres años y vivíamos con lo que hacía mi marido en la construcción. Tenía la idea loca de fundar una cooperativa y de hacerme delegada, pero todavía no era, cómo decirte, del riñón, ¿viste? Es decir, que yo no era nadie cuando los mataron a los Chaparro. Pero ese día entendí que yo me movía y me adaptaba, o a mí también me iban a bajar. Entendí también que eso podía pasarme a mí, a mis hijos y a mi marido, a mi hermana, a mis sobrinos, a alguno de la familia. Mejor, me dije yo, estar preparada. Estar más al tanto. Así que desde entonces te digo, periodista, que yo sé hasta el color de los calzones de los muchachos. Eso sí, yo, leal hasta el último minuto de mi vida. Leal al barrio digo yo, porque en el barrio en definitiva hoy mandás vos. ¿Y mañana? ¿Será por eso que se les dió por llamarme María Buena? Doña María Buena, me conocen, y me conocen desde los peores delincuentes hasta los del gobierno.

La matanza no fue algo que viera la gente de principio a fin. Porque ante la balacera no hay valientes, todos corren, todos se refugian, una se tira como esos dibujitos de la tele, como puede. Ya te quiero ver en un tiroteo a vos, Lupe. Porque yo, para que no haya problemas, te voy a rebautizar a vos, como sos tan delicado, Lupe. Como vas a México, a Colombia y te gustan todos esos lugares, Lupe te va a quedar bien. Así nadie sospecha cuando me llamás para consultarme algo, en lugar de saludarte, hola señor periodista tal, te digo: ¡Hola Lupe!

No te rías, es en serio. Bueno, como te decía, Lupe, nadie puede decirte que una masacre fue así y así. Se puede suponer mucho, pero lo único que yo sé es que ahí murieron tres: Chaparro, su yerno —el novio de la hija— y un argentino que no sé qué tenía que ver. Estaban jugando al fútbol, hasta ahí los vi cuando volvía de hacer las compras. Hacía un calor que parecía que iba a llover de lo pesado que estaba. Un sol que parecía que ibas a caerte, y estos peruanos jugando al fútbol ahí en la canchita. El que vio bastante, porque me contó, fue el Celestino Castro Calle, que es un paisano mío. Después por eso de andar mirando el pobre tuvo que dejar el rancho, el negocio, todo. Como a él les pasó a muchos paisanos paraguayos. A los peruanos se les iba a dar por echarlos como a perros para quedarse con la villa para ellos solos. Nosotros, de milagro y de no andar metidos en nada, zafamos.

Yo me dije a mí misma, María Buena, acá no te asomés añamembuí porá; y me puse a rezar encerradita en el baño. Era lo único que tenía de material; no iban a pasar las balas. Acuclilladita, como una virgen, ¡me vieras! Padrecito querido, virgencita de Caacupé, ¡perdoname, che!, les rogaba, la más buenita. A veces pienso que ahí me gané todo lo que vino después, porque me arrepentí hasta del último de mis pecados. Yo tenía miedo, y como ya les sabía vida y obra a los que atacaban, más miedo tenía. Ese Chaparro se había hecho fama diciendo que era de Sendero Luminoso, comunista, y no sé cuántas cosas más. Pero para mí que él no era de la guerrilla. Más guerrilleros eran otros, como Teodoro y su hermano Niki Lauda. Esos dos chiquititos, hombres no muy bien parecidos, eran los peores. Y el amigo de ellos, Marlon, que era el que a mí mejor me caía, no sé por qué. Era un hombre más grandote, más joven, y siempre me trató con educación. Señora Buenita, de acá. Señora Buenita, de allá.

Y para mí, después, analizando lo que es analizando, te digo, Lupe, que el pobre de Chaparro, tan el machito que se hacía, terminó siendo el más gil. Porque lo agarraron de encerrona, como un grupo comando, sus propios perros. Eso dice Celestino, que vivía al lado mío. Era un paraguayo que se había llevado bien con Valdivia, el capo que había matado Chaparro, y con el Loco Miguel, que después cayó en desgracia. Mis paisanos se habían avivado hacía rato con el negocio de la marihuana. Algunos tenían contactos en Juan Pedro Caballero, y de allá les llegaban los encarguitos que hacían. Encarguitos, por decir algo, porque ellos terminaron moviendo cientos de kilos. Hacían cooperativas y la trasladaban entre todos. Vos sabés, Lupe, que mis paisanos son duchos en cruzar la frontera sin dejar rastro. Ellos todo lo hacen a través del río, la mayor bendición que nos ha dado Dios son esos ríos, el Paraná y el Uruguay. Los cruzás vadeando, con lanchas, con botes, con balsas hechas a mano, siempre cargado.

Celestino me contó que dos pibes, dos peruanitos que después se hicieron soldados de Marlon, casualmente se fueron de la canchita cinco minutos antes de la masacre. Eran Cardocito y Caremacho. Cardocito era familiar de un transa grande, de un verdadero narco, mejor dicho. Y Caremacho era un muchacho bien parecido que no parecía peruano y era pariente, por lado y lado, de Marlon Aranda. Dijeron que se habían ido a tomar agua. Para mí, esos fueron los traidores. Si no, ¿quién? Los otros, si no murieron, fue por milagro. Después de la balacera nunca más les volvimos a ver el pelo. Se desaparecieron con los cajones, que esa semana enterraron con pompas de matones.

Chaparro se había confiado demasiado de Marlon porque se habían hecho compadres. Los compadres peruanos, y los bolivianos también, es peor que si se casaran cuando bautizan a la criatura, porque de semejante fiesta que hacen a medias, salen un montón de obligaciones. Siempre me dije que ojalá que Marlon nunca me proponga ser su comadre, que a ninguno de los muchachos se les empiece a dar por comadrearme, porque hoy te amo y te respeto, y mañana te clavo el puñal por la espalda. Fijate lo que le pasó a Chaparro, tanto que se había hecho el amigo. No bastó una pelea cualquiera con la hermana de Marlon, la Celeste, para que le jurara venganza. Parece que ella, que siempre fue una engreída, le dirigió mal la palabra a Chaparro. Y el viejo le pegó una cachetada. Para mí que no midió las consecuencias porque ya se sentía el rey del barrio, pero hasta para los paraguayos estaba clarito que en esos pocos años, desde que bajaron a los Valdivia, Marlon y su hermano Cali habían hecho traer a casi toda su familia. ¡Y ellos eran trece! Así que imaginate, Lupe, qué se iban a achicar si les cacheteaban a una de las hermanas más queridas. Encima, en esa época, estaban unidos a los Reyes. Teodoro y Porfirio eran pesados y terrucos, como les decían por ser guerrilleros del Perú. Se conocían las mañas de cuando todos vivían en ese barrio de Lima que dicen que es como una ciudad, por lo grande. Lurigancho, le dicen.

En realidad la fama de matadores que tenían todos se la debían al más valiente, o al más sanguinario, como vos quieras llamarlo, que fue el hermano mayor de Marlon: Cali. Ese, para mí, fue el que primero hizo que se los respetara cuando bajó al pobre de Facundo Lozano, un argentino que se le puso en contra en un baile cerca de mi casa, y encima después lo denunció en la comisaría. Marlon era de los más chicos de los Aranda, y quedó después como jefe porque Cali fue preso y lo condenaron a doce años por la muerte del argentino. Marlon era menos serio, más relajado y mucho más viajero que su hermano. Anduvo de aventuras en Brasil, y en Paraguay. Después yo le supe hasta las novias que tenía por afuera de su matrimonio, y allá en Asunción él tenía otra mujer y otros hijos. Lo que pasa es que Marlon la ocultaba porque su suegra, doña Mari, era capaz de matarlo si se enteraba. Que la tuviera, pero que la gente no anduviera hablando. Todos estos eran de tener más de una mujer, hijos con varias.

Para los peruanos ir a la cárcel, digo yo, es como irse de vacaciones. No sé, no es que ellos se desesperen, es como si fuera normal. Los argentinos delincuentes que conozco en Villa del Señor, más ladrones que otra cosa, son tumberos, como les dicen acá. Los peruanos no son tumberos, son iguales en las dos partes. O sea, no dejan de trabajar por más que vayan presos. Vaya a saber cómo hacen pero ellos manejan todo desde adentro, como si estuvieran en sus casas mandando a todo el mundo. Por eso, cuando cayó Cali, Marlon igual no estaba solo. Desde la cárcel su hermano, en un pabellón que era famoso porque estaba lleno de peruanos, tenía voz y voto en todo lo que pasaba en Villa del Señor. Una de las órdenes de Cali era que no contrataran argentinos para armar su ejército porque los argentinos son muy traicioneros. Y mandaba también que los empleados tomaran cerveza, la que quisieran, fuera de horario de trabajo. Pero no cocaína. Dicen los soldados que luego tomaron confianza conmigo que las órdenes de Cali siempre fueron impecables por lo cabales: "Matalo". "No lo mates". "Que se vaya". "Quitale la casa". Su voluntad era lo que hacían. Él fue el que pensó mejor todo el sistema de los vigías, los chacales, los perros y los vendedores. Él ordenó traer cada vez más gente de Lurigancho. Imaginate que desde la cárcel jugás al TEG, o a esos juegos de la guerra. Así me lo imagino yo, encerrado y siendo el mandamás. Él fue el que puso la ley: primer error, pelados al rape. Segunda equivocación: un tiro en la pierna. Tercera: la muerte. Él, dicen, fue el que desde la cárcel mandó a decir, cuando se cansaron de Chaparro: "Somos mayoría, ya saben lo que tienen que hacer".

*

Los sicarios entraron a la Canchita de los Paraguayos seguros de que Chaparro y los suyos no tendrían escapatoria. Los habían esperado toda la mañana. Sabían que habría un partido en la cancha de fútbol. Eran cinco por equipo. Diez jugadores en total. Ese mediodía de febrero el capo había ganado por goleada. Los perdedores tuvieron que pagar gaseosas para todos, a diez metros del lugar, a una mujer que atendía por la ventana de su rancho a los clientes que iban por bebidas o pan. Entre bromas por las patadas del partido, desarmados, los diez se ubicaron en la tarima de los festejos. En el tablado había una silla. Chaparro, un hombre de metro setenta, de cuarenta y ocho años, grueso pero atlético, morocho, de pelo lacio y peinado a un costado por un tic infantil que le hacía enroscar el pelo detrás de la oreja, se ubicó en el único asiento. Los demás lo imitaron, desparramándose en las escalinatas que subían a la tarima, contra la pared del fondo. Dos de ellos se retiraron diciendo que se mojarían las cabezas y volverían a unirse al grupo. Se venía un almuerzo en un restaurante peruano.

Se dispusieron a beber. Tenían las remeras de San Lorenzo pegadas a la piel. Chaparro transpiró tanto que prefirió quitársela. Se quedó con los shorts, a cuadros, y unas zapatillas Adidas recién estrenadas. Se acomodó en la silla que había sobre los maderos y estiró las piernas. Resopló. Alcanzó a pararse, como si quisiera saltar; el ataque fue silencioso y masivo: al frente del pelotón que entró por la única puerta iba uno de sus soldados de mayor confianza con una pistola 9 milímetros empuñada. El primer tiro lo hizo caer de espaldas sobre el piso. Sonó un golpe seco: sus noventa kilos azotaron contra la madera. El estupor de los empleados de Chaparro, el miedo a caer en la volteada, la estampida, los quejidos y los insultos, todo se produjo al mismo tiempo. Los atacantes los bajaron de una sola barrida.

—¡Aguanta! ¡Aguanta! —le gritaba la muchacha de pelo lacio al hombre que mecía en los brazos, arrodillada en el piso de tierra de la Canchita de los Paraguayos.

Magalí Chaparro, llegada hacía siete meses de Lima, era la hija mayor del capo, y el hombre que se desangraba era su novio, Mario Emilio Espinoza, de 24 años.

Dos metros más allá, sobre una tarima de madera, yacía su padre, el mismísimo Chaparro. A unos tres metros del mismo entablado languidecía también su tío, Moisés, hermano de su madre, y recién llegado de Lurigancho hacía siete días.

Quizás por eso Chaparro se sintió cubierto. Estaba mudando familiares. Había traído a su cuñado y al yerno. Su hijo Chaparrito era el único que lo escoltaba cuando los tiburones se ponían celosos a su alrededor; y después del escarmiento que le habían dado sus muchachos al atrevido de Facundo Lozano, necesitaba cuidarse las espaldas. Calculó mal los movimientos ese fin de semana. La corrupción interna de su grupo alcanzaba a algunos viejos amigos, gente grande en el ambiente, con cierta experiencia. Dos de ellos lo dejaron solo en ese último momento, los dos que se retiraron a mojarse las cabezas, los dos que alquilaron la canchita al *dealer* paraguayo Celestino Castro. Les decían Caremacho y Cardocito.

–¡Aguanta! ¡Aguanta! –gritaba la muchacha a su enamorado y trataba de frenarle la hemorragia con una sábana.

–Perdónalos Dios mío, perdónalos Dios mío, perdónalos Dios mío –rezaba aferrada a su tío otra de las hijas de Chaparro.

Chaparro, en cueros, con una bermuda, voló con el primer disparo. Cuando estuvo desparramado lo liquidaron con tres tiros más. Para Celestino Castro Calle fue suficiente. Cerró la puerta y se refugió en su casa, cuerpo a tierra, detrás de la pared más gruesa, en la esquina del baño. Pasó unos veinte minutos en esa posición, inmóvil. Sus vecinos, Jesusa Felicidad Fernández y Lautaro Pardo Maciel, no pudieron dejar de mirar. Apenas las ráfagas con que habían atacado los sicarios se apagaron, salieron del rancho en el que vivían, justo frente a la Canchita de los Paraguayos. El silencio fue un breve intermedio. Jóvenes matadores completarían el trabajo del primer atacante: de bermudas y remera manga corta, entraron por el portón dos pibes armados. Las mujeres que intentaban asistir a Chaparro se tiraron atrás de la tarima con tal naturalidad que sólo pareció que se desmayaban. Los sicarios subieron al proscenio, y sin abrir la boca, al mismo tiempo, pusieron sus armas sobre la cabeza y el pecho del hombre agónico y dispararon. Remataron al capo y huyeron. Nadie jamás pudo explicarme por qué, pero uno de ellos, como si se tratara de un mensaje, una ofrenda o una vieja deuda, se quitó una camiseta de San Lorenzo y la tiró junto al cuerpo de su víctima.

En el camino se cruzaron con otras dos mujeres. Eran la esposa de Chaparro y una de sus hermanas. Lloraban en silencio. A Chaparro le temblaba el vientre como si convulsionara. Entre las dos trataron de moverlo. Con cada intento de las mujeres de mover el cuerpo pesado, Chaparro se quejaba. Parecía hundirse en un charco de sangre que se escurría entre las maderas. Se les iba. Alguien de la familia llamó a la remisería Chacalón y de allí enviaron dos autos hasta la avenida Galíndez. Entonces, cuando estaban por levantar a las víctimas para llevarlas al hospital, apareció un último sicario. Las mujeres escaparon. Con un arma en la mano, y tranquilo al ver que los heridos ya no se movían, subió al escenario, y con dos dedos le tocó el cuello a Chaparro, tomándole el pulso. Enseguida miró el cielo y se persignó.

Chaparro había negociado con otros clanes familiares para que cada uno trabajara en su rubro. Los paraguayos manejaban la llegada de camiones cargados de marihuana a la ciudad y hasta entonces, hasta ese día, habían convivido con tensiones con los narcos peruanos, pero sin muertos. La llegada de Cali y su hermano Marlon, de Teodoro y su hermano Niki Lauda, establecería nuevas reglas: una zona liberada al narcotráfico local con jóvenes jefes dispuestos a ganarse el mercado porteño. La masacre fue una coreografía de violencia.

Las señas de la muerte en la Canchita de los Paraguayos continuaron como si no bastara con los disparos para terminar con la cúpula narco. Fueron diez jugadores, pero además, alrededor del rectángulo de juego, había otros tantos. Uno de ellos recibió un tiro en la pierna. Se arrastró con los codos hasta el pasillo. Su hermano lo encontró y lo llevó al hospital.

La canchita tenía una sola entrada, pero si se conocía bien el terreno, era posible también salir por un delgado pasillo que daba, finalmente, a la calle Monzón. Por ese pasillo entró el Paraguayito, un pibe que apenas conocía a uno de los asesinos, a los que vio correr cuando escapaban del crimen. Él había escuchado los disparos y había salido a ver qué pasaba. Se topó con ellos. Cuando entró en la canchita vio a Chaparro en la tarima. Muchas personas se le acercaban para asistirlo; para el Paraguayito era evidente que ya estaba muerto.

Fue hasta la casa de María Buena a mirar el cadáver y vio que era un hombre grande. Regresó a la canchita y se encontró con Celestino lavando la tarima. Le pareció que no era lo correcto: "Don, viene la policía", le dijo. Pero Celestino continuó como un autómata con un balde con agua jabonosa y un trapo, tratando de borrar la mancha oscura de sangre que ensuciaba la tarima de su cancha. El Paraguayito vio tres casquillos de bala y un encamisado. Los levantó para dárselos luego a los de la comisaría.

Alguien gritó que en el pasillo había otro muerto. Una mujer corrió hacia el lugar: "Es mi esposo", dijo y se tiró a su lado. Cuando el Paraguayito vio que el cuerpo del hombre en la tarima seguía allí, muerto y al sol, pensó que lo mejor era cubrirlo. Buscó un pedazo de tela y la extendió sobre el cadáver tibio de Chaparro. Como había ráfagas de brisa, decidió que lo mejor era sostenerla con dos piedras en los extremos. Intentaba evitar que se volara y que la muerte, la lividez progresiva del cuerpo, quedara expuesta a los ojos del mundo.

*

La orden llegó de arriba. Del Ministerio del Interior, o de Presidencia, no sabemos. Lo que los puso locos fue que la jueza dijo que podían ser ex Sendero Luminoso. Eso hizo que nos llamaran a nosotros, de Antiterrorismo. Éramos los muchachos del Bomba Gutiérrez, y aunque el Bomba se tuvo que ir por la mala fama que le hicieron con una escucha telefónica, nosotros, los que estábamos a sus órdenes, no nos dejábamos mojar por nadie. Yo debo haber tenido menos de cuarenta y no había agarrado viaje cuando estuve en narcotráfico, quería ascender y pensé que estos peruanos eran una oportunidad. Veo que me mirás mucho el anillo. Sí, sí, las iniciales no son las mías, Evaristo Danteri. Son también las de mi viejo. No sé qué pensás de la cana, por ahí sos de esos que creen que somos todos la misma mierda. Llevo el anillo con orgullo porque soy tercera generación de polis. Mi abuelo fue poli, mi viejo fue poli. Y ahora, mi hija es poli.

Teodoro y Porfirio, yo creí cuando me dijeron los nombres que eran un invento, ¿quién podía llamarse así en Buenos Aires? Solamente peruanos, y solamente gente de campo, pensé. Después entendimos que era así, que muchos de ellos venían del campo, de las sierras, de la selva, que eran gente a la vista, muy básica. Eso no significa que no fueran rapidísimos. Creo que de todos ellos el más inteligente siempre fue Teodoro. Se lo veía mandar. Se lo veía controlar la situación. Era gracioso porque entre nosotros, cuando nos tocaban los seguimientos, siempre uno prefería seguirlo a él, con él podía haber acción. No porque el hombre haya sido una polvorita, no; si vieras la tranquilidad con que manejaba su negocio. Sino porque uno sabía que la pista grande estaba detrás de él y entonces cuando lo veía ir de un lugar al otro al menos podía inventar hipótesis de trabajo, para después darles al Bomba y a la jueza, que nos llamaban todas las semanas. A los pocos días de la masacre de los Chaparro, el juzgado recibió un anónimo. Decía:

Señor Juez, ante usted me presento y expongo lo siguiente:

Soy familiar de uno de los muchachos asesinados el día jueves del presente. Yo estuve, y sé quiénes fueron. Ahí le envío una foto de uno de los asesinos, se llama Teodoro Reyes, peruano. En ese crimen también está implicado el hermano, que se llama Porfirio Reyes y es conocido como Niki Lauda, y comercializa droga al por mayor sobre avenida Bonavena. Todo esto se suelta a raíz de la droga. Ellos quieren adueñarse de toda la Villa del Señor para comercializar. El señor Teodoro es distribuidor de droga de toda la villa. Incluso si no me cree lo que le estoy haciendo saber, investigue usted en el aeropuerto de Ezeiza cuántas veces salió y entró del país. Además tiene mulas que trabajan para él y le traen la droga por Bolivia y Paraguay. También tiene gente en cana que él los ha dejado tirados; es una persona muy mala. Señor juez, él es la cabeza de esta masacre y si no lo detienen va a seguir matando. Ahora, tengo entendido, por lo que he averiguado, que está escondido en Lanús Este y si no está ahí, se encuentra en Adrogué. Con respecto al hermano, él se encuentra refugiado en la Argentina. Cuando Porfirio Reyes (Niki Lauda) llegó del Perú, pidió asilo político y fue a la Cruz Roja a pedir ayuda porque él y su familia están buscados en el Perú por terrorismo, al haber participado en Sendero Luminoso. Dicho sujeto vive enfrente de Villa del Señor, con su mujer. Pero su paradero es, mayormente, en la casa de la manzana "H" en Villa del Señor, donde también hay un locutorio trucho con celulares.

Lo único que le pido encarecidamente es que usted haga justicia. Disculpe el no haberme presentado personalmente, por temor a que me hagan daño. Este sujeto Teodoro Reyes siempre para armado. Cuando él ha maltratado a los vecinos y lo han querido denunciar él los amenazaba y decía que tenía arreglo con la comisaría 38 y todo quedaba en nada. Que Dios guarde a usted y tenga suerte en las investigaciones para que no quede impune esta masacre.

Nota: llegando a este sujeto "Teodoro" va a llegar a los demás.

En la justicia argentina un anónimo no alcanza para investigar a un fulano. Pero la jugada de los Chaparro con esa carta hizo que se mandara todo a un juzgado federal, que trabaja temas relacionados con drogas.

Los investigadores judiciales ya no estarían interesados en saber quién fue el autor de la masacre, sino quiénes eran los traficantes de Villa del Señor. Nosotros entramos al caso cuando se habló de terroristas traficando drogas. Danteri, me dijo el Bomba, si estaba aburrido vaya despidiéndose de su tranquilidad porque le voy a dar algo que lo va a hacer divertir. Droga y Sendero Luminoso, para lo ignorantes que éramos de la realidad peruana al principio, era una combinación rara para Buenos Aires. Esa combinación fue lo que nos llevó a seguir durante meses los pasos de Teodoro y Niki Lauda. Creo que tuvieron mala suerte, porque se encontraron justo con un grupo de polis que no éramos corruptos. En mi caso personal, yo después de mucho tiempo de trabajar con el jefe Bomba y después en Drogas Peligrosas, me fui cansando. Me harté de ver la suciedad que había entre los jefes de mi propia fuerza. Antes eran los que manchaban el uniforme que para mí es sagrado (ahora lo mancha cualquier estúpido porque andan desesperados por el mango, por pagar las cuotas de un auto o el cumpleaños de quince de la hija). Terminé como custodio de un ejecutivo extranjero que me paga cuatro veces más que lo que me daban en la poli. Ellos mismos, los jefes, me abrieron la puerta para que me fuera. ¿Quién quiere tener cerca a un tipo que no se engancha en la joda? La misma policía lo sabe: los contrabandos ilegales, desde personas hasta armas, son no sólo una necesidad del sistema económico en todo el mundo, sino que son como Disneylandia para los corruptos. Si ganás mal y para seguir a un narco no tenés ni una camarita para sacarles fotos, es difícil que no aflojés.

Nunca contamos oficialmente con la colaboración de la familia Chaparro; tiraban la piedra y escondían la mano. En otro mensaje nos dijeron que Marlon y Teodoro habían sido socios de

Chaparro y se habían peleado por cuarenta kilos de cocaína. Nos imaginábamos que escribían las mujeres, pero después nos dimos cuenta de que podía ser otro competidor, que esperaba que éstos cayeran para quedarse con el mercado. Las viudas se retiraban del negocio. Estaban resignadas a perder todo, como suele ocurrir con las mujeres de estos jefes intermedios. Heredan el rencor de los ofendidos y los problemas con los competidores. Con esos anónimos no alcanzaba. No nos daban una pista concreta. Entonces, infiltramos un hombre en la Villa del Señor: Marito, un gordo grandote que tiene cara de reventado. A la semana tenía los celulares de nuestros peruanos. Empezamos a escucharlos.

Dos meses más tarde, sobre un mapa, dibujamos líneas que iban de Villa del Señor al norte de la provincia de Salta, en la frontera con Bolivia. Entre los que hablaban nos llamó la atención un tal Tío Merlo, que parecía ser el que tenía la ruta que llegaba hasta Villa del Señor. "Las cosas ya están del otro lado en lo del Bolita, así que tenés que traerlas al sitio para que pasemos a recogerlas", le decía a un tipo en Tartagal. El Tío era una de las cabezas más visibles de una organización que no solamente proveía a Villa del Señor, sino a varios otros peruanos vendedores al peso, gente que, como Teodoro, había conseguido hacerse de una lista de clientes que sí se dedicaban a la venta de papelitos de merca. El papeleo, que le dicen.

Por lo que supimos, el Tío Merlo y su amigo se encontraron en el Paraje Tonono, al borde de la ruta 36, un pueblo miserable en el que viven unas dos mil personas. Poco después el Tío se fue a Lima y dejó en la Argentina a un buen amigo, un tipo parco y cortante, que en los llamados se hacía nombrar Humala. El viejo Humala fue el único de los grandes capos que logró mantener sus relaciones comerciales con los dos clanes, los Aranda y los Reyes.

—Tino, no los puedo esperar mucho con el pago. Tienen que mandar la plata —se queja Humala con un cliente remolón en una de las escuchas.

—Perdóneme, causita —dice el otro desde Buenos Aires— pero es que tuve problemas con la Western Union.

Empezamos por hacernos un mapa en el que las cabezas que aparecían eran sobre todo Teodoro y su hermano Niki Lauda. Marlon era otra cosa, parecía más dedicado a lo local. Los Reyes tenían los contactos en el norte de la Argentina y de ahí con Perú: ellos la vendían en cantidad. Eran además los que tenían experiencia en Sendero Luminoso. Éste es el fax que nos enviaron desde Lima:

Lima Urgente 3081

Difusión Interpol – ESPECIAL IP Buenos Aires
ex. 8184/99 CR 5337

A solicitud del juez especializado penal para proceso en reserva del Callao que despacha la doctora Rocío Mendoza Caballero, favor ubicar y capturar a la siguiente persona:

—Apellido: Reyes
—Nombres: Porfirio Libardo
—Nacionalidad: Peruana.
—Características: Piel trigueña, ojos pardos, cabellos lacios negros, estatura 1,52 centímetros, nariz recta, frente amplia, labios medianos, cejas semipobladas.
—Señas particulares: alias Carlos, cicatriz en el pómulo izquierdo (ocho centímetros), en la ceja del ojo izquierdo de tres centímetros, altura de axila izquierda ocho centímetros, y cadera lado izquierdo, dos tatuajes en el pómulo derecho (lunares) otro tatuaje con el rostro de una mujer con la inscripción "Dios y mi madre" en el antebrazo derecho y otro en el dorso de la mano derecha con las letras "P" y "L".
—Breve resumen de los hechos: el día 07 may 86, miembros de la Policía Nacional contra el Terrorismo intervienen el inmueble,

encontrándose en su interior abundante material bibliográfico (volantes, folletos, hojas mecanografiadas y manuscritos) perteneciente a la organización subversiva "Sendero Luminoso". Entre éstos figura el informe de aniquilamiento de miembros de las Fuerzas Armadas y fuerzas policiales elaborado por el procesado Reyes (a) Carlos, integrante de uno de los destacamentos del Comité Zonal Este de Lima Metropolitana del Partido Comunista Peruano "Sendero Luminoso".

Fin.
IP Lima.

Y otra vez, en las escuchas, se repetían diálogos como: "Hola, ¿Tino? Compadre, lo llamo desesperado porque ya no puedo esperarlo por ese trabajo que hicimos, pues". O: "No se preocupe, causa, yo voy a hacer los trámites necesarios. Se lo vamos a mandar por la Western Union. No se haga problema que va a llegar, quiero dejar las cosas claras porque quiero hacer otro trabajo antes de fin de año". Las escuchas telefónicas se acercaban más a las de una red internacional de tráfico, desde Perú y Bolivia hacia la Capital, pasando siempre por la frontera norte, que al grupo de Villa del Señor. El único de la villa que parecía relacionarse con los proveedores era el soldado más pequeño pero más cruel: Teodoro Reyes. Casi bajamos los brazos. Para colmo, cuando teníamos una punta interesante, resulta que fue en contra. Dimos con un tal Gerardo, que terminó siendo oficial de la Policía Federal. Tuvimos que alertar al juez sobre nuestro propio compañero, que podía estar en actividades ilícitas. Este poli se comunicaba con una *dealer* de Constitución. Era la madre de una travesti, que además de prostituirse, vendía en la calle Brasil.

Decidimos que lo único que nos quedaba por hacer era seguimientos cercanos. Nos dieron una camioneta con vidrios polarizados; desde ahí los filmamos. Vimos a Niki Lauda cuando apareció

a saludar a los muchachos frente a la virgen de la manzana "H".
Teníamos una fotografía en blanco y negro que había enviado por
fax Interpol de Lima: era la cara morocha y de ojos achinados de
Porfirio Reyes, alias Niki Lauda. Tenía puesto un sobretodo gris
y una gorra con visera roja y negra. Estaba frente a una casa con
otro hombre, una mujer y un niño. Lo seguimos hasta uno de los
pasillos que entran a la Villa del Señor, sobre la avenida Galíndez. La mujer y el chico esperaron diez minutos. Ellos volvieron
y retomaron el camino. Iban a una casa en Moreno, en un barrio
nuevo. Entre dos baldíos había dos piezas con techo a dos aguas,
reja verde en la entrada frente a un rancho que tenía un cartel que
decía "Taller de compostura de zapatillas". Entraron el auto. De
todo eso nada servía para acusarlo.

El que nos impresionó por cómo se manejaba con su gente fue
el hermano más chico, que era el que más mandaba: Teodoro.
Lo descubrimos usando un "equipo de cuerpo" que era como le
decíamos en esa época a lo que ahora se conoce como "manos
libres". Se comunicaban sin que se notara que estaban hablando. Después, cuando declararon, dijeron que estaban escuchando música peruana con auriculares. Se reunían en un pool que
administraba Niki Lauda. Teodoro tenía un taco de pool en la
mano y estaba por darle a la bola blanca para empezar un partido cuando nos distinguió a la distancia, como un lince. No sé
si habrá visto luz roja del encendido de la filmadora, o el cigarro
que fumaba el chofer, o le extrañó la camioneta, la cosa es que
Teodoro sacó la pistola que llevaba en la sobaquera y dio orden a
sus soldados. Desenfundaron. Se pusieron en guardia.

Teodoro salió a la calle, pasó una bala a la recámara y apuró
el tranco hacia adentro de la Villa del Señor. A los veinte metros
dobló en un pasillo y se apoyó en la pared con el arma empuñada
a la altura de la cabeza. Sin miedo, con una determinación bárba-
ra, miraba a cámara mientras sus muchachos se parapetaban en el
mismo pasillo: esperaban que alguien se atreviera a poner un pie

en su zona. Dimos marcha atrás y nos alejamos. Nos fuimos del barrio mientras mirábamos las imágenes que pensábamos sumar al expediente. Ya los teníamos intercambiando dinero por objetos no identificados. Con eso íbamos armando todo para que el juez bajara las órdenes de detención por asociación ilícita. Sabíamos que no los íbamos a agarrar con las manos en la masa, pero teníamos dos buchones en puerta que los iban a mandar al muere.

Uno de ellos era un limeño de clase media que había dado el mal paso. Contador de profesión, se había dedicado al tráfico por pura necesidad, como tantos. Tenía el tono de un hombre con cierta educación. Había conseguido no sólo que lo emplearan durante un tiempo sino que, además, le tuvieran confianza. De a poco le fueron contando cómo era la vida dentro de la villa peruana. Supo pronto que al jefe anterior, Chaparro, lo habían emboscado en la Canchita de los Paraguayos. "Se puso abusivo. Mataba peor que Marlon. Mataba hasta porque no lo miraban bien", le dijeron. Decía que las bandas eran como una familia con muchos tíos y todos los sobrinos del mundo. Los Aranda solos eran trece hermanos. El tipo se les había esfumado en Nochebuena con los trescientos pesos de la recaudación. Con eso era suficiente para que lo mataran. No era necesario que los mandara al frente para merecer del peor de los castigos. Él mismo había visto cómo habían dejado rengos a los chorros que se querían aprovechar de los bolivianos. Su vida no valía demasiado. Se paseaba por pensiones y hoteles baratos de Constitución. Se sentía perseguido hasta por el ruido de sus pasos.

Lo más importante era que sabía cómo escondían la cocaína y las armas; cómo habían aguzado la picardía para no correr riesgos con una técnica asquerosa: cubrir los paquetes bien envueltos en excremento humano. Dijo que los hundían en un pozo séptico. No había perro que rastreara la merca metida en mierda, en uno de los cientos de pozos de una villa sin cloacas. Después supimos que por el mismo motivo Pablo Escobar Gaviria tenía un zoológico: usaba la bosta de los animales para envolver las cargas. En Villa del Señor bajaban y subían armas y drogas con un sistema simple, de poleas y sogas, que no falla. Parece increíble pero si uno conoce este ambiente sabe que son las mismas sogas usadas para vadear ríos con mercadería en la selva cocalera peruana, en el norte argentino o la frontera paraguaya. Empaquetan la mercadería y la atan a sogas para que la rescaten sólo los que conocen el secreto.

El otro buchón fue un testigo de identidad reservada. Declaró ante la jueza. Nosotros ni siquiera lo conocimos. Para mí era alguien que había estado muy adentro. Él contó que después de la masacre de los Chaparro los asesinos se replegaron por unos quince días, para después mostrarse como los nuevos jefes. De todos, el que más ruido hacía era Marlon. El hermano, Cali, estaba preso, y se suponía que era el que daba las órdenes. En su ausencia era Marlon el que llegaba por las mañanas, antes de las once, en una moto Ninja 1000. Deslumbraba a las chicas del barrio. El testigo decía que cada tres meses se mudaba, y que por entonces vivía con su familia en un country fuera de la ciudad. Pasaba unas tres horas junto a un altar del Señor de los Milagros que se hizo construir en el corazón de Villa del Señor. Y desaparecía en su Ninja. Tenía buena onda con los vecinos. Se hizo amigo de una paraguaya que le facilitaba las cosas porque hacía de intermediaria con la gente. Se encargaba de dar sepultura a los muertos cuando quedaba uno tirado y nadie se hacía cargo. Y contrató una mano derecha que le respondía ciegamente. Era negro. Peruano, de color. Le decían Rufino. Pagaba las cuentas y distribuía la mercadería en La Boca, Constitución, el Centro y Barracas.

El testigo dijo que Teodoro y Niki Lauda eran los proveedores de Marlon. Le vendían la mercadería para que él se ocupara luego de papelear. Todo lo que contó el buchón coincidía con lo que nosotros teníamos de las escuchas telefónicas. Incluso ya entonces hubo problemas entre ellos porque en determinado momento Teodoro se quedó sin stock. Marlon le reclamó porque les entregaba la droga a otros y lo dejaba sin nada a él. Por ambos lados nos quedaba claro que hacían de todo. O traían cargamentos de mucha cantidad, o usaban mulas para pasarla de a poco en avión. El arrepentido estuvo adentro: vio treinta kilos de cocaína recién llegada disimulada en latas de atún, champú y troncos de adorno. Las mulas se manejaban con los dobles fondos de las maletas y los zapatos con doble taco, un método que había inventado Teodoro.

Marlon intentaba buscar otros proveedores porque veía que no podía confiar en Teodoro. Se puso cada vez más paranoico. Creía que debía desconfiar de todas las líneas, incluso de las de mayor confianza. Si habían traicionado a Julio Valdivia, los soldados que lo ayudaron en la masacre podrían ponerse al servicio de otro cualquier día de estos. En definitiva eran sicarios, mercenarios, gente a sueldo. Además, nunca le había gustado cómo lo miraba ese tal Jerry. Escuchó de sus muchachos que la mujer, Alcira, lo tenía amenazado con que si no dejaba de ser su perro lo abandonaría. Y el muy imbécil se había dejado presionar. Si lo hacía no era por idiota, era porque en cualquier momento venía por él. Le bajó el pulgar y mandó a ponerlo. Lo hicieron a la hora de la siesta, en una esquina de la avenida Bonavena. Al mismo tiempo comenzó a sospechar de Rufino. La confianza que había asumido en la organización lo hacía alguien que fácilmente podría tentarse con el poder. El testigo le dijo a la jueza que Marlon buscó cómo protegerse cada vez más y consiguió arreglar con la Brigada de la comisaría de su zona. Declaró que les pagaba cinco mil dólares por mes para que nadie lo jodiera. Si por esas casualidades uno de sus muchachos perdía a pesar de todo, lo sacaba luego con un arreglo aparte, según el puesto que ocupaba el detenido en su organización, y según el parentesco que tenía con él. Un sobrino de sangre, por ejemplo, era más caro.

El testigo dijo también que Marlon tenía tanto miedo de que le pasara lo mismo que a Chaparro, que se llenó de armas. Se las compraba a un teniente coronel retirado del Ejército. Eran cajas del Ejército. Había ametralladoras PAM y MINI UZI, UZIS, fusiles FAL, chalecos antibalas, itakas de siete tiros, pistolas calibre 45. Yo resumo para que no te confundas. Porque él habló hasta por los codos. Como no lo podíamos nombrar por su identidad verdadera, le pusimos el Loro. Lo metido que estaba en el asunto y el resentimiento con el que embarraba a Marlon y Teodoro nos llevaban a pensar en alguien que había tenido un muerto en manos de éstos. ¿Un familiar de los Chaparro? ¿Chaparrito? ¿Su hija Magalí Chaparro? ¿Uno de los paraguayos? Porque en la misma fecha que el testigo secreto habló, hablaron algunos de los vendedores de marihuana de Villa del Señor. Temblaba de miedo y sollozaba al contar cómo "los chicos malos" mandaron a torturar a un hombre con ácido muriático. Los polis peruanos de antiterrorismo, cuando se enteraron, nos dijeron que para ellos eso no era novedad. El comisario Manco Barranco, el que los siguió a ellos en su tierra, nos dijo que ésa fue una de las maneras usadas por los soldados de Sendero Luminoso en la guerra, para herir y producir terror. La persona a la que le tiraron ácido terminó muriendo tres días después del ataque. Es uno de los métodos de los que escuchó hablar en Villa del Señor. Por eso creo que todavía tiene miedo. Se imagina que lo descubren. Conoce el código del enemigo.

Cuando tuvimos más o menos todas estas pruebas que ahora le cuento, recibimos la orden de detenerlos. A Niki Lauda me lo acuerdo porque cuando uno lleva mucho tiempo detrás de una presa se la aprende hasta en los gestos más pequeños. Lo habíamos tenido al alcance de la mira muchas veces, pero nunca habíamos estado habilitados a tirárnosle encima. Al ser detectado estaba en cuclillas, como un campesino junto a un árbol, pero en la puerta de un rancho de la manzana "H", tomando una sopa de maní caliente. Hacía frío. Nos tiramos sobre él como si fuera un ternerito. Lo levantamos en el aire; no pesaba nada. Lo subimos con las manos atrás en la parte trasera de la camioneta. Recién a las seis cuadras, fuera de Villa del Señor, paramos. Escribí el acta de detención sobre el capó y obligamos a dos bolivianos que pasaban a firmar como testigos del procedimiento. Eran las siete de la tarde. Ya se había hecho de noche.

Al otro día encontramos a su hermano, Teodoro. Iba en la *scooter* negra y amarilla. Le cruzamos el auto en medio de la calle y frenó. Iba desarmado. Solo. Parecía recién bañado y estaba vestido como para salir. Pantalón corderoy claro, zapatos marrones y una campera de cuero negra. Cuando le quisimos preguntar algo, se nos rió en la cara, de costado. Tiene una risa que da miedo, aunque es muy chiquito, parece más grande. "Sí, en la villa se vende droga, y debe haber armas, como en cualquier villa", me dijo, y se metió al patrullero con las manos esposadas en la espalda.

CAPÍTULO IX

Cuando caí presa, quedé más sola que una viuda malvada. Hasta que nació Gabriel, tan chiquito. Me quedé adentro, entre todas esas mujeres con sus hijos, en un pabellón que ardía de calor en el verano y se congelaba en invierno. Yo, sola, con mi hijo. La soledad de adentro no se mide por las que se puedan acercar a vos, por la ranchada, sino que se mide por lo de afuera. Y afuera yo estaba más sola que cuando me fui de mi casa a los catorce años, nadie protegía lo mío. ¡Como si no me hubiera costado! Es así, una de las leyes malditas de mi negocio: todo lo que ganás como transa se desvanece en el aire. Es como si Dios se encargara de desarmarte con sus propias manos el castillo de naipes. Tarde o temprano, con un roce de su dedo largo, queda demostrado que eso que supuestamente te hacía feliz, el dinero que ganabas, no valía nada. La casa. El auto. La moto. El fin de semana en Mar del Plata. Nada. Empezás a sentirte vacía en una cárcel demasiado llena. Si sos transa es peor. Te tenés que estar cuidando de que alguna que se cree muy chorra quiera hacerse cartel jodiéndote la vida a vos. Es mirar día y noche con desconfianza, no poder relajarte nunca. Cuando el nene creció, recién entonces Jerry me hizo llegar comida y ropa. De vez en cuando lo mandaba a Ángel, que venía con los bártulos, porque en algunos periodos él, Jerry, se la pasaba también preso. Fueron casi cuatro años en total, así que muchas cosas las aprendí ahí adentro. Por ejemplo, a hacer repostería. Soy buena repostera. A veces los inquilinos de mi conventillo me encargan tortas para los cumpleaños. Es una moneda más que entra y quedo como una señora de su casa.

Reconozco que a veces llegaban los regalos de Jerry y yo me ponía contenta. Pero al mismo tiempo todo iba a parar al rincón de la rabia. Su dejadez y sus vicios me rebelaban. Nunca lo pude entender. Solía soñarlo cubierto de tierra, como una visión de lo que podía pasar en cualquier momento. A veces, cuando intentaba dormirme con mi chiquito entre los pechos para que recibiera mi calor, su cara se me formaba con las marcas que había en la pared. Todas las que pasaban por ahí dejaban anotaciones, poemas, puteadas, amenazas y dibujos horribles que pretendían ser bonitos. Entre todo ese caos de figuras a mí se me aparecía la cara de Jerry, con esos pómulos puntiagudos y esa nariz aguileña. Los ojos, de repente, se me hacían vivos, me acicateaban moviendo las cejas arriba y abajo, y me daba miedo. Pensaba: estoy loca. Entrada la noche, cuando las otras mujeres se habían ya dormido y sólo alguna lloriqueaba en el fondo, cuando los chicos ya habían callado todos los berrinches, me venían las preguntas. Una detrás de otra, como caballos que se te acercan al galope en el campo. Una de todas esas dudas me vuelve de tanto en tanto. ¿Por qué no pensó en el bienestar de su prole? Con la excusa de que él no se ensuciaba las manos por ese dinero manchado de droga, no se ocupó de ninguno de mis asuntos. Mucho menos de sus hijos.

La casa quedó vacía, desamparada. Nadie se volvió a preocupar por esa propiedad que tanto nos había costado. Los vecinos vieron el allanamiento de la Federal y se pasaron un par de semanas vigilando si alguien se preocupaba por lo que había quedado. Dicen que fueron los ratis los que salieron con los televisores y todo lo electrónico. Claro que, como nunca vieron a un familiar, se aprovecharon de la situación. La saquearon. Se robaron hasta los juguetes de los chicos. Después los del juzgado la confiscaron.

Al auto dicen que se lo vieron a la Brigada. Uno en el narcotráfico a veces trabaja para ellos. O para el menos pensado, porque por ejemplo, a la mercadería que yo había acopiado, se la quedó Sandro, mi hermano. En eso yo había invertido todos mis ahorros, el futuro de mis hijos. Jerry podría haber hecho algo para recuperar esos kilos. Él lo conocía bien a mi hermano, sabía el tipo de rata que era, y podría haberle cobrado a su manera. No quiso. Lo dejó que administrara lo mío a su gusto. Se suponía que de esa plata iba a vivir mi nene, que estaba con mi mamá, en la provincia. Jerry se quedó con su idea de que era más macho si robaba que si traficaba. De un solo cañazo era capaz de reventarle la cabeza a Sandro. En definitiva Sandro era una cagadita, un enano que no sabía defenderse. Toda la vida mi madre le había pegado, como a mí, y sólo borracho se podía hacer el valiente. Si Jerry quería lo mataba, o lo hacía desaparecer. Pero no encontró, el muy señor, un motivo suficiente para hacerlo. ¡Sus hijos no fueron un motivo suficiente! ¡Su mujer no lo fue! Siendo peruano, digo yo, ¿quién le metió esa idea adentro de la cabeza? Se hacía el ladrón profesional pero yo sabía que era perro. Y lo peor de todo, era perro de Marlon.

Mientras a mí me volteaban, en la villa los capos peruanos se estaban dando entre ellos y Jerry era uno de los soldados mejor entrenados para matar. El muy infeliz defendía los intereses de los grandes, pero no soportaba que su mujer perteneciera a ese mundo. Esa parte de él me llenaba de rabia y de impotencia. Por su machismo, por su estupidez, yo estaba sola. Por suerte tenía abogado, un tipo famoso. Le pagaba con la plata que me guardaba mi madre, en dólares. Hasta eso había pensado. Yo no era cualquiera, no era una recién llegada. El juez que manejaba mi caso le dijo que sí a un pedido de mi abogado. Me dió las salidas transitorias, o sea: cada quince días, doce horas afuera. Y de a poco unas horas más. Hasta que ya era todo el fin de semana. De pronto, cuando ya creías que no habría más oportunidad, te encontrás con que tenés otra vez las mismas chances: la calle, el barrio o la provincia. Yo elegía. En la calle estaba el negocio. En el barrio, la droga y mi macho. En la provincia, mi madre con mis hijos. Claro que prefería a mis hijos, así que soportaba la provincia, la casa materna, el maltrato. No tenía otra.

*

El polvo se levantaba como soplado desde el centro de la tierra. Se sentía el peso caliente de enero en la nube que rodeaba la cárcel. Pompeyo, el padre de Alcira, apretaba los ojos desde el colectivo que lo acercaba al penal de mujeres, tratando de distinguir lo que imaginaba como uno de esos fuertes medievales en los que las doncellas están rodeadas de un foso lleno de alimañas. A un lado y otro el campo argentino en pleno reverdecer, y un barrio recién comenzado, hecho de ranchos, con las chapas brillantes de la toma reciente.

Apenas se deja atrás la autopista que lleva al aeropuerto internacional un cartel verde anuncia la proximidad de un hospital bonaerense que tiene una población particular: a su sala de terapia intensiva son trasladadas todas las personas que fueron descubiertas intentando subir a un avión con el estómago cargado de cápsulas de droga. Cuando las descubren, las mulas son transportadas en camionetas de la Policía Aeroporturaria hasta la sala de terapia intensiva. Tomar cápsulas de látex rellenas de clorhidrato de cocaína es peligroso. Si una de ellas estalla, si el material cede a los jugos gástricos y deja filtrar el contenido de los dedales, la muerte es casi segura. Para salvarles la vida y luego encerrarlas en alguna de las dos cárceles que siguen en el camino, a menos de diez minutos del hospital, en la misma ruta, a las mulas se las obliga a defecar. De eso se trata, de un baño de alta complejidad en el que los correos humanos se ven custodiados por gendarmes o policías, esposados a una cama, compelidos a ir de cuerpo para dejar atrás la prueba y su principal posibilidad de morir por una filtración que podría causarles un paro cardiorrespiratorio por sobredosis de alcaloide. Los peruanos les tienen reservado el mejor de los nombres a los eslabones más débiles de la cadena del narcotráfico: *burriers*, la mezcla entre burros y *courrier*.

Los médicos del lugar son tan expertos en este tipo particular de riesgo que, en dos oportunidades, han conseguido operar y sacar con vida a un hombre y una mujer a los que un dedal de coca les había estallado en el estómago y en el intestino. En los dos casos, después de un mes de recuperación, los presos tuvieron que trasladarse. Ella quedó en al Unidad 3. Él fue directo a la Unidad 1.

Pompeyo, el padre de Alcira, se pasó de largo y fue a dar a la unidad más grande, donde más de mil setecientos hombres pagan condenas por narcotráfico. Su hija estaba un kilómetro antes, en un lugar que, visto de afuera, parece una de esas ciudades surgidas de la nada al lado de represas hidroeléctricas, yacimientos o minas. Son proyectos a los que la uniformidad de los edificios, la pintura de los mismos colores amarillo y verde, los hacen parecer regimientos en el desierto.

Pompeyo deshizo el camino por la calle de asfalto apretándose la campera de nailon corta, con las manos metidas en los bolsillos. Cuando le quedaban unos cien metros para la entrada de la cárcel, casi lo atropella un celular que llegaba con chicas nuevas. Lo saludaron con silbidos. Una le gritó: "¡Papito, sos el último que veo! ¡Te la doy toda!". Pero el padre de Alcira era un hombre que despreciaba el apetito sexual desmedido porque así se lo había enseñado la religión evangélica que profesaba. Los días en que el vicio lo podía y no paraba de tomar, le daba unas palizas temibles a

Francisca, la mamá de Alcira. A veces también cobraban las hijas. Ese hombre se había hecho famoso en varias cuadras a la redonda. Lo respetaban por malo. Pero con ella había sido menos malo que con las otras. Eso es cierto. Alcira nunca dejó de quererlo.

Pompeyo llegó a la ventanilla de la entrada, que es como la de cualquier country. Había sido vigilador de un barrio privado de Lomas de Zamora. Se acordó de ese trabajo que tuvo y trató de que todo le pareciera normal, de no amargarse. En definitiva, Alcira quedaría en libertad, era para alegrarse. La hizo llamar como si se tratara de la recepción de un hotel. Ella salió de la última puerta de metal con el pelo recién lavado, todavía húmedo, y la cara seria. Se acerco a él. Le dió un beso desabrido en la mejilla y sin hablarle fue derecho hacia el camino de cemento. Habían hecho dos cuadras hacia el puente que los cruzaría de un lado al otro de la autopista cuando Alcira habló.

—¿Qué sabe de mis cosas?

—Dice su madre que tiene que hablar con su abogado. Dijo que lo llame. Que mañana la espera para decirle.

—No me joda, ¡usted sabe!

Pompeyo se hizo un poco más pequeño. Achicó los hombros, y carraspeó.

—No sé cómo te va a caer, hija. Pero es mejor que sepas la verdad ahora para que sepas a qué atenerte.

—¿Qué es lo que me tiene que decir?

—Perdiste toda tu casa; tu marido, no sé por qué, no movió un dedo. Cuando el abogado se metió, ya era tarde.

*

A mí me dió un ataque de nervios. Nunca sentí algo peor en la vida. Ni con la muerte de mis seres queridos, con nada he sentido ese dolor. Lloraba como cuando me violaron, como cuando me pegaba mi vieja: no sé cómo explicar el llanto que tenía. Mi papá no atinaba a nada, pobre. Sólo me miraba y movía la cabeza. No reaccionó. En el fondo de mí pensaba, "por qué ni siquiera atina a darme un abrazo". Pero él era un hombre bruto, un hombre del campo que conoció a mi mamá en una de esas fiestas bolivianas en las que se emborrachan tres días. Era la celebración del Tata Bombori, como ocho horas al norte de Potosí. A mi papá lo llevaba su madre para curarle una pulmonía que no lo dejaba vivir.

—Llevame, quiero ir a ver, no puede ser —le pedí a mi papá—. ¡Quiero ver si es verdad!

Esa primera vez tenía apenas doce horas para ir a ver a los chicos, pero no me aguanté. Me fui a Capital, al barrio. Quedaban las marcas de las franjas que la policía puso cuando allanaron después de mi detención. Y un cartel horrible: REMATE.

Eso no fue llanto. Fue un arrebato de furia y rencor. Me puse a patear la puerta, me tiraba de los pelos, me quería arrancar la cabeza. Ese día lo maldije a Jerry, como a una rata, por su dejadez. Supe que no podría perdonarlo jamás. Todavía hoy me duele. No me gusta reconocerlo, pero es así. La traición con esas mujeres, con la sobrina del capo, dicen, y con la Rumbera, que era una puta barata. La traición al dejar mis cosas tiradas, la propiedad desperdiciada como si no valiera nada. Fue demasiado. Supe también que si era capaz de eso no podía terminar bien. Después de eso decidí que lo dejaba, que no quería estar más con un tipo así. En la siguiente salida fui a verlo.

—Jerry, son ocho meses de salidas transitorias, ¿cómo vamos a hacer? Todo es caro. No te quiero ver más. Matate. Hacé lo que quieras con tu vida, ¡pero no me jodas más! Me traés sólo desgracia. ¡Sos un desgraciado, Jerry!

—No me dejes, yo siempre voy a ser el padre de Gabriel —me dijo él.

Y yo, llena de rabia:

–¡Vos no sos el padre, hijo de puta! ¡No quiero saber más nada de vos! ¡Aunque tenga que volver a vender merca! Por tu culpa lo voy a hacer –le dije en esa pelea.

Empecé otra vez. De cero. Así es en este negocio, muchas veces quedás en cero para volver a comenzar. Es la ley del narco, o mejor dicho, del transa, que no es lo mismo que narco, porque narco es el que la hace con toda elegancia desde su escritorio, no como el que la lleva y la trae, como el que parte desde abajo como uno. Mi padre me daba el dinero contado para el pasaje entre Ezeiza y su casa. Era un viaje no tan largo en comparación con lo que les tocaba a mis compañeras de pabellón. Algunas no tenían dónde ir. Yo por lo menos podía parar en esa casa con patio, bajo la tiranía de mi madre, que al fin y al cabo se había quedado con Damián, que ya tenía conciencia de que su madre pagaba una condena por tráfico de drogas. Lo que más me angustiaba era el pedido de los chicos. Estaban mal vestidos. Damián empezaba la escuela y se le notaba el roto en las zapatillas. Jerry me dió doscientos pesos para la ropa de Gabriel, pero nada para Damián.

Lo pensé entre salida y salida. Solamente podía vender en el mismo penal, mi pabellón, y tenía que venderla cara. Así que busqué al único que no me iba a decir que no a una cuenta corriente: mi hermano, el traidor, el que se quedó con lo mío. El otro hombre que me había dejado en la ruina. ¿Eran las reglas? Bueno, volvía a jugar. Le compré merca, la misma mercadería que me había sido robada. Entré empericada al penal. Se envaina la cocaína en nailon o en un preservativo y lo acomodás como un tampón. Las primeras tres salidas fueron de doce horas. Luego una salida cada quince días, pero de cuarenta y ocho horas. Pronto fui remediando con el negocio lo que el negocio me había significado. Ahora que lo pienso, ¡nunca dejé de vender! Hasta risa me da.

Menos mal que me decidí a vender en la cárcel porque si no, no sé cómo hubiera hecho el día que me dieron la libertad, cuando mi madre me entregó los chicos. Dijo que ella los podía cuidar mientras yo estaba detenida, pero una vez en libertad yo no era bienvenida en su casa por el delito que había cometido. ¡O sea que no le bastaba a la muy hija de puta con los cuatro años de encierro! Como en esos ocho meses entré cada vez unos diez gramos, y por gramo cobraba bien, tenía mis pequeños ahorros. Con eso llegué a Villa del Señor. Me presenté con los críos en la única casa en la que podía pedir ayuda, la de Angelito, el pibe que nos presentó a Jerry y a mí, uno de sus mejores amigos.

Jerry usó su amistad con Ángel para acercarse. La verdad es que nunca le volví a creer. Seguía choreando y siendo un perro de Marlon. A Marlon nunca lo quise, siempre me pareció un miserable. Él y toda su familia. Así que le pedía que dejara de ser su soldado si quería volver conmigo. A los meses cayó preso por un crimen. Lo acusaban de matar a Julio Valdivia. Había sido un crimen en la villa por la pelea por el control del gran mercado de la cocaína, o sea, el comercio local. Decían que Jerry había sido el matador. Él, mal que me pese, era un sicario. Era un *killer*. Era bueno en eso. Estuvo adentro por eso, con pocas pruebas. Durante su detención se enfermó de neumonía. No tuve más remedio que ir a verlo a la vieja cárcel de Caseros. Le llevé a Gabriel.

—Por favor, no me dejes morir —me dijo en la cama del hospital de la cárcel, esposado y todo entubado.

Se le caían los párpados porque tenía mucha fiebre.

—Miralo bien a tu hijo porque ésta es la última vez que lo vas a ver —le dije—. Ésta también es la última vez que me ves la cara a mí. No quiero saber más nada con vos, porque arruinaste nuestras vidas. No te importó nada. Sabías que yo estaba presa y embarazada y no peleaste por lo que iba a ser para tu propio hijo. Sos un miserable.

—No me hagas esto.

—Nada se compara con lo que me hiciste vos.

—¿Qué tengo que hacer para que me perdones? ¿Para que me ayudes y no me dejes tirado?

Apenas hablaba. Lo escuché con el corazón. Lo que yo quería era una vida nueva. Dejar de vender droga. Dejar de ser transa. Convertirme en una persona normal. Ser una laburante esforzada, una comerciante legal. Y que mi marido no sea un chorro que cae preso dos por tres. Que puede morir bajo las balas de la cana o de un gil que defiende su propiedad con todo derecho. Mucho menos ser la mujer de un sicario, del soldado de un jefe como Marlon. Mi pensamiento no era una locura, señor. Si te contratan para matar a uno, a dos, a tres: en algún momento ese que te paga para matar va a pensar que el próximo es él mismo, que no tiene alternativa: te tiene que eliminar. Es él o el matador. El matador nunca termina bien.

Ahora me arrepiento de todo eso. Yo no sabía que se curaría. Dispuesta a todo para que aceptara un nuevo pacto entre nosotros, le dije:

—Vamos a dejar todo, los dos. Vos dejás el robo y a Marlon. Yo dejo la droga. Nos ponemos un negocio, algo legal. Vendemos comida, por ejemplo.

Él aceptó. Yo lo ayudé. Le compré los antibióticos. Se curó.

Salió en libertad y cumplió con su palabra. Durante unos días fuimos como todo el mundo. Pusimos una cocina y vendíamos empanadas. Fue poco tiempo. Pero fueron días hermosos. Nunca más volví a sentirme así de libre.

*

Se instalaron en la casa de Ángel con lo poco que les había quedado. Eran cuatro cajas con ropa. Varias bolsas de consorcio con frazadas y sábanas. Los muebles que ella había dejado, recién comprados, habían desaparecido cuando cayó presa. Jerry los había abandonado en algunas de las piezas en las que vivió cada vez que salía de estar en la cárcel. No tenían camas. Se acomodaron en un colchón en el piso. Ángel detestaba que su amigo estuviera con Alcira. Durante los cuatro años que duró la detención, y por pedido de Jerry, él le había llevado comida a Ezeiza varias veces. Pero siempre lo había hecho contra su pensamiento: Ángel no podía creer que su amigo estuviera enamorado de esa negra como si fuera una modelo. ¡Qué loco es el amor!, pensaba. Cómo un tipo con ese coraje podía someterse a las imposiciones de una mujer con ese carácter podrido, capaz de humillarlo con los peores insultos. Ella no le perdonaba que hubiera dejado caer su negocio. Se vengaba de él con cada pequeño detalle. Cada vez que podía se lo recordaba. Lo torturaba. Todo esto pensaba Ángel, pero no le decía nada a ninguno de los dos.

Ángel tenía una pesadilla recurrente. Se dejaba llevar por un camino que terminaba en el centro de la villa, cerca de la canchita, donde lo esperaba el negro Atari. Le veía la mirada, le sentía el odio, y cuando creía que le clavaría un cuchillo entre las costillas, era Jerry el que lo estaba matando. Se despertaba con la cara de su amigo en la retina. Luego, cuando respiraba al sentirse en casa, tomaba conciencia de que Jerry dormía en la pieza de arriba, junto a Alcira. Para calmar la culpa de haberlo delatado ante la policía como el matador de Valdivia volvía siempre a una frase que Jerry le dijo aquella noche, en El baile del Paraíso: "Cuidate y salvate vos, porque si yo te la tengo que dar te la voy a dar". ¿Sería suficiente haberles dado refugio para que Jerry lo perdonara? Él simplemente les abrió la casa, que ya tenía una piecita en el segundo piso, para que pusieran la venta de empanadas y, por las dudas, se dormía con un arma bajo la cama.

Alcira y Jerry compraron un horno industrial. Él dejó los fierros en la casa de un amigo; se deshizo de lo que lo mantenía siempre en actividad. Ella no volvió a surtirse de droga. Se pusieron a cocinar. Jerry hacía las compras. La carne, en un frigorífico. La cebolla, en el Mercado Central. Alcira guarda de ese emprendimiento una extraordinaria capacidad para el comercio, no sólo de cocaína, pasta básica o marihuana, sino las claves de la compra mayorista de cualquier producto. El mercado central es para Alcira una segunda patria. Liniers, su segundo hogar. En sus recovecos puede conseguir zapatillas, pilas, pollo, telas, champú, velas, comida para perros, cuadernos escolares, pilas o linternas, gafas, pintura, madera, o carne de la mejor para esos asados pantagruélicos que ofrece en las grandes ocasiones. Eso lo aprendió de Jerry.

Ángel les brindó la casa, pero nunca estuvo de acuerdo con que su amigo dejara las "herramientas". Las armas los habían juntado, las armas los iban a separar. Nada bueno podía pasar si Jerry se convencía de un cambio tan autodestructivo, era regalárselo al enemigo, pensaba. Las mañas de esa mina no le iban a hacer bien. Jerry había juntado enemigos en todos los frentes a lo largo de su carrera de rufián. Apenas lo vieran indefenso, se iban a vengar.

Esa tarde Alcira había vuelto a sentirse como una niña. Sobre su cuerpo había recibido las caricias de Jerry, un hombre de manos firmes y proporcionadas que la empequeñecían. Junto a él, Alcira se considerable invulnerable. Le había llevado muchos años domar a ese macho y su afán por torcerle la voluntad de rufián la mantenía en un éxtasis parecido a lo que imaginaba como felicidad. Era su cumpleaños. Festejaban sus treinta. Lo hicieron con un asado al mediodía. A la siesta se tiraron todos en la cama grande, frente al televisor. Se llevaron el postre a la cama. Ella había elegido helado de frutillas a la crema. Cuando estaban por entrar en el sueño posterior a una bacanal, acurrucados entre frazadas, alguien tocó la puerta. Desde abajo un hombre dijo que lo necesitaban a Jerry, que lo buscaba un amigo.

Caminó por el pasillo sin mirar atrás ni a los costados. Casi no alcanzó a distinguir a los diez matadores que lo esperaban antes de que pusiera un pie en la avenida Bonavena. Lo bajaron sin que pudiera defenderse con veintiún balazos de todos los calibres. Ella y el hijo de Jerry, Gabriel, escucharon los tiros desde la cama. Alcira dió un grito que aturdió al niño. Bajaron las escaleras atropellándose. Alcira se adelantó corriendo y llegó a verlo cuando yacía sobre la vereda. La gente se agolpaba alrededor.

—¡Fue el hijo de puta de Marlon!

Dijo Alcira y se hincó para cerrarle los ojos al padre de su hijo.

Ángel llegó a la esquina detrás de ella. La vio tirada en el piso. Vio a su amigo. ¿Cómo supo Alcira quién había sido? ¿A quién se le ocurría dejar desarmado a un *killer*? ¿Cómo él los había dejado mentirse a sí mismos de esa manera?

—Ahí lo tenés —le dijo—. ¿Así lo querías?

*

El conventillo es un organismo vivo, como el narcotráfico. La sustancia de la economía popular está en esa convivencia hacinada entre migrantes que se prestan y se convidan, se venden y se compran, en un incesante juego de valores. La casa de Alcira, con su pasillo central y su portón de hierro, con sus perros bravos, al mismo tiempo que se levantaba como una fortaleza, era un lugar abierto a los nuevos habitantes. El cambio de inquilinos y, por lo tanto, de empleados eventuales, ha sido incesante durante los últimos cuatro años. Un sábado, en los preparativos de una fiesta, conocí al Pogo, un consumidor que había ubicado a Alcira después de muchos años. El pibe era el contacto que ella había tenido después de la muerte de Jerry con clientes del mundo del rock. El Pogo, como le decía ella —"más rockero que el pogo"—, era una mole de barba que parecía salida de *El Señor de los Anillos*. Lo que más me llamó la atención de él fue que la nombrara distinto a Alcira.

—Eva, ¿dónde pongo esto?

Le dijo. Alcira no era sólo Alcira. Y había sido muchas otras antes. Trini, Eva, Adriana, Karina, Perla eran apenas algunos de los nombres con los que había hecho llamar en el negocio. Eva fue quizás el más sofisticado de los personajes que montó para conseguir clientes. El fusilamiento de Jerry la había dejado sin fuerzas. La idea de continuar con el horno y las empanadas le resultaba casi un chiste. Esa fue la última lección que necesitó para asumir en ella misma el viejo mito: el transa muere transa. Sólo le quedaba apostar otra vez por el negocio. Huyó de la villa. Alquiló un departamento en Barrio Norte. Marcelo T. de Alvear y Esmeralda. Fue la época en que llegó a vendérsela a bailanteros y futbolistas famosos.

La tarde en que tirotearon a Jerry, el hijo mayor de Alcira, Damián, la acompañó a recuperar el cadáver de su padrastro a la morgue. Tenía doce años. A Damián le habían matado a su padre cuando era un bebé. No tenía ningún recuerdo de ese momento. La larga sucesión de disparos que lo sobresaltaron en la cama, el grito de su madre, el insulto a Marlon, le resultaron una rara repetición de algo que alguna vez ya había vivido. El dolor de la muerte de su padrastro era, de manera contundente, el de la muerte de su padre. El narcotráfico le había robado a los hombres que podían rescatarlo de la furiosa manera de querer de Alcira. De Jerry había mamado el discurso viejo de los ladrones que odian a los transas. Damián se imaginaba como un gran chorro, no como un transa. Ser transa, para ese niño que entraba en la adolescencia, era una vergüenza. La maldición del narco y el transa es que sus hijos se vuelven sus propios enemigos. El mecanismo comenzó a funcionar en Damián con el asesinato de Jerry: en el pasillo helado de la morgue judicial juró que nunca sería narco y que se vengaría. La muerte hereda muerte, se dijo.

Al comienzo, Damián no aparecía en el conventillo. Alcira sólo me dijo que no se hablaban hacía dos años, que lo había desterrado de su casa y que no quería volver a saber de él. Damián ya había embarazado a una novia en la provincia, cerca de la casa de su abuela, donde había vuelto a vivir. Tenía entonces dieciséis años. Había abandonado la escuela y trabajaba para el hermano de Alcira haciendo refacciones en casas del barrio. A Alcira le resultaba imperdonable que su hijo, huérfano desde tan chico, no asumiera la paternidad de ese bebé recién nacido. Le reprochaba su actitud. Había una lista infinita de motivos para apartar a su hijo; pero no alcanzaba para explicar semejante distancia. ¿Qué era lo que mantenía a Alcira alejada de su primogénito? ¿Qué había pasado tras la muerte de Jerry para que prefiriera sacárselo de encima y mandarlo otra vez a la provincia?

Se había cansado de sus reclamos y de sus chicanas. Que era una transa y nunca se lo iba a perdonar. Que lo había dejado solo cuatro años por ir presa. Que por eso le tenía que comprar esas zapatillas Adidas que había visto en una publicidad. Ella se defendía golpeándolo, haciéndolo callar de un sopapo que le hacía saltar los mocos. O le apretaba la boca para no dejarlo hablar. Era peor. Cuando él volvía a atacar con los chantajes y le juraba que sería tan ladrón como Jerry para que ella no tuviera que gastar su dinero sucio en él, ella se justificaba: "Podría haber sido puta, trola como tu tía, pero me mantuve en una sola cosa. Nunca les hice pasar hambre, todo lo que les pude dar se lo di".

Damián pasaba buena parte de su tiempo mirando televisión en el monoambiente de Marcelo T., mientras ella, como Eva, se paseaba por la ciudad en un auto barato que había comprado, un 147. En ese coche iba a buscar mercadería a la provincia la noche en que una moto y dos autos la rodearon en la ruta 3 haciéndole señas de luces. Pensó que era la policía y se sintió a salvo al pensar que no llevaba cocaína encima; ni siquiera un arma. Paró en la banquina. Desde la moto vio brillar una pistola que la apuntó en la cabeza. De los autos bajaron dos tipos; la sacaron del coche como si fuera una muñeca de trapo. Alcira creyó que la violarían. Su peor pesadilla se había desatado. Volvían a abusar de ella, como cuando era una niña. Ahora prefería morir. Que me maten y ya. Que me maten, Diosito mío, que me maten. San la Muerte llevame pero que no me cojan, te lo pido por favor, santito, por todas la ofrendas que te he hecho. Matame. No me violes. Los hombres no le dijeron nada; ni siquiera la insultaron. La bajaron en medio de un descampado. Le pusieron un trapo en la cabeza para que no viera. La hicieron arrodillar, y recién entonces le dijeron:

—Negra, no te acerques tanto a lo ajeno. Vas a morir por ambiciosa.

El arma fue cargada con ese ruido metálico y poderoso. Percibió el frío desplazamiento del percutor hacia atrás. Por fin, el chasquido del disparo.

La bala no salió. El falso fusilamiento era una advertencia. La dejaron tirada en el camino y volvió a la Capital en colectivo. La tenían en la mira. Eran dos competidores que la vieron crecer demasiado rápido, amenazar sus territorios. Podía quedarse con la clientela más importante de Barrio Norte y Palermo. Alcira tuvo que bajar la actividad durante dos semanas. Pero las deudas no la dejaron parar. Tenía que vender: debía pagar la mercadería que le habían dado a plazos. Damián y Gabriel estaban a su cargo. Hasta a doña Francisca, su madre, le debía dinero.

Volvió a vender y duplicó la apuesta. Contrató a dos laderos para que la ayudaran a repartir. Ella pasaba el tiempo encerrada en el departamento con Gabriel, que tenía cinco años. Ya casi no podía dejarlo al cuidado de Damián; la última vez lo había atado y lo había dejado encerrado mientras él se iba a la calle con el dinero de la comida. Se había vuelto custodia de sí misma. Tenía una pistola calibre 45 siempre cargada en el fondo del placard.

Semanas más tarde, después del secuestro, la puerta del departamento se abrió un día como si fuera de cartón. De una sola patada. Eran tres tipos con pasamontañas. Pensó que eran peruanos. Los mismos que se lo habían advertido secuestrándola. Ella también había visto a los enmascarados atacar a los Valdivia hacía unos seis años.

—¿Dónde está la merca? ¿Dónde está la plata, hija de puta? ¡Te vamos a matar a los pendejos si no entregás todo!

Encerraron a los chicos en el baño. En esos momentos de desespero, mientras el cuerpo se somete al vaivén de los golpes y las arrastradas, el cerebro parece abrir un archivo que funciona por su cuenta, donde se suceden las recriminaciones, los errores cometidos, las hipotéticas escenas de la vida futura, si se sale con ella del entuerto. A Alcira se le ocurrió pensar en cómo no se acostó con el fierro en la mano, por ejemplo. Cómo no ser hombre para duplicar la fuerza de sus brazos. Cómo estaba otra vez a expensas del enemigo. Cómo era que les estaba entregando los doscientos dólares de recaudación y los casi tres kilos que guardaba en un doble fondo de una maleta. Y también pensó lo peor: ¿quién había entregado la dirección de su escondite?

En el narcotráfico los comerciantes como Alcira no hacen ostentación de su crecimiento. Las transacciones se mantienen en secreto. Las inversiones, sobre todo en mercadería, tienen que pasar desapercibidas para la gilada. Esas buenas noticias sobre cada uno son más privadas que el acto más íntimo. Las buenas noticias que corren pueden ser un cumpleaños, un casamiento o un bautismo en el que se derrocha comida y trago, o como mucho la compra de una camioneta doble tracción. Jamás una compra de mercadería, una inversión importante. El narco no cotiza en bolsa. Encripta sus valores. Por eso las que corren por la vía rápida del rumor son las peores noticias, aquellas que muestran dónde acecha el peligro.

—Fue su hijo el que la mandó a mejicanear.

Alcira recibió el mensaje y, mareada, se tuvo que sentar.

—Ay, Dios, mamacita, Diosito mío no me hagas esto, te lo pido por favor, no me hagas odiar a mi propio hijo, estoy cansada, estoy que no doy más, no me aguanta el cuerpo para este dolor, no he sido tan mala como para que ahora tenga que soportar esto.

Cuando la sospecha se instala es como un virus que obliga, tarde o temprano, a blanquear la situación; empuja la verdad con un químico que la hace brotar de la piel, como al sudor. Alcira provocó la pelea con Damián por una estupidez: se quedó hasta demasiado tarde con los pibes de la vía, la nueva guardia de ladrones del barrio. Cuando entró en el cuarto le cruzó la cara de una trompada. Los gritos casi no se entendían. Lo insultaba y lo empujaba contra la pared como a un enemigo feroz. El chico se la sacó de encima con un manotazo.

—¡Basta! Yo te lo mandé a hacer. Vos querías eso.

Le dijo, y se alejó corriendo por el pasillo.

CAPÍTULO X

Olray llegó al conventillo de Alcira con un bolso Samsonite que a ella le llamó la atención. A pesar de que lo vio desgreñado, tan flaco que parecía enfermo, o quizás por eso mismo, no dudó en fiarle el primer mes de alquiler. Era su primer arrendatario y sería también un digno valet de la reina. Alcira siempre tuvo a su lado a un colaborador estrecho, amigo, compinche y leal servidor que, casi como si se tratara de una condición establecida, era gay.

–¡No sé por qué pero toda la vida he tenido cerca un puto! –dijo antes de presentar al rubio de rulos, que ya era su mano derecha.

Hasta entonces Alcira sólo había podido levantar una pieza de material. Las otras dos eran de madera y chapa. En la de ladrillo hueco vívían Alcira, Denis y los tres más chicos, Gabriel, Juan y Martita. En el más pequeño de los ranchos tenía su camerino Olray. Frente a la cama, un espejo biselado con una punta rota que usaba para acicalarse como una estrella antes de salir al supermercado. Al fondo estaba el baño: una letrina bien baldeada con lavandina por la mañana y por la tarde; los caños de plástico al aire, atados con cables; un lavatorio que pendía de dos alambres; un inodoro trizado al que se vaciaba con un balde improvisado en una lata de pintura recién gastada. El progreso de Alcira se podría medir en las mejoras hechas en esa estructura al comienzo precaria, y en la asistencia con la que contaría para ese ascenso. Porque Olray inauguró entonces una época de crecimiento imparable.

Olray y su aporte mensual de alquiler. Olray y su refinamiento de clase exhibido entre sus mohínes de loca. Olray y su conocimiento de la calle, de los adictos a la pasta base y la cocaína de un barrio en el que, por suerte, los *dealers* habían caído en una redada hacía poco, dejando la cancha libre para nuevos jugadores, como Alcira. Y Denis. Aunque al principio yo no tuve acceso a Denis, o quizás nunca llegué a tenerlo. Al hombre de la casa, al que podría poner el cuerpo ante un cliente atrevido, porque de eso está lleno el mundo, de zarpados que se creen con derecho a pasar por encima al transa, en el pico de su descontrol. Olray a diestra, Denis a siniestra. Alcira comenzaba una nueva etapa con aprendizaje asumido, y flanqueada por la fuerza y la sagacidad.

Los pasos de Olray se escuchaban en el pasillo día y noche. Los daba más o menos sigilosamente, según el fin de sus procederes. De día, en general, dispuesto para lo que Alcira necesitara. Claro que no llegaba a bañar a los chicos. O a cocinar, por ejemplo. Siempre había sido un consentido. No tenía por qué interesarse en esos menesteres de ama de casa. Su condición de valet de la reina no lo obligaba a esas prácticas cercanas al muleo, al gato carcelario que debe sobrevivir como un esclavo del poronga. De ninguna manera, señora. El "señora" con el que mencionaba a Alcira no era el de mucama salteña. No era el de las peruanas que se ofrecían cama adentro en Barrio Norte para no convertirse en transas, como Alcira, susurraba cuando la dueña no lo escuchaba. Porque si llegaba a oírlo, a entender esas morisquetas que hacía para incluir al cronista en la crítica de mosquita muerta a la que jugaba, los palmetazos en el lomo le lloverían. Se querían. Se habían querido rápido. Pero eso no significaba que Alcira no fuera dura.

"Olray" fue el bautismo maléfico de Alcira ante su costumbre de reivindicar un supuesto pasado televisivo. En todo tipo de conversación, a toda hora, Olray asentía a la voz de "¡correcto!". "¡Correcto!" era la muletilla más usada por Susana Giménez al apuntar el acierto a sus participantes. Y para sofisticar el acto, lanzaba: "¡All Right!". Ese gesto fue el que se le terminó volviendo nombre. Alcira le festejaba. A las pocas semanas de estar en el inquilinato se podía escuchar desde el otro lado del pasillo, unos treinta metros de reguetón y bailanta, telenovela y *reality*, con la nitidez que sólo el hábito le daba al grito: "¡Olrrraaaaaaaayyyyyy! ¡Vení para acá, putooooooo!". Y entonces, como si se movilizara sobre patines por la irregular sucesión de baldosas y alisados, Olray se asomaba tras la cortina de la cocina, con los ojos azules y los rulos recién acomodados con crema de peinar Sedal, la voz educada y el cuello estirado:

—¿Señoraaaa?

Olray fue, en el mundo privado de Alcira, contemporáneo de una fauna diversa que hacía que la vida se hiciera más llevadera en ese proceso en marcha que era la casa chorizo. Olray convivió durante más de un año con algunos rumbosos asistentes de Alcira, otros "Alciros", decía él. Así como a Olray le puso el apodo ella, también lo hizo con los demás. Casi siempre salía de un juego de palabras y una combinación de sílabas con ritmo: una burla que ofendía con tanta astucia que después de algunas quejas prevalecía y solía volverse el nombre del nuevo inquilino, empleado o amigo de la casa. La Yubayá, por ejemplo. Era la versión cotidiana y transa de la *mai* umbanda: una mujerona de veintinueve años que se llamaba Fabiana.

Yubayá era un juego de palabras que venía de "*mai* Oxún". Alcira había sido iniciada por ella, pero tenían una relación ambigua y tensionada a pesar de que la gorda le prestaba los servicios de una bruja con guardia las veinticuatro horas. Las necesidades de Alcira eran, a veces, urgentes. Ante la mínima sospecha de que la policía estaba rondando su casa o sus clientes, ella visitaba el templo casero que la Yubayá había montado con su madre en un pequeño departamento, al fondo de un pasillo de la planta baja, en Lanús Oeste. Algunos decían que el "Yubayá", en realidad, se lo había puesto Denis; la odiaba porque en las cartas que tiraba la *mai*, y en sus rogatorios, él salía perdiendo. Ella, por las dudas, le chantó "Cipilindro", que es el nombre del fiolo que acompaña en la vida a la Pompashira, la figura de la prostituta en el universo umbanda.

Hubo una época en que se reunían con otros umbandas en dos templos de la Capital. Fabiana era hija de santo de un *pai* importante. Las celebraciones en el templo de sus orígenes eran un derroche de elegancia africana en las prendas blancas bordadas en color oro. Hijos de Oxún, la ceremonia es fascinante: una ronda de danzarines que al mecerse y girar van entrando en trance. Ella se movía con una agilidad que no parecía salir de ese cuerpo, al que de civil movía con dificultad. La Yubayá posesa por Oxún era un trombo huracanado con los ojos entreabiertos, en blanco. Con el retumbar de doce tambores en su punto más alto, la pollera fastuosa dibujaba círculos de viento en el salón. El rostro se le llenaba de pequeñas gotas de sudor y ella mantenía una expresión de goce en los labios.

Hubo noches en que Alcira y la Yubayá se aventuraron en el cementerio de Lanús. Alcira trepaba como una gata el muro de cemento para robar tierra fresca de sepultura. La *mai* la esperaba del otro lado, rezando conjuros. Pero la efectividad de la *mai* estaba en duda y Alcira cambiaba no sólo de amigos e inquilinos, sino también de práctica religiosa con un dinamismo pasmoso. Por eso un día la *mai* dejó de ser su *mai* de santo, la sacerdotisa que atraía la prosperidad, para ser sólo la Yubayá, una clienta a la que semanalmente le entregaba cuatro tizas de diez gramos para distribuir en Lanús Oeste.

Olray fue testigo de la llegada de los demás. Entre las que venían de viejas vidas de Alcira, reinaba la Chongonganga, Pilar, una lesbiana que parecía enamorada de Alcira y que la había acompañado en las peores: era una de las pocas visitas que recibía en la cárcel. Desde siempre había estado en el negocio y durante largo tiempo hizo el pasamanos entre el proveedor de la villa y Alcira. La Chongonganga también fue de las que se boxeó con Denis en una noche de tragos. Junto a su pieza se instaló una rubia polaca y escuálida, de protuberante nariz aguileña, ojos celestes y dientes desencajados: la Flaca Escopeta. De una bondad cercana a la beatitud, la Flaca se volvió una protegida de Alcira porque la conmovió con su ristra de hijos. Había quedado en la calle después de dejar a un marido golpeador, al que nunca volvió a ver. Alcira no sólo le dió la pieza sino que la ayudó a tramitar todos los subsidios posibles por su condición de madre sola, jefa de hogar y familia numerosa. Los chicos eran tres niñas que parecían salidas de un colegio inglés, y un varón al que le decían Pantriste. En el conventillo de Alcira habían encontrado una estabilidad que los volvía más seguros.

Con la ayuda de la Flaca y de la Cachumbambé, una mulata limeña, Alcira montó su primer restaurante en la entrada del inquilinato. Desarmó la pieza que había y con esas maderas y chapa construyó en el fondo. Con un toldo y cuatro mesitas con sus sillas, montó Delivery's Martita. En un *ciber* le hicieron un cartelito con letras negras: *MENÚ*: arroz con pollo, arroz chaufa, tallarines con tuco, salchipapas. Al tiempo que vendía a los parroquianos reunidos en el saloncito, mandaba pedidos a cuatro cuadras a la redonda. En una esquina montó un televisor en el que los videos nunca se repetían: eran cientos de clips de grupos bolivianos en los que los músicos danzaban las artes más antiguas de los Andes. Es un pop folclórico, un trance lisérgico y ancestral. La Cachumbambé tenía una hija a la que todos le decían la Cachumbambecita. A veces desaparecía y le dejaba la nena a la madre, porque se colgaba con la pasta base y olvidaba hasta lo más querido. Llegó a inventar que la habían secuestrado unos transas por una movida con merca; la acusaban de ser cómplice de una mejicaneada. Alcira nunca le creyó.

Olray convivía con ellas y sostenía una mirada compasiva que lo mantenía, al menos en su propio juicio, alejado del montón de desgracias y derrumbes. Él, pensaba, se distinguía porque en él había escena. Él, que conocía las mieles de la burguesía, era el único que podía interpretar el deseo último de la patrona. Él era el que le recordaba que ella también había llegado a Barrio Norte hasta que le jodieron el departamento de Marcelo T. por culpa de Damián. La confianza que tenían permitía que Alcira, además de ser la *dealer* de Olray, le regulara las recaídas en la pasta base. A varios de los otros los sometía al mismo régimen: consumir, pero no a morir, recitaba. Medido, como todo debe ser, decía. A la Cachumbambé la controlaba con la merca. Pero la morena se desataba en giras cuando se enganchaba con la pipeta loca, como le decía a la forma de fumar la pasta base.

—A estas putas les gusta más la verga que criar a sus hijos. ¡Pedazo de trolas!

Los afectos del inquilinato eran, como suele ser, contratos complejos entre sobrevivientes: tenían una letra grande que daba y una letra chica que quitaba. Así funciona el mundo, explica Alcira. Me das y te doy, me cumplís y te cumplo. Los narcotraficantes y los transas suelen dividir el mundo en categorías tajantes. Es una estrategia discursiva que muestra la destreza para manejar tropas: la red narco es transnacional, pero vive en la cotidianeidad, donde la sujeción de los más débiles de la cadena —millones de personas en todo el mundo— es lo fundamental para asegurar la sobrevivencia del sistema. Células familiares. Células vitales, extremas.

—¡Olrraaaaaaaaaay!

*

Te hablo con la voz de la trastienda, con la voz del susurro detrás de cámaras, con la del camerino fulgurante de luces y las maquilladoras sobre el rostro, de chisme en comentario, de comentario en chisme, en el tono confesional de los entretelones. Te hablo porque se me canta. Así no me digan por mi nombre y todo el día escuche el bendito ¡Olrraaaaay! de Alcira, te cuento que me siento una reina aunque veas que desaparezco. Me siento una reina porque en definitiva nadie me ha dicho lo que yo debía ser o hacer, sino que he elegido como lo ha hecho muy poca gente en su puta vida. Imaginate, podría estar como muchas locas en el escenario, o compitiendo todavía a mi edad por un papelucho en una de esas revistas en las que los bailarines son mas viejos que la vedette, ¡que ya es viejísima! O podría vivir cuidando a mis padres, gente muy conservadora, más bien milica, con la obligación de contarles las pastillas, llevarlos a los médicos, traerlos de los exámenes, soportar las salas de espera de los especialistas, que me han dado siempre unas terribles ganas de vomitar.

Imaginate que si yo no me quise cuidar, ¡qué voy a cuidar a esos ancianos! Pobrecitos, en su fanatismo para odiar, odian al único hijo que Dios les ha dado. No deberían haberme tenido, pienso yo, porque más dolores no pude traerles. El dolor de asumirme frente a semejante paredón, que es el coronel que me engendró, porque tengo genes milicos, digo: mi padre es un coronel del Ejército argentino. Un coronel retiradísimo, ya, pero sigue teniendo la fajina, las condecoraciones, los premios de la academia militar, la costumbre de ir a misa todos los domingos, de ver a los dos amigos que le quedan, que son milicos como él, y mirar las películas de la Segunda Guerra, que le apasionan. A mí también me gustan: es lo único en lo que me parezco a él. De chico me hacía la cabeza con los soldados, pero siempre con los de la resistencia, o con los americanos, siempre del lado de los buenos. Para malos, los he tenido en la vida real.

Alcira, por ejemplo, que si quiere ser mala es mala. Ella siempre lo sabe todo antes de que se lo digas. ¡Es bruja la señora! No es chiste, porque acá, desde que yo vine, ya hubo como tres ceremonias, una más rara que la otra. Además de la que vos viste esa noche de la umbanda, con la gorda esa a la que la patrona le tiene un sobrenombre. Yubayá, le dicen con el marido, con el Denis.

¡Ah, el Denis! ¡Qué hombre!, ¿no? ¡Y qué nombre! A mí me gustan los peruanos. El peruano es feo, dicen los porteños, pero yo creo que eso depende mucho de cómo lo mires. Por ejemplo Denis es un lindo chongo, claro que esto no se lo digo ni loca a Alcira porque ella, aunque parezca que no lo ama, yo creo que sí, que lo ama con locura, como ella hace todo, con locura. Te decía lo de los ritos de la bruja de Alcira. ¡Qué impresionante cómo ella cree en todo! ¡Cómo se cuida! Cómo, por las dudas, le prende una vela a cada santo. Nunca mejor usado el refrán. Ella en la entrada tiene un San la Muerte, un santo que una noche cuando lo sacó para atenderlo como si fuera una persona que está viva, me dejó ver de refilón. ¡Qué miedo! Es una calavera, o mejor dicho, es un esqueleto completo, con una capa negra. Ella, con su pobreza, vos sabés que lo quiere tanto, le profesa tanta devoción, que le ha mandado a hacer una guadaña de oro, igualita a la que se supone que usa la muerte para llevarte. ¡De oro puro! ¡Un lujo increíble, la muerte ésta! Para colmo debe ser mucha la fe, porque es algo que si yo no lo veo de costado, nadie se entera. O sea, no es una joya de oro que uno puede mostrar en una fiesta, en un cóctel, en una inauguración, en un evento como esos a los que a mí me invitaban cuando estaba en el mundo del espectáculo; no, acá se trata de un regalo secreto entre la bruja de Alcira, y su santito protector.

El tema es que por esa puerta, mientras ella mantenga contento a San la Muerte, ¡nunca jamás cruzará un policía! Ése es el pacto. Por eso ella lo cuida: le habla, le sirve vino y comida, como si la muerte estuviera viva. Se pasa una noche entera conversando con ella, con la muerte, como si estuviera loca. Pero claro, nada de locura, nada de enfermedad, como las que yo tengo; al final, mirá, creo que es pura sabiduría, porque le da resultado. Desde que yo estoy en este moridero, nunca un cana se atrevió a acercarse. Pasamos como una familia pobre pero honrada. Y yo, por el momento, vendría a ser el tío gay, el que le pone un poco de glamour a tanta miseria, ¿no?

Alcira tiene sus cosas. A mí lo que no me gusta es que les grite tanto a los chicos, los atormenta, pobres, y que me insulte a mí todo el tiempo. Hago como que no me importa porque pienso, es un mes más, el mes que viene me las tomo. No puedo estar acá toda la vida. Aunque los ranchos, dice, van a ir mejorando, y si me porto bien, me va a pasar a uno de ladrillos, con un techo que no se llueva y baño en suite. Es el nivel que yo alguna vez tuve. Porque no siempre fui un muerto en vida como me estás viendo. El virus me ha ido acabando, porque no me medico ni nada. Y fumar fumo pasta base como un escuerzo, me voy terminando a mí mismo con esta droga espantosa que te hace desearla peor que ninguna otra, peor que a la merca.

¿Te inyectaste alguna vez? ¿Sabés el efecto que tiene el pico de merca? Es alucinante. Empecé haciendo eso, cuando todavía trabajaba con Susana, en el último tiempo, y eso fue lo que me perdió; eso y un hombre, un chongo que la vendía, como Alcira, y que se enamoró de mí y de mi billetera. ¡Cómo es una! Si sos viciosa, la vida es peligrosa. A mí como que me fue comiendo el peligro. Del pico a la pasta hay un solo pasito. Al principio pensás: me hago menos daño si no me pincho. Claro que si me preguntás a mí, qué soy hoy en día, yo te digo que soy adicto al crack: lo que trato de fumar es la cocaína dada vuelta, o sea la merca calentada con bicarbonato, lo que fuman los negros de *New York*. Acá en Buenos Aires ahora todo el mundo habla del paco, de los adictos al paco. Eso no existe, no existe lo del residuo de las cocinas. En mi vida he visto una cocina, y eso que yo a las villas, y sobre todo a Sabaneta, me las camino, y tengo chongos que me dan un pase por un minuto de placer en todos los rincones. Si hubiera cocinas ahí adentro, yo, esta loca que desaparece lentamente, ya las hubiera visto.

Mi madre dice que el vicio me va a llevar a la muerte. Yo pienso que lo que te lleva a la muerte es el abandono. El abandono de tus padres, por ejemplo. Cuando le digo eso ella cree que lo hago para hacerla sufrir a ella y al milico de marido que tiene; pero no: ¡es cierto! ¡Lo creo! ¡Lo juro! Ella cree que el abandono es algo que uno hace consigo mismo, que uno se abandona. Yo le digo que eso es imposible, que si uno se abandona es porque fue demasiado abandonado anteriormente. A mí me han abandonado mucho, si no fuera por eso, no me habría dejado llegar hasta acá: sin joyas, sin ropas, sin muebles, sin televisor, sin música. A mí me gusta mucho la música. Antes tenía una colección de discos, sobre todo de música clásica; los había heredado de mi abuela, que era profesora de piano. Pero los vendí. He vendido todo. Sigo vendiendo. Me fui transformando de artista en comerciante. Muchos artistas han hecho lo mismo.

Por suerte soy rubio. Siendo rubio tenés la mitad de los problemas resueltos. Si sos morocho la vida se te hace más difícil. Y si vivís entre peruanos, si sos rubio y de ojos claros, es todo más fácil todavía, porque es como que les engalanás la mesa con tus rubíes celestes. A veces pido prestado un pantalón más o menos, me baño, me perfumo, me peino, me pongo un poco de maquillaje para no parecer tan blanco, tan pálido, y encaro al supermercado con esta cara que Diosito me ha dado, pestañeando como Nélida Lobato; y quién se va a pensar que me estoy llevando media góndola debajo de la camisola. Si me tengo que definir por oficio, hoy en día, diría mechera y viciosa. No he llegado al robo a mano armada, no tengo coraje para eso. Soy mechera, que es el menor de los delitos, el de las minitas. He aprendido a mirar un mercadito chino y en menos de un minuto darme cuenta de dónde están las cámaras, el ángulo en el que te filman, y ni hablar de evitar a los vigilantes.

Me muevo dentro de un súper como si fuera una pista de baile, como una gacela. Mis manos son como las de las sevillanas, vuelan en el aire; ahora vacías, ahora llenas; y ahora ¡adentro! Después vengo a casa, marcho hasta la cocina de la señora, y la señora se muere conmigo. Ya le tengo detectados los gustos. Y otros gustos se los voy creando yo misma. Por ejemplo, ahora ella sabe lo que es un buen aceite de oliva. O la crema que se acostumbró a usar para los párpados que se le cuartean con el frío cuando se levanta a la madrugada, en invierno, para ir al Mercado Central a traer la verdura y la fruta para todo el conventillo. A Alcira yo le voy haciendo los gustos, las necesidades: el confort a todos nos puede. Es para que me pague mejor mi mercadería con la mercadería de ella. Claro, si más y mejor le traigo, más y mejor me entrega, y entonces, peor de los peores me pongo. Como todo en la vida, lo que no te da vida te mata. Unas de cal, otras de arena. ¿Vos te drogás mucho?

*

¿Cómo vivir sin saber que mañana será día de ventas? ¿Saber abarajar la merma? ¿Vivir en lo incierto del mercado con orgullo de ser un sobreadaptado? ¿Experimentar la incertidumbre como un pulso natural y humano? ¿Comprender el momento en que el caldo no está para ponerle ají? Había días en los que no se registraba ningún movimiento en el conventillo. Los tres celulares dejaban de recibir llamados cada diez minutos. Denis descansaba: ya no tenía que decirles a los más insistentes que en media hora, que en una, que dentro de un rato les mandaría a alguien. El transa no tiene por qué cuidar la calidad de la atención a sus clientes. Cuando son adictos que le compran a diario, puede darse

213

el lujo de manejar los tiempos como quiera. Si alguna vez Alcira fue una *dealer* puntual, eso había sido hacía mucho, cuando era Eva, la de Barrio Norte.

Apenas Alcira avanzaba en metros cuadrados de superficie construidos dentro de su terreno, reinvertía lo que le daban los alquileres en mercadería. El progreso trae acumulación, y la acumulación, codicia. A los perdedores les genera envidia, y conciencia de la injusticia. Así que Olray, por más glamoroso e hijo de milicos que fuera, miró la nueva riqueza de Alcira con el celo del que se sabe capaz de cometer una pequeña felonía. Nada atajaba el ansia que le producía la maldita pasta. Por una gira de bazuco ponía en juego lo único que había logrado soportando los arrebatos de Alcira: su confianza.

De tanto entrar en la pieza había detectado el escondite en el que Alcira guardaba un pequeño joyerito forrado en terciopelo bordó. En él guardaba el oro que le regalaba Denis y lo poco que le había quedado de lo que le dejó Jerry. Los primeros aros de Martita. Un anillito de Juan. Las dos cadenas con una virgencita, un Señor de los Milagros que a Denis le había dado su madrina y algunas chucherías que los adictos habían reducido por droga. El joyero de una transa es un pequeño banco. El oro es moneda de cambio, inversión, una herencia fácil de administrar y repartir. Hasta a los abogados se les podía pagar con oro. Olray entró una noche, pasó más tiempo de la cuenta en la pieza y al día siguiente el joyero de la reina había volado. Volvió a los tres días y se encerró en su pieza. La patada que Alcira le dió a la puerta la hizo volar contra la cama de Olray, que dormía. Lo levantó a trompadas y de los pelos lo arrastró hasta la calle. La escena en que Alcira allanaba a uno de sus inquilinos para obligarlo a desalojar o para darle un ultimátum se volvió frecuente. El movimiento de personas y bienes era incesante.

Solía suceder que, tras esos ataques de topadora que le daban a Alcira, apenas el nuevo indeseable era expulsado del castillo, sobrevenía una paz extraña. Como un duelo en el que los asuntos volvían a ser orden y ley para todos y casi no salían grandes estridencias de las piezas, apenas los televisores en zapping permanente. Esos días, los días tranquilos, los días muertos, como Alcira misma los llamaba, se los podía ver a ella y a Denis relajados frente a la pantalla plana del 29 pulgadas, disputándose el control remoto. Denis tirado a lo largo del sillón de pino con almohadones a cuadros naranja, en pantalones de gimnasia. Los niños al llegar de la escuela tenían la leche preparada. Los gritos de Alcira solían estar apaciguados, como si no vender le produjera esporádicos ramalazos de tranquilidad. En esos días solía ponerse reflexiva y tomábamos mate con galletitas sentados en la mesa redonda de la cocina mientras, en el living, la casa seguía su rumbo familiar. Una vez, los niños ya se habían terminado un helado de mascarpone, cuando sonó el teléfono y Alcira no quiso que nadie lo atendiera. Pero el que llamaba discó dos veces más. Ojalá no sea una desgracia, pensó Alcira. Y contestó. Y al escuchar a la mujer que le habló del otro lado, su rostro se fue poniendo tenso hasta que le ganó la tristeza y la desesperación.

—Mataron a Olray.

—¿¡Qué!?

—Sí, mataron a Olray, pobrecito.

—¿Cómo?

—Dicen que lo tiraron en un container en el barrio.

—¿Quién?

—No sabemos, nadie sabe. Es que estos hijos de puta odian a los putos.

—¡Le dieron un tiro?

—No, dicen que tenía la panza abierta.

—¿Como una mula?

—No, abierta. Y que le habían cosido la boca.

El sinsentido puede vaciar la mente y apenas abrir las emociones ante la tragedia. Es un estupor desconocido, no el de la muerte en sí misma. No se trata de un sentimiento cristiano, ni tampoco el de un descubrimiento, sino todo lo contrario. Es como un estampido en el medio de la noche, un estampido de balas perdidas que suena cerca, muy próximas, invisibles, dejando en el aire el olor de la pólvora y el paso pifiado de la bala. En las semanas siguientes a la noticia, hubo que buscar a Olray, su sombra, su cadáver, algún rastro de realidad que cotejara la enloquecida versión que llegaba a Alcira. Entre las anotaciones de esos días puede leerse:

• El cuerpo de Olray no aparece. ¿Olray está desaparecido? No hay fiscalía donde sepan de su destino. ¿Realmente le cosieron la boca? Alcira insiste: "Sí, a mí me lo dijo una mujer que lo vio. Es así". Hablaba por teléfono con la voz de una niña dormida, pero como si estuviese deprimida, o en el medio de un llanto triste.

• En el barrio, Angelito lo niega. Lo llamé, dijo que se lo habían contado dos personas, pero que tenía que salir a corroborarlo. "Es mentira. Es un bolazo, hablé con un pibe que lo vio ayer, vivo. Dice que era él, que lo reconoció y lo gastó: ¿qué hacés, muerto vivo?, le dijo cuando lo vio".

• La delegada boliviana no pudo averiguar nada. Está en su casa, encerrada, porque recién regresó de Caracas. Viajó para la operación Milagro. Dice que no pudo conocer a Chávez, que estuvieron pared de por medio, ella y los otros cuarenta y dos que volaron a atenderse en el hospital venezolano. Pero nada, salió con los ojos maltrechos a preguntarles a los de la zona dónde dicen que lo tiraron, dentro de un container, pero nada. Nadie lo vio. Nadie habla de ese cuerpo tajeado.

• El cura dice que no, que él suele andar por la zona de ese container, y nada, no vio ni escuchó hablar de ningún muerto. Si murió alguien, dice, lo mataron. Él, esta vez, no ha visto nada.

• El fiscal dice que sí, que él tiene un caso del 5 de marzo, de un pibe que se llama Jonathan, pero no le han cosido la boca. Simplemente, dice, tiene tres puntazos en el abdomen. Lo encontraron tirado, con un revólver calibre 32 en la mano, sobre la calle Pelmera al 2800. El padre declaró en la causa y se portó como un hijo de puta: se enojó con el fiscal porque lo molestaban con asuntos sobre su hijo. "Esto no me importa", dijo. Su hermano también reaccionó así. Es la misma actitud que Alcira describe en la madre de Olray.

• El policía Evaristo Danteri dice que no, que no conoce el caso de ningún muerto en esas condiciones en el barrio en el que investiga a los narcos. No tiene el caso de ese muchacho. Lo tiene un compañero de otra división, de Operaciones Metropolitanas, dice. No podría asegurar que es él, no se acuerda si tenía o no la boca sellada.

• La delegada del otro barrio, que esta semana ya me dijo que había escuchado del caso, ahora me dice que no lo puede confirmar, que no sabe si creerlo. Pero que esa mujer morocha que conocí en su casa y que siempre ha sido amiga de los peruanos lo sabe, o lo tiene que saber. Si es cierto ella lo debe saber, dice. Que espere hasta mañana, porque ella sólo la vio de pasada e iba a averiguar.

• La búsqueda de Olray no es la búsqueda de él, sino de otras respuestas y otras preguntas. La búsqueda de su cuerpo obliga a atravesar el barrio y caminar hasta el container y escuchar a la mujer que vio el cuerpo y el hilo de atar matambres con que lo habían cosido. Dijo que no era él, sino ese joven boliviano hijo de una familia de transas que se quedó, bah, en realidad quiso quedarse con los ochenta kilos esos que estaban en Constitución para ser movidos a la villa.

• ¿Y quién será capaz de encontrarlo, de reconocerlo, de darlo por muerto?

CAPÍTULO XI

Cualquiera podría imaginar a un autor temeroso en medio de una ardorosa investigación sobre narcos, acosado por los secretos del negocio, la paranoia de los capos, el pérfido interés de los jueces y la policía en sus archivos. Nadie apostaría a que el miedo a chocar y quedar atrapado entre latas de carrocería fue el único que me atravesó en estos cuatro años de inmersión. La primera vez sucedió cuando fui a conocer la selva del valle del río Apurímac y Ene, a ocho horas de Ayacucho, en Perú. El chofer de la 4x4 parecía conocer todas las encrucijadas. Regresábamos hacia Ayacucho, de este a oeste, desde los pueblos cocaleros, Palma Pampa, Santa Rosa, Kímbiri y San Francisco. Viajábamos con el productor, el camarógrafo, el sonidista, tan apretados que se nos acalambraban las piernas. Al anochecer el camino fue cubierto por una niebla espesa a través de la que se adivinaban los precipicios a cuatro mil metros de altura. Era tal el miedo a desbarrancar que ni siquiera pensábamos en la posibilidad de ser emboscados por un rebrote de Sendero Luminoso. En el mismo camino, hacía unos meses, un grupo de policías y un concejal de un municipio habían sido atacados por supuestos guerrilleros maoístas.

Desde la camioneta habíamos visto pasar las de los narcos que gobiernan la región exportadora de cocaína más productiva de los Andes. En los campos sembrados de coca los cultivadores habían contado las historias sangrientas sobre la lucha entre Sendero y los Comités de Autodefensa de los campesinos. Hasta el regreso nos había guiado y custodiado uno de sus líderes, un hombre que había sobrevivido a la guerra.

Volví a tener miedo la noche del casamiento de Alcira. Había declinado a la propuesta de ser el padrino de la boda, y con ello me sentía más tranquilo, menos expuesto en medio de la ceremonia. Salimos del inquilinato en una combi que parecía cerrada a cal y canto, sin ventanas, en la que viajábamos veintisiete personas, incluidos el novio, los niños y varios ancianos que parecían recién venidos de las alturas bolivianas o peruanas. Encimados como ganado, nos mecíamos con el vaivén del camión que iba con media hora de retraso hacia la iglesia donde no era conveniente hacer esperar a la novia. Alcira había elegido la capilla evangélica en la que hacía sus rezos doña Francisca, su madre. Tenía el sueño de que aceptara su invitación después de tanto silencio. Llevaban dos años sin hablar. El chofer aceleraba y ponía la música cada vez más a fondo. Sonaba un tema de Los Mirlos del Perú. Denis iba sentado en una silla de plástico que le lucía como un trono: vestía un traje color café con leche, una camisa blanca y un moño marrón. Estaba impecable.

—Si nos matamos en ésta, por lo menos zafo del casamiento —bromeó.

Todos hacíamos chistes sobre el fin de su libertad y el comienzo de un suplicio. En las curvas del viaje me tentaba, igual que en las alturas del Apurímac: los nervios, el terror, me hacen reír como al perro Patán. La risa es contagiosa, así que encerrados en la combi, rumbo a la boda, todos reíamos.

Llegamos atrasados y salimos de la camioneta frente a la iglesia pentecostal planchándonos las galas con las manos. La capillita estaba decorada en los extremos de los bancos con ramos de flores blancas de papel. Algunas personas ya esperaban sentadas; parientes lejanos de la novia. Los que llegábamos de la capital llenamos el espacio. Adelante, en la primera fila, estaban los padres de Denis, y los niños vestidos como imitaciones en miniatura de sus padres. Martita tenía un vestido blanco de listones y broderie, almidonado. Juancito era una copia de Denis, con un pantalón y un chaleco del mismo color que los de su papá, camisa blanca y moñito al cuello. Denis se apostó rápido junto a los padrinos de la boda e hizo una señal con la cabeza a los que estaban en la puerta. Con la marcha nupcial entró Alcira: vestido de seda largo, de falda ancha y canesú bajo, una corona de flores blancas en el pelo semicorto y sandalias de taco aguja. En las manos, un ramo de jazmines y rosas. En el último asiento, asomó su cabeza gris una mujer que al verla se puso a llorar. De rodete, se había puesto un traje de dos piezas verde musgo y sandalias negras, cerradas. Era Francisca.

El pastor habló del regreso de las ovejas al rebaño. Leyó un versículo del Viejo Testamento y dispuso la colocación de anillos. Denis buscó en un bolsillo de su saco. No los encontró. Metió la mano en el otro. Tampoco estaban allí. Alcira sonreía de costado. Los invitados se acomodaban en sus bancas de madera, atentos a los movimientos del novio.

–Parece que el novio no encuentra los anillos –dijo el pastor.

La concurrencia rió. Los ojos chinos de Alcira miraban a su futuro marido con un brillo malicioso. Denis se abrió el saco y buscó en el bolsillo interior de la prenda. Despacio, sacó una caja de terciopelo rojo de la que extrajo, nervioso, el anillo de la novia. Tomó la mano de Alcira y engarzó la gruesa sortija de oro grabada con su nombre al reverso. Alcira le colocó el anillo a él, con cierta dificultad. Parecía no entrar. Denis tuvo que terminar de acomodarlo. Por la mañana, en el Registro Civil, Alcira había tenido una dificultad mayor. Cuando la jueza le preguntó si aceptaba como esposo a Denis, ella enmudeció. La mujer tuvo que preguntarlo por segunda vez, y ni aún así Alcira abría la boca para responder. De entre el público que había en la sala, salió la voz cascada de la Caracú, una prima de Alcira.

—Dice que sí, que sí quiere.

La jueza intervino.

—Usted no puede contestar por la señora.

Recién entonces Alcira habló.

—Sí, quiero —dijo con la voz apenas audible.

En el templo, cuando los dos tuvieron las alianzas puestas, el pastor no les dió tregua.

—Pueden darse un beso —dijo.

Obedecieron como a una orden, y volvió a sonar la marcha nupcial interpretada en un órgano electrónico por una de las hermanas evangélicas, de larga pollera negra y zapatos de varón. Del brazo, como en la postal soñada, Alcira y Denis caminaron por el pasillo entre las flores de papel y el aplauso de la gente, de pie. Francisca, madre de la novia, la esperaba en la puerta. Se dieron un abrazo tan largo que, cuando se despegaron, ya no quedaba arroz en las manos de nadie. Alcira con el maquillaje corrido, Francisca con la cara arrugada bañada en lágrimas.

El patio del inquilinato había sido decorado con guirnaldas celestes y rosadas, trenzadas por los chicos esa misma tarde. Detrás de la gran mesa de los novios presidida por una torta de tres pisos con escaleras y un enorme ramo de flores, se exhibía el regalo de Francisca: un juego de sillones tapizados en tela roja en el que se aposentaron Denis y Alcira a presidir la comilona. El resto de los parroquianos se ubicó en bancas y sillas ordenadas alrededor del patio. Los invitados podían dividirse por atuendos y peinados; mujeres bolivianas con polleras del altiplano, y peruanas, más contemporáneas y urbanas. A los hombres mayores se les notaba el campo en las manos y en la sencillez y la formalidad de los atuendos: pantalones grises, mocasines negros, camisas blancas o celestes, algún que otro sombrero. La *mai* umbanda estaba despampanante, con una inmensa túnica de lamé negro y dorado.

La construcción de Alcira había llegado a un punto intermedio. Adelante, en los primeros veinte metros de terreno, las dos hileras de piezas para alquilar. Y en los últimos quince metros, al final del pasillo, su propio patio, rodeado de su fortaleza personal. En la cocina, hecha de material, donde preparaban la comida para vender, ese día se había trabajado duro para la celebración. Ese cuarto tenía una escalera de madera que llevaba a los dos dormitorios, uno para la pareja de la casa y otro para los chicos. Hacia el fondo habían armado un living-comedor de ladrillos, que tenía también un segundo piso con carpintería. El artífice de toda la obra era Denis, ayudado por su padre, uno de sus hijos del primer matrimonio, y algunos inquilinos que pagaban sus cuentas con trabajo de albañilería y pintura para la dueña. En la estrategia personal de Alcira, la boda no significaba sólo la realización del sueño del vestido y la fiesta que estaba por empezar, sino la seguridad de que culminaría su proyecto inmobiliario.

La lógica con la que Alcira construyó, en plena avenida comercial, era la misma que funcionaba en Villa del Señor, donde la propiedad resultaba clave para afianzar los negocios de los peruanos que mantenían las manzanas alrededor de la Canchita de los Paraguayos, en la que se vendía la mejor cocaína de la ciudad. En el narcotráfico las ganancias tienen que reinvertirse en algo cercano, tangible, perenne y que genere renta inmediata y constante. En sociedades de migrantes, los nuevos y los recién llegados tienen una necesidad fundamental: la vivienda. Estrecha, incómoda, con un baño compartido entre veinte personas y una cocina comunitaria en un recodo del pasillo, se la paga como sea, aún si es cara; todo por dejar de ser errantes.

Sólo los inquilinos relacionados con Alcira formaban parte del cortejo de invitados, aunque en realidad estaban dedicados a sostener la boda como un séquito. La cena era peruana: pollo asado con papas a la huancaína. Por si faltara comida, en las bacanales de Alcira siempre hay un fuentón de ensalada rusa. La bebida era también de inspiración limeña: además de un *freezer* lleno de botellas de cerveza, Denis había preparado cuatro baldes de una versión popular de pisco sour: pisco, limón, clara de huevo y otros licores fuertes sostenían el elixir con el que, tras la cena, se encendería el baile.

El regalo de los padrinos fue clave: la música. El DJ era un peruano que conocía bien su oficio: alternó toda la noche la salsa peruana con el huaino y la cueca andina. En el centro del patio de cemento, los tacos de Alcira repiqueteaban el ritmo campesino de sus mayores. Nunca antes la había visto bailar. Me sorprendió su gracia, la forma en que se levantaba el ruedo de la falda para zapatear con los tacos al ritmo del huaino. La esencia de lo rural volvía a aparecer en la trama urbana de estos transas que esa noche tiraban la casa por la ventana y se mareaban para dejarse llevar por los sonidos de la tierra de sus orígenes.

La noche fue especial por varios motivos. En la fiesta hubo gente que nunca antes había aparecido en la vida de Alcira. No sólo estaba doña Francisca, sino también su madre, doña Edelmira, una viejecita diminuta, que hablaba con Alcira casi solamente en quechua, el cadencioso idioma de su estirpe. Alcira nació en el segundo cordón del conurbano, pero su crianza severa y servil había tenido, además de azotes, el cantar de las coplas en quechua con el que doña Edelmira la consolaba. Argentina de nacimiento, Alcira era tan boliviana y andina como cualquier paisano de su pueblo cercano a Cochabamba. Allá había estado una vez, con Jerry, en un viaje largo que incluyó un paso por Asunción y una visita a Lima. Evocarlo la entristecía.

Entre las novedades de la boda había un viejo amigo de Jerry, también transa. Se ubicó al fondo, junto a Ángel, que esa noche pugnaba porque la novia le vendiera unos papeles de cocaína para animarse. Es raro, pero los transas no suelen visitarse, a menos que sean compadres o familiares, excepto por estrictos motivos de negocio. Los eventos son excepciones; en ellos se mezclarán por una noche de encanto y candilejas los más y los menos, sacando a relucir viejas amistades, antiguos amores perdonados, y hasta transas posibles, apenas sugeridas. Los negocios se montan sobre ese escenario familiar, y se desarrollan con cierta asepsia. Esa fue la única vez que vi a otros vinculados con el negocio narco en el patio del conventillo, bajo el árbol. Ismael Rivera, Héctor Lavoe, Los Palmera, Marc Anthony sonaron imparables. Desatada la fiesta, fui empujado con todo el cuerpo por la *mai* umbanda, de larga y cuantiosa melena negra. La salsa es como el narcotráfico. El asunto puede parecer desprolijo, pero requiere de un movimiento calculado para no pisar al otro en el intento de desplazarse por el espacio acotado de un patio, sin presionar, sin avanzar sobre la pareja más de lo que el otro pueda soportar, manteniendo el equilibrio y la gracia. Allí donde se nota el esfuerzo, allí donde un movimiento exagerado revela las dotes del bailarín o la bailarina, se comete un error. Exagerar es para otros escenarios. No para la salsa. No para el narcotráfico.

*

Denis Huamán es un hombre de metro setenta y cinco, la nariz aguileña, el pelo bien dividido en dos campos con una raya al costado que, en su prolijidad, parece querer evitar cualquier problema con la ley, logrando el efecto totalmente contrario. Quiero decir que Denis tiene cierto aire mafioso de película, como si buscara con esa obsesión en los detalles de la ropa y el cuerpo pasar por otro. ¿Quién podría imaginarlo en esas peleas a las que se aventura sin pensar, convertido en un matón implacable cuando tiene que defender lo propio?

225

Denis es uno de esos tipos que se pueden quedar con los críos sin molestias, y manejarlos con displicencia, sin exigencias para sí ni para ellos. Juan se le trepa como si fuera un árbol mientras él se abandona a un partido en la tele y atiende en el celular a los clientes: las tres actividades al mismo tiempo, como si no hubiera en ello demasiado esfuerzo. Martita crece y se va moldeando como una versión en miniatura de su madre; el mismo carácter, la misma inteligencia práctica, parecidas obsesiones de orden y limpieza. Los dos chicos tienen tal cercanía con el padre que prefieren que sea él quien los duerma por la noche. Aprenden a calmarse acurrucándose en su regazo, y le sostienen la oreja con una manito mientras que con la otra se chupan el dedo. Es infalible, es el acuerdo mínimo en el que se quieren y se protegen. Porque Denis es un padre afectuoso. Al menos con ellos. Quizás es más distante con Gabriel, que vino como hijo de Alcira cuando ya tenía cinco años, quizás no tan pequeño como para asumirlo como propio. Gabriel es, además, ya cerca de los doce, ocasional testigo de las feroces peleas que pueden estallar entre Denis y Alcira, sobre todo cuando él pierde la paz, apenas se pasa de copas, o recae en el mismo vicio que desaparece a Olray, el paco. Lo que vuelve preocupante su gusto por la sustancia, lo sabe él y lo sabe Alcira, es que ellos mismos la venden. La regla de oro de cualquier traficante, por más transa que sea, es la de no consumir. Si consume, está más cerca de perder que de ganar. Drogarse es invertir riesgo en vano.

Denis fue criado en una familia de constructores en el corazón del Callao, muy cerca del mar. Su madre también tenía un puesto de comida peruana, en el mercado. Su padre es un oficial albañil que supo transmitirle el oficio. Él lo ha ejercido construyendo las casas de varios parientes en su barrio limeño. Pero en paralelo, y alternando por épocas un oficio y otro, conoció las armas, el robo y las aventuras en la toma de posesión de lo ajeno. Fueron experiencias menores al comienzo, apadrinadas por muchachos entrenados en el uso de la pólvora, y las armas *hechizas*

—hechas a mano— en una ciudad tomada por las explosiones del final de la guerra entre Sendero Luminoso y el resto del país. Su propio barrio tuvo zonas en las que la presencia de los fanáticos maoístas se podía sentir en un orden y una limpieza impostados. Denis era adolescente cuando había que cuidarse de no ser puesto en la mira por los terrucos. Y él se cuidó, eligiendo sin dudar los emprendimientos privados de la violencia, los que dan una ganancia inmediata, individual y tangible. El dinero fresco.

Así llegó a Buenos Aires, en sociedad con otros muchachos de sus pagos, y circuló por los bailes haciendo sociales, ingresando al submundo del robo mientras se empleaba como pintor de brocha gorda en edificios en construcción a punto de ser estrenados, torres que poblaban la ciudad de Buenos Aires en pleno boom inversor, durante la década del noventa. Nunca lo aclaró, pero de esa época Denis ocultaba no sólo los asaltos cometidos, sino una familia a la que dejó para juntarse con Alcira. Su ex mujer lo tenía acorralado más que sus propios delitos: una denuncia por maltrato le había quitado, durante un largo tiempo, todo derecho sobre sus hijos mayores. Eran un chico y una chica que, tras algunos años sin verlo, fueron abandonados por su madre y terminaron buscando refugio en el conventillo, en el que Alcira los incorporó rápidamente a las múltiples actividades de su mundo.

En el inquilinato, Denis era el centro de las actividades masculinas; su responsabilidad radicaba en la seguridad del sitio, pero sobre todo en hacer avanzar el proyecto edilicio. Su arte mayor consistía en pasar, pieza por pieza, de las chapas y las maderas al material noble, como un alquimista, misteriosamente, sin que se notara nunca el esfuerzo titánico de desarmar y poner ladrillo sobre ladrillo: cuando estaba en esas faenas, no había descanso para Denis. Él; su padre, don Moisés; su hijo Jameson, y alguno que otro ayudante eventual, en general un nuevo inquilino —como el Reguetón— mezclaban, paleaban, acarreaban baldes, alisaban el cemento, hacían lozas, vaciaban bolsas de cal y cemento, apilaban escombros, sudaban a voluntad de Alcira. La señora, la dueña de la casa, daba órdenes y supervisaba las obras sin desatender la venta de sustancias, el motor económico de la familia, el secreto del progreso y la prosperidad.

Alcira planeaba convertir toda la hilera derecha de su pasillo en piezas de material. Sólo las piezas de cemento pueden, además de ser alquiladas, ser dadas "en anticrético". El préstamo anticrético es una manera de alquilar pagando un monto total al entrar a la propiedad, que será devuelto al final del contrato. Es una genialidad para sostener el ahorro y la inversión, en sociedades en las que lo comunitario es el eje de toda la cultura. Al mismo tiempo, la solidaridad andina no se queda en la lógica de reciprocidad en la que a cada ayuda recibida le sigue una ayuda a dar. Supone trascendente el concepto de propiedad. Gracias al crédito anticrético, la construcción de piezas para alquilar en los pisos superiores a la vivienda propia es uno de los negocios más rentables entre los migrantes, sobre todo en territorios como Villa del Señor. Con el alquiler, o con el anticrético, se amortiza en un año la inversión. Luego, todo es ganancia.

Es por eso que el techo de las piezas de Alcira –llegarán a ser seis por cada lado, doce cuartos en alquiler a un promedio de ciento cincuenta dólares el cuarto– tenía precio. Lo que se vende para que venga otro y construya hacia arriba es el cielo. Por eso el cielo de Alcira, como el de casi todas las villas de la ciudad, tiene precio. Suena raro, pero sobre ese cielo comerciable es que se construyen los segundos, terceros, cuartos y hasta quintos pisos de la villa. El propietario multiplica su renta de varias maneras. Siempre ayudan los dos préstamos fundamentales en la economía interna: el pasanaku, un sistema de ahorro previo, y el anticrético. Gran parte del financiamiento interno está regido por la abundancia de estos préstamos informales en los que siempre se gana.

En el anticrético, el que entra en la casa para ocuparla por un periodo en general de dos años se compromete a cuidarla, habitarla y devolverla tal cual al terminar la locación. El que se la entrega lo hace a cambio de un monto fijo, como si en el alquiler típico de clase media se pagara el monto total del contrato, los veinticuatro meses de renta. En el crédito anticrético el dueño de la propiedad devuelve esa cantidad de dinero sin mácula al cabo de los dos años. Claro que mientras tanto con esos, por ejemplo, cuatro mil dólares, hizo construir dos piezas más, a las que a su vez volvió a dar en anticrético.

Si a eso se le suma un plan de ahorro como el pasanaku, se puede vislumbrar mejor cómo la economía informal toma cierto vuelo. La perfecta sincronicidad entre estos sistemas informales y las redes ilegales es uno de los secretos mejor guardados del laberinto. En el pasanaku, un capitalista –por ejemplo María Buena– inicia una ronda en la que diez personas ponen una cantidad fija por semana. Por ejemplo, cincuenta dólares. El primer día se sortean los lugares. El que organiza puede quedarse con el primero o segundo puesto, como pago por su iniciativa. Los demás van a la suerte, pero tarde o temprano cada uno se hará de quinientos dólares.

El pasanaku en general es de cumplimiento estricto. Los participantes se conocen. Se ven casi todos los días. Viven pasillo o pared de por medio, arriba o abajo, todos en un radio de cien metros. La base, una doble hilera o media luna de piezas, se ha ido elevando tan alto que da sombra permanente en el patio interior. Son edificios caprichosos que suelen parecerse a los cuadros de Escher, meandros angulosos con escaleras que no van a ningún sitio. Los de los pisos inferiores tienen la ventaja de no necesitar subir peldaños, pero a sus casas el sol entra sólo en verano, cuando rebota en el gris del cemento alisado, en las chapas aún plateadas; lo que llega es su reflejo. Cada vez que uno se suma a un pasanaku está poniendo en juego su moral ante el vecindario. Es un capital que no se puede poner en riesgo.

Peligroso por definición al tratarse de montos grandes en plazos largos, el crédito anticrético genera no pocos desacuerdos, incumplimientos y discusiones. Son los delegados de la villa los que lidian con esas desavenencias. Después del 2001, de la crisis económica que llevó el valor del dólar de uno a tres pesos, los que habían firmado anticréticos debieron volver a acordar sus contratos. Algunos pretendían dolarizar los préstamos como la propiedad inmobiliaria. Otros, por supuesto, pagarla en pesos y ganar. Las broncas por dinero se pusieron tan rudas que muchas veces la voz de los delegados no llegó a tener el peso suficiente para frenar las peloteras por cada casa. En la zona de María Buena, el que zanjó la cuestión fue el propio Marlon Aranda. Salomónico, mandó a que se pagara la mitad en dólares y la mitad en pesos, para que se compartiera la pérdida que causaba el tipo de cambio. Desde el comienzo de sus negocios, la familia Aranda puso todo en ladrillos. Levantó dos casas de tres pisos adentro de la villa, y una más, blanca e imponente, sobre la avenida Bonavena, donde desde siempre vivieron las mujeres. El crecimiento horizontal de la villa es un espejo de lo que pasa en los grandes barrios limeños como el de Denis. El sistema es parte de la cosmovisión andina: el remontar el cielo como un cóndor.

Denis se casó para vivir en inminente divorcio. A partir del matrimonio vivió separándose de Alcira durante casi tres años y volviendo a Perú para retomar, como si todavía fuera un joven aventurero, la vida de riesgos cerca de sus parientes más queridos: su madrina, Kenita, y su novio, Rolo. Ella, una mulata de unos cincuenta años, prestamista de dinero. Con negocios locales pero obsesionada con enviar a sus hijas a los Estados Unidos, donde había primas ya instaladas y con trabajo. Hacía unos diez años, a los cuarenta, Kenita se había enamorado de un apuesto muchacho bastante más joven, Rolo. Al comienzo le pareció un atrevimiento, pero siendo una mujer independiente, autofinanciada y próspera, se lo permitió. Se juntaron y él se transformó en su principal fortaleza.

Los conocí en una visita a Lima. Denis los llamó por teléfono, me recomendó con mucho cariño y preparó una caja con regalos para la familia. Kenita y Rolo me esperaron en el aeropuerto para llevarme directamente a su casa, en la que todo estaba dispuesto para un almuerzo de cuatro platos: comenzamos por el ceviche y derivamos en un pescado frito acompañado de arroz, todo regado con cerveza cuzqueña. Kenita era la madrina de Denis, y yo su futuro compadre. Como tal tenía que ser atendido. La hospitalidad y la delicadeza con que se preparan los platos de la gastronomía peruana son únicos. La mano de Kenita al mando de su cocina impecable, mucho más.

La casa de dos pisos está ubicada a unas cuatro cuadras del punto donde tienen parada los buses que llevan al centro y a los otros extremos de Lima. Es una ruta que sale de la megalópolis hacia el sur de Perú y cruza el centro del Callao. El espacio entre ese camino y el mar, unas doce cuadras, unos mil doscientos metros, fue ocupado en 1965 por gente que vino de la sierra central. El progreso del barrio ha sido constante a pesar de la pobreza. Las casas son casi todas de material noble –como le dicen los peruanos al cemento y el ladrillo–, y las calles, aunque muy estrechas, tienen sus cordones y algunas están asfaltadas. En los alrededores del mercado, las calles estaban sembradas de pequeñas piletas de plástico; los niños se zambullían en ellas y algunos correteaban porque era comienzos de marzo y aún se jugaba al carnaval. En las calles de acceso al barrio había grupos de adolescentes que parecían remedar la guerra: hacían piquetes con réplicas de ametralladoras, rifles y escopetas que, en lugar de balas, lanzaban poderosos chorros de agua.

Para recorrer su zona, Rolo se subía a una mototaxi que parecía un vehículo espacial: carrocería pintada en rojo con llamas blancas, imitando el auto de Meteoro. Esa nave disparaba humo por el tubo de escape como si fuera un camión de la Primera Guerra; por los parlantes, un perreo alevoso. El reguetón preferido del muchacho que la conducía era "María María", ese tema de Calle 13 que les dice a las chicas: "Mami, tú sabes que el mas partío es este papi y su cuero al aire". Cuando cruzaba las esquinas, aparecían grupos de guerrilla de carnaval, con armas más rudimentarias que las de los jóvenes de la entrada: baldes y bombitas de agua. Rolo saludaba a los vecinos como si fueran una interminable lista de parientes. Su rol como esposo de la prestadora de plata que era Kenita le daba un lugar de privilegio en la comunidad. Quién más, quién menos, les debía un favor.

Denis no mandó nada para su madre, doña Diana, en el paquete que llevé a Lima. Es más, nunca me dijo que ella, a quien yo solía ver en Buenos Aires, estaba viviendo nuevamente en el Callao. Luego comprendería que muchos de los migrantes que lograron prosperar se dan el lujo de intercalar sus estadías para pasar una temporada en cada país. De una manera asombrosamente práctica y efectiva, mujeres como doña Diana abren y cierran pequeños emprendimientos caseros. Ella, por ejemplo, pasaba de la Villa Sabaneta, en el sur de la ciudad de Buenos Aires, al Callao. Caminábamos por el mercado aquel sábado al mediodía cuando los parroquianos ya se habían sentado en los mesones de los puestos a comer su ceviche, su pollo o su carapulcra, cuando la vimos. Esa es la madre de Denis, dijo Rolo, justo cuando yo caminaba conversando con un tipo que me contaba sobre cómo se reclutaban mulas para enviar cocaína a Europa y a países intermedios como la Argentina, Chile, Ecuador y Brasil. Apenas alcancé a saludarla. Ella levantó una mano, sonrió y siguió ofreciendo ceviche desde su pequeño puesto.

Cuando volví, en Buenos Aires el fragor de la boda se había apagado y los sillones rojos ya estaban ubicados en el living del fondo, al que ya le habían agregado un cuarto más, la nueva y definitiva cocina. Estaban a punto de terminar el baño. Esa misma semana comenzaban a pintarlo todo de color lila.

Mientras la obra avanzaba, las peleas entre los dueños de casa se sucedían. Alcira se hartaba de que él desapareciera para fumar pasta base, de que le hurgara en la mercadería, robando para consumir. Eso la sacaba de quicio. Cuando lo descubría, a la furia inicial le seguían las recriminaciones constantes, las palabras venenosas lanzadas en las comidas, en los momentos menos pensados. Para Denis ese hostigamiento era el peor castigo. Perdía toda autoridad ante sus hijos más pequeños.

Los vicios de Denis iban del paco –"¡otra vez con la pipeta loca!", aguijoneaba Alcira– a la borrachera. Entonces era peor. El paco no lo ponía violento. El alcohol, sí. Casi siempre podía presentirse la batalla. Los chicos se daban cuenta y se escondían en sus cuartos. Denis confrontaba con alguno de los protegidos de Alcira. Los celos de uno y de otros lo enfermaban. Cuando él los agredía, Alcira reaccionaba como una fiera; lo atacaba a golpes, aún sabiendo que su tamaño no le daba para hacer frente al cuerpazo de su marido. Entonces él la calzaba.

En cada enfrentamiento entre Alcira y Denis, alguien salía eyectado del conventillo. O de la vida de Alcira. Uno de los primeros en ser nominados fue Ángel, el pibe amigo de Jerry. Hasta poco después del casamiento, Angelito solía visitarla. Su hermano era el padrino de Martita. Su madre, doña Olga, una paceña instalada desde hacía veinte años en Villa del Señor, era una especie de abuela de los chicos y madre sustituta de Alcira. Olga había estado en los peores momentos; todos vivieron el crimen de Jerry, desde los tiros hasta el entierro, un día de lluvia, en una tumba bajo tierra, en el cementerio cercano. Angelito solía hacer algunos pasamanos para ella. Conseguía comprar cocaína adentro de la villa. Alcira no podía caminar por las zonas más calientes del mapa. Los proveedores estaban cerca de la canchita, donde ella había vivido cuando era casi la única transa de por ahí.

El mismo exilio sufrieron después de un tole tole los hijos de Denis. Y por fin, el propio Denis era el que tenía que armar una valija con la rapidez con que cargaba un arma. Alcira auspiciaba el conflicto. No sólo porque gritar y defenderse atacando era lo que había aprendido a hacer, sino porque era la chance, decía, para sacarse de encima a su marido. Podía quererlo, pero no le perdonaba el vicio; y mucho menos los golpes. Es por eso que en las reconciliaciones negociaba con el as en la manga: un viaje a Lima, donde él podría intentar algún negocio, ver a sus parientes, y ella avanzar tranquila y extrañarlo. Era todo lo que Denis soñaba. Así que no era difícil convencerlo.

Después de uno de esos escándalos, decidieron que él se iría en avión a Lima. Denis estaba a punto de partir cuando Martita se cayó de un primer piso. Nadie logró explicar qué hacían Martita y su amiguita de dos años jugando en los dormitorios, solas. Martita se fue deslizando hacia la escalera caracol que baja de su pieza a la de su hermanito, y al intentar dar el primer paso para bajarla, se derrumbó y cayó derecho, sin dificultades en el camino, hasta el suelo de cemento alisado. La Cachumbambé lavaba ropa, la Flaca andaba a las zancadas con el secador después de baldear el patio y Alcira y Denis, trabajando: nadie las vio hasta que la niña pegó el grito.

Martita fue internada en el hospital, bajo observación. Podría haberse matado, dijo el médico. Era milagroso. El mentón le sangraba y se le había hinchado el costado izquierdo de la carita. A pesar de la caída no se le rompió un solo hueso. La niña se había fortalecido como ningún otro en la familia. El padre viajaría a Lima, según lo planeado. Una corte de mujeres hacía guardia en el hospital; ya habían armado una ranchada. Su madre dejaba el negocio en manos de un nuevo asistente que reemplazaba a Olray —Pedrito—, pero monitoreaba todo, ansiosa porque su marido se subiera al avión para salir en misión diplomática, como decía. Esa tarde la niña salió corriendo desde los pasillos oscuros del pabellón de Pedriatría del Hospital Álvarez hacia el jardín. Llena de vida, perseguía a uno de los cien gatos que le dan al lugar ese terrible olor a orín. Abrazó el peluche que le regalé y dió un gritito de alegría que hizo asustar al objeto de su cacería infantil. ¡Gato!, dijo luego. Estaba aprendiendo a hablar. Alcira estaba adentro, junto a las comadres. Tomaban mate dulce. Ellas parecían competir por ver quién llegaba primero al final de un sandwich de milanesa completo. Alcira ya se preparaba para algunas ceremonias que le devolvieran la seguridad: la *mai* Oxún recibiría nuevas ofrendas.

CAPÍTULO XII

Yo soy Humala, el proveedor. El que si quiere rompe con todos, aunque no tenga problemas con nadie. Me llamo Fernando Heriberto, pero todos me dicen Humala porque soy un poco
parecido a un candidato medio indio que hubo en la política de
mi país. A mí me gusta volar por encima, lejos de los problemas,
como mi abuelo, que se ha pasado la guerra en plena selva sin que
nadie lo obligara a ponerse de un bando; mandando a los peones
a hacer las guardias organizadas por los Comités de Autodefensa Campesina. Los armados contra Sendero Luminoso vivían en
guerra, pero no todos la pasábamos tan mal. Las familias que
podían mandar a sus empleados a cubrirlos, como soldados pagos, no tenían que exponerse a que un guerrillero las matara de
un piedrazo. Conocí terroristas y de los otros, que se organizaron
para aniquilar a sus enemigos y lo consiguieron. ¡Si vieras lo que
ha quedado de esa guerra! Un tendal de muertos, de punta a punta del país; en la selva mataban, en la ciudad hacían explotar lo
que se les ocurría, incluso personas. Setenta mil muertos en veinte años. Demasiado, digo yo, y todavía no aprendimos. Acá la
vida sigue valiendo un gramo de esa huevada. Acá si te propasas,
si te equivocas, si se sospecha de ti, a veces, te va tan mal como al
peor de los terroristas: por cojudo te vuelves nada.

Vengo de una familia que no tuvo necesidades, porque por suerte, y por ser pillo, a fines de los ochenta mi padre se aprovechó del auge de la coca. Somos doce hermanos. Cuando nos dimos cuenta de dónde estaba el negocio, nos fuimos de Ayacucho en camioneta hasta la salida de San Francisco, y luego hasta Santa Rosa y Palma Pampa. En Palma Pampa tenía familiares establecidos. Y nos radicamos. Así como me ve, sentado al fondo de este bar, mirando siempre hacia la puerta por las dudas de que a alguno se le vaya a ocurrir que soy mejor muerto que vivo, vengo del campo. Tendré oficinas en Buenos Aires, en Lima y en San Pablo, seré dueño de varios negocios legales, pero vengo de un pueblito que mide cinco cuadras por cinco cuadras. En las afueras del pueblo se dio el más grande sembradío de coca que se haya visto. Con orgullo le digo, es el pueblo más exportador del Perú. Gracias a lo que aprendí en el campo soy lo que soy, un empresario exportador de grandes cantidades. Claro, todo tiene sus etapas, y sus consecuencias.

He ido preso; a mis hermanos les han caído: en la familia tenemos una tradición de prisiones duras, pero igual no hemos parado jamás de trabajar en el negocio. Nunca conocimos otra cosa, ¡no la vamos a conocer ahora! Ya nuestro padre en la década del setenta se dedicaba a plantar coca. En su primer viaje él llegó más arriba de Palma Pampa, casi donde nace el río Apurímac, en Andahuaylas. Así que conocía cuando nos hizo marchar a todos p'allá. Él era cocalero cuando todavía no habían llegado los alemanes con sus químicos a avivar a todos de la cocaína. Para nosotros la coca fue una planta a la que no le encontrábamos el secreto de su valor comercial. Era una planta no le digo que sagrada, pero sí era una planta nuestra, querida, que se usaba para otras cosas, para hacer harina o para mascar. Cuando eso pasó, recién a fines de los 70, fue una explosión en la selva. La salvación de mucha gente. Y, al mismo tiempo, la perdición misma.

Nosotros, por decirle algo, éramos bien organizados con lo nuestro. Al principio comprábamos el clorhidrato ya elaborado, y después aprendimos a producirlo. Como en todo negocio, uno hace trabajar la plata en lugar de guardarla, y la ganancia aumenta. En esa época todavía eran pocos los laboratorios. Casi nadie se había puesto a procesar la hoja y después el clorhidrato. Las pozas de maceración eran hartas, todo a lo largo, por las orillas del río Apurímac, en la selva: son unas piletas desmontables que armamos cerca del agua. Pueden medir cuatro por diez metros, las grandazas. Dos por cuatro las más chicas. En una de ésas entran hasta diez quintales de hoja. Cada quintal tiene diez kilos. La hoja primero se pone al sol, estiradita, bien esparcida, como una alfombra. Se la puede ver en algunos blancos en la selva. Si usted anda en un avión los ve, apenas, cerca de los ranchitos de los campesinos, como si fueran piscinas en esas casas de ricos que quedan bien lejos de ahí. Los aviones parecen cosa de otro planeta, pero en el VRAE se pusieron de moda, viera. Eran unos aviones chicos, que se cargaban con apuro, con un entrenamiento impresionante, tanto que podían salir cuatro, cinco, y hasta diez por día en la época en que al país lo gobernaba el Chino, que dejó que eso se desarrollara como si fuera un volcán al que alguien está meta prenderle fuego por dentro, para que la lava no deje de correr, como le decía. ¡Era una fogata que Dios mío!

En esa pelea que duró tantos años y con tanto muerto, el narcotráfico entró como la lava. Peor que las armas. Peor que las pestes del campo. Fue una cosa que se fue instalando de a poco. Al principio solamente algunos, los que habíamos ido a la universidad o teníamos alguna educación, entendíamos lo que se venía. Luego, hasta el menos avivado ya quería hacer su negocito. El campesino, el hombre común de la tierra, al comienzo se dedicaba nomás a sembrar la planta de coca, pero los trabajos para el negocio fueron cada vez más. Se emplearon como guardias, como vigías o guardaespaldas de los patrones. Siempre había un dueño de laboratorio que necesitaba cuidarse de sus enemigos. El asunto se puso más difícil cuando llegaron los colombianos con sus aviones. Como moscas aparecieron. Esos también necesitaron su tropa y eso no es tarea difícil para la gente de la selva que vivió la guerra: todos sabemos usar pistolas. Sabemos mucho de fierros, como les dicen acá en Buenos Aires. Si hasta podemos hacerlos nosotros mismos: mire, usted a mí me da un caño, unos alambres, un resorte y pólvora, y yo le hago a usted una escopetaza recortada que el muerto que reciba el pencazo de mi disparo no la cuenta seguro. Es más, lo van a tener que juntar como si lo hubiesen pasado por una moledora de carne al finado.

El revoleo que se arma con el narcotráfico en la selva y el valle hizo que hasta el más santo le dijera que sí a esa plata fresca. En la cárcel argentina usted puede encontrar a gente de los dos bandos. Es un drama, porque imagínese que los de un lado mataron a los del otro. Al viejo Américo, por ejemplo, le bajaron mujer, suegra, madre, hijos. El viejo se hizo malo con esa tragedia. Qué culpa tenían. Era porque los terrucos se querían quedar con su campito, unas hectáreas que tenía sembradas con frijol y maíz. El viejo se les hizo el pobrecito y, sin decir ni pío, se dejó contratar por los jefes guerrilleros como sacador de muelas: era un buen mecánico dental y sabía cómo hacer que el dolor se le fuera a uno. Eso sí que es valioso en la selva. Allá si usted se asoma a San Francisco, por ejemplo, va a entrar al pueblo y el cartel más grande que vea dirá: "Dentista". El viejo supo cómo hacérselas. Le aprendió la cara a cada uno de los cojudos que atendió, durante la guerra. Se memorizó los ojos, los labios, la frente, todo. Cuando tuvo todo en la cabeza, se largó para armar la contra.

La contra fue hecha por campesinos, pobres y sedientos de venganza. A quién más, a quién menos, le habían matado un familiar, una enamorada, un hijo. Así que como en una buena guerra, a la ambición sólo la puede el rencor, el odio. Esta guerra nuestra fue eso: odio multiplicado por las hectáreas regadas de sangre que se imagine. El viejo consiguió plata de todos lados para su lucha y compró fusiles FAL para su gente. Con eso se hizo la ofensiva final del cuartel general de Sendero: el ataque a Sello de Oro. Eso fue una masacre. Los iban bajando desde los árboles: la gente de Américo se hacía en las copas, como monos, como pájaros, y camuflados esperaban quietos a que pasaran los soldados de los terrucos. Caían uno atrás del otro. Cuando los tenían cerquita, les daban.

Yo siempre estuve en el medio, no me puse ni en uno ni en otro lado, porque, como le dije, estaba en el negocio. Si era necesario, mandábamos a los peones a patrullar, y listo. Entendía, eso sí, a los terrucos. Era gente como Teodoro, salida de lo más pobre de Lima, que ya había dejado sus chacras en la sierra y que vio en un momento que nada los sacaría de la miseria si no se rebelaban contra todo, con todo. Teodoro me lo ha explicado: pretendían llegar al poder y poner una clase social de igualdad para todos. Que la riqueza se compartiera de manera igualitaria, para todos. Cosa que no se pudo. Él ahora analiza la situación y se da cuenta. Hace poco leyó ese libro, *La cuarta espada*, de Santiago Roncagliolo, un muchacho peruano que investigó la vida del jefe de los terrucos, Abimael Guzmán, al que le decían algo así como el compañero no sé cuánto.

A mí siempre me impresionó que saltaran tan fácil de la revolución al narcotráfico, pero eso es de inteligente: un día se cansó de hacer mal para que nada pase con el mundo y decidió hacer mal para que pase algo para él. Es cierto que los de Sendero fueron los que menos hicieron eso. Muchos de los que están presos hasta hoy siguen convencidos. Pero hasta esos creo que se deben preguntar: "Y yo qué chucha conseguí matando tanto huevón y cagándome la vida, aquí encerrado". Pagan cuentas grandes. Tienen penas grandes. Teodoro tiene un cuñado y un hermano que llevan veinte años. Estarán por salir ahorita. Teodoro casi no habla de eso, pero cuando uno lo escucha, siente que sabe lo que dice: cambiar los sistemas de la clase dominante por el pueblo, que el pueblo tenga mejores comodidades y mejor educación, cosa

241

que hasta ahora no se pudo dar. La mayoría de los que pelearon fueron los profesores y estudiantes, querían que por la educación el pueblo mejorase. Teodoro pensó que lo podían lograr. Dice que estuvieron a un paso de lograrlo, y por un error se acabó. El error, según él, fue que el compañero no sé cuánto se metió a la ciudad. ¿Cómo era que le decían a ese cojudo? Creo que compañero Gonzalo, sí, compañero Gonzalo.

En ese tiempo en la ciudad fue difícil librar una guerra. Teodoro cree que en la ciudad estás más propenso a que puedes caer de cualquier manera por los servicios de inteligencia. Eso es lo que pasó con Abimael Guzmán. Pierde por el movimiento de llamadas anónimas de que había mucha entrada y salida de su guarida. Revisan después la basura y se dan cuenta. Teodoro aprendió de todo, hasta de eso: dice que si él se fuera a vivir a las lomas de San Isidro, donde viven los que tienen tanta plata como él, o como yo, terminarían dando con todo su negocio, porque son de otra clase; y porque ellos son rubios y nosotros, morochos, más bien pareceríamos su servidumbre. Teodoro admiró mucho a Abimael, y a su mujer, Elena Iparraguirre. Hasta el viejo Américo hablaba bien de una terruca muerta al comienzo de la guerra que se volvió un símbolo: la camarada Esther. Pero los dos cambiaron por el negocio. Teodoro me lo ha dicho clarito: "La verdad es que la revolución me inspira respeto, pero también sé que la revolución es algo muerto. Ya fue. Ya murió".

Teodoro para mí es uno de los mejores hombres del negocio. He traído mercadería durante años, tanto para él como para Marlon Aranda. Pero Teodoro es de otra madera. Teodoro sabe lo que quiere, y puede matar, pero siempre que mata es porque ha sido necesario. ¿Cómo decirle? En esto, en lo nuestro, esa es una ley, pero como toda ley tiene sus artículos, sus cláusulas. Entonces, no puede usted decir que eliminó a un cristiano porque de chico le hizo una travesura que no le había gustado. Se sabe de casos así. Los Aranda son queridos por algunos, pero los peruanos no los tienen como los de mayor respeto. Teodoro y Marlon son como primos, vecinos del mismo barrio. Desde chicos se conocen. Eran amigos de toda la vida, o sea de mucho antes de que yo mismo los conociera. A Teodoro lo vi una mañana en la frontera con Bolivia, en Yacuiba. Ese lugar es como si hubiera salido de la tierra, o sea es un terral con casas, del otro lado de Pocitos. Se puede cruzar a pie por las quebradas. Si te agarra la Gendarmería perdiste, pero todo se arregla allá. Yo andaba en mis negocios vigilando una carga que venía por tierra y Teodoro en sus primeras aventuras con sus propias mulas, también a puro ojo bien puesto, y disimulado. Me lo presentó un amigo; a mí me cayó bien, muy callado, muy serio, me daba gracia que ya tuviera la fama que tenía siendo un chato tan chico. Con su raya al lado, su camiseta planchada, muy prolijo el hombre. Yo venía de una familia donde la mayoría de los hermanos fueron a la universidad; hay un ingeniero, una médica, un profesor, en total somos nueve. Teodoro venía de una familia humilde, pero parecía alguien más juicioso. Esa mañana hablamos poco; él miraba con la boca bien cerrada. Ningún estúpido. Tomaba su sopa de maní, ese caldo que se da aunque hace un calor que te mueres. Abrió el pico para decir una sola cosa: "Qué lugar éste, compadre. Este moridero, este cavernal. Qué feo sitio éste, huevón".

Teodoro nunca se puso encima un gramo para cruzarse la frontera. Teodoro es inteligente, supo siempre que la peor parte es la de la mula. Teodoro, digo yo, ha sido como un pastor que vigila a sus animales hasta que llegan a tomar agua al río. Él mismo se subía con sus mulas en el bus, unos asientos más atrás. Que nadie se le vaya a separar de la tropilla. Imagínese que son varios que salieron desde Cochabamba, o de Potosí, o de Lima mismo, todos encerrados en el bus apestoso. Esos *burriers*, como les dicen ahora en Perú, son miserables que se tientan con los mil pesos que les ofrece uno. Es triste el asunto pero es así. El que no arriesga no gana. Ellos lo único que tienen es el cuerpo, las tripas, el estómago. Lo ofrecen como usted o yo podríamos ofrecer nuestra experiencia.

Sí, sí, no es que sean tontos, pero son más pobres que la chucha. Si Teodoro fue pobre, y nunca fue mula, imagínese lo que son los otros. A uno podría darle lástima la vida de esa gente, pero mire, en este negocio si no es usted ambicioso, olvídese. ¿Para qué se va a meter? La ambición mueve esto. Es como el combustible, como el fuego que necesita para encenderse y no apagarse jamás.

Me lo he vuelto a encontrar a Teodoro un tiempo después, en la avenida Bonavena. El mismo año lo conocí a Marlon, también en Villa del Señor. Pero ya entonces Teodoro se manejaba de otra manera. Marlon era un simple empleado. El que tenía la avenida era el hermano, Cali Aranda, que siempre ha sido como la sombra de Marlon y creo que también su pesadilla. Cali es un hombre más derecho, más flaco, un tipo que no se emborracha en cualquier parte y que nunca se supo de él que estuviera metido en un problema por su propia actuación. Más bien es uno de los que toma las decisiones importantes, el trabajo que más cuesta y el que necesita más inteligencia. La gente duda mucho y en esto no se puede dudar. Cali entendió siempre el negocio; en cambio su hermano Marlon ha sido siempre el típico borracho, el que anda haciendo escándalo sin necesidad. Un tiempo él tenía una moto Ninja y con esa máquina infernal se paseaba, entrando y saliendo de la villa. ¿Qué es esa huevonada? ¿Cómo va a andar haciéndose el rufián por ahí?

Llegué a Villa del Señor hace como quince años, cuando todavía estaba dividida en cuatro partes. Paraguayos, chilenos, y la otra en tres o cuatro grupitos de peruanos. Uno era de Julio Valdivia. Lo bajaron en el 96 todos los peruanos juntos, una semejante batería donde estuvieron casi todos: Teodoro, Cali, Niki Lauda, Jerry. Se asociaron todos los peruanos contra los chilenos y los paraguayos. Ya no hubo margen para quedarse afuera. Chaparro se juntó con Cali. En ese tiempo Marlon no estaba: andaba por Paraguay, que es un país adonde todos vamos bastante. Y enseguida sacaron del medio al Tío Miguel, que fue a parar a San Sebastián, donde se quedó hasta ahora. Es un viejo jodido que quiso matar a Teodoro pero no pudo. A Teodoro lo han querido matar como diez veces, y nada. Es duro el compadre.

Una vez por un problema de mujeres lo empujaron de un segundo piso. Cayó en seco: de cómo se sintió el porrazo pensamos que se había partido todos los huesos. Él estaba medio chato, así que parece que ni sintió, se paró y salió caminando. Al otro día andaba adolorido, pero como si nada. Para el 96 o 97 Cali Aranda tiene un problema con un argentino, un tal Facundo Lozano. Le da el pase pa' arriba. Lo saca del medio, por atrevido. Y no va que la familia del otro consigue testigos. Se lo cagaron: ¡adentro!

Ahí, con Cali en la cárcel, queda afuera Marlon. Cali seguía asociado con Chaparro. Pero ese viejo se abusaba también. Había malos tratos. Era verdugo. Era dueño de la vida. Los trataba desde el concha de tu madre para abajo. "Tu hermano es tu hermano, tú no eres nada", le decía a Marlon. Al final se le dió por pelear con las hermanas de los Aranda. Se metió con las mujeres y cometió el error de pegarle una cachetada a una. La Celeste, creo. De adentro Cali mantenía el orden. O sea: estaban a raya. Aunque se lo querían comer crudo a Chaparro. Marlon, cansado de los tratos del viejo, comentaba a otras personas; a los sobrinos, a Teodoro, a Niki Lauda: "Este conchesumadre me tiene cansado". Pero si ellos querían hacer algo con Chaparro, tenían que pedirle permiso a Cali porque, si avanzaban sin su acuerdo, él podía perder todo. Fueron a verlo. Dijo que no. Adentro Cali caminaba como loco: no vaya a ser cosa que lo maten y me maten a mí, pensaba. Cali es un tipo que la calibra, la mide, siempre está al tanto de lo que puede pasar. Empezó a trabajar cuando era chico: Cali tenía doce años cuando robaba perros de raza y después los vendía en el centro de Lima. ¡A los doce años! Ya cuando se vino para acá tenía varios fiambres encima. Matar en Lima no es lo mismo que matar en Buenos Aires. Allá tienes que tener mucho huevo para sacar del medio a otro. Se te viene toda la familia encima como una jauría de lobos.

Como ve, no es que Cali matara por matar. No. Se la pensaba. Con Chaparro costó que diera el sí. Pero lo de la hermana le dió los argumentos a Marlon para decirle a Cali que eso sí no podían dejarlo pasar. En esas se asociaron Marlon y Teodoro. Se arreglaron entre ellos los independientes. Y cuando estuvo todo listo, se la dieron. Fue en el momento justo. Marlon quería chapar Retiro, que en esa época no tenía jefe. Pero cuando lo bajaron a Chaparro, Cali mismo le dijo: ¿por qué no chapas Villa del Señor? Ya vueltos socios, Marlon y Teodoro empezaron con un mes para cada uno. Un mes recaudaba Marlon. Al siguiente, Teodoro. Después se partieron por zonas. Teodoro y su hermano Niki Lauda, el de Sendero Luminoso, sólo querían quedarse con avenida Bonavena, porque desde ahí le vendían al resto de la ciudad. Y además siempre fueron mayoristas: lo de ellos era la venta "al peso". Niki Lauda tenía un kiosco y un pool todo roñoso en la entrada al barrio. Era una piecita mugrienta con una mesa de billar afuera, en el pasillo. Pero se llenaba, porque ahí a uno le vendían de la buena, la alita de mosca peruana: la quería de kilo, de kilo; pero si no, de bolsita. De kilo, la vendía Teodoro. En bolsita, papeleando, Niki Lauda. La mejor, al mejor precio. Mi trabajo era abastecerlos a los dos. Como todo proveedor, yo les vendía la mercadería que necesitaban, no me importaba después ellos cómo se arreglaran, quién iba a embolsillar más. Sabía que ellos, aunque muy compadres, a veces se cruzaban: la plata es así, no se puede poner a prueba por plata una amistad.

Marlon tenía más movimiento, o sea lo de él era venderle a toda la villa del Señor, entonces por ahí yo me retrasaba en un negocio y se quedaba sin nada. Teodoro acopiaba, guardaba siempre. Yo creo que el chato se había aprendido los trucos en la selva. Eso de acopiar es muy de la selva. Cuando Marlon se quedaba sin nada, le compraba a Teodoro, pues. Marlon estaba contento porque el otro estaba batuteando del otro lado. Pero de pronto, si Marlon sacaba diez semanales, resulta que al mes estaba sacando ocho. Y al otro mes, seis. ¡Chucha! ¿Qué pasó? De vez en cuando le tiraba sus indirectas a Teodoro: ¿qué onda? Puso a sus sobrinos a investigar. ¿Sabe cuál era el motivo? Del otro lado vendían no de diez pesitos el papel. Ni de cinco. Sino de tres pesos. Entonces el comprador iba y decía: dame cinco de tres. Así rendía más, y así le estaban robando el mercado a Marlon.

Fue por ese motivo que en determinado momento Marlon pensó en matar a Teodoro. La gente ya estaba preparada para dársela en la Canchita de los Paraguayos, pero Teodoro ya tenía la espalda grande: hacía poco que tenía sus propios puestos en Retiro, y era un hombre precavido. Cuando lo mandaron a llamar para tener una conversación de compadres, fue a presentarse a la canchita, pero con su mujer y sus dos hijos. Todavía se respetaba ese código de no hacer nada si hay niños y mujeres, porque siempre que pueda evitarse la familia no se toca. Con ellos ahí, se tuvieron que amistar. Es así, los que andan en grande tienen eso: si van a matarse entre grandes, lo tienen que hacer bien. Invierten, organizan, planifican, no es así nomás. No es como mandar a matar a un soldado, a una mula, a uno cualquiera que quiso mejicanear.

Ahora acá en Buenos Aires la gente se mata por menudeo. Es un riesgo de la concha de su madre. Yo les conozco. Se matan por pelearse un kiosco mugriento. Es por querer figurar. Por decir que van al frente. Siendo éste un mercado chico, entonces uno se plantea qué valor le dan a la vida. Porque si el mercado es miserable, se están peleando por hacerse los valientes, los machos. Pescadito, por ejemplo, fue sentenciado por matar a un vago. Eso fue de conventillo. Me hicieron esto, dijo la hermana. ¿Quién fue? Fulano de tal. Se fueron a buscarlo a una pizzería, lo levantaron de la mesa y se lo llevaron. La hermana, la Pescadita, murió después de un tiro en la panza cuando estaba embarazada. Era la típica peruana forajida. ¡Mucha bulla hacen acá!

*

247

Nunca en cuatro años y medio vi el conventillo vacío. O al menos despoblado. Como se hubiera filas y filas de rezagados que pretenden pasar a formar parte del plantel de Alcira, cada vez que una ausencia se produjo, por ejemplo la desaparición misteriosa de Olray, alguien vino a ocupar el sitial del alejado. Un mediodía abrió la puerta alguien nuevo, un hombre de unos cincuenta años que sonreía, como si esa sonrisa fuese el resultado de la creación de otro en un rostro triste. Los ojos grandes y redondos en una cara ovalada le daban a Pedrito el aire de un clown. Tenía puestos unos pantalones verdes chupines y una remerita ajustada. Habló con delicadeza: vos sos el escritor, dijo. No tenía los mohínes televisivos de Olray, era más bien como un mayordomo. Los niños salieron corriendo desde el fondo del pasillo y Titán, un bulldog descomunal que Alcira mantenía cebado para que nadie se le acercara, se puso a ladrar. Juancito lo calló con un puñetazo en el lomo y se colgó de mí.

Pedrito era un viejo conocido de Alcira de cuando le decían Eva, en Barrio Norte. ¿Habían trabajado juntos alguna vez? Antes de Alcira, Pedrito tuvo su propia comadre, casi hermana, en una mujer que estaba presa por tráfico. Cordobés, de una educación artística que incluía nociones de música y poesía, Pedrito se había instalado en Buenos Aires hacía unos treinta años y había entrado por la más *underground* de las puertas. En su esplendor era el que proveía de marihuana a algunas divas del *off* corrientes y los poetas contraculturales de la época. Su protector fue Mario, o La Mario, o La Marilina, un modisto, diseñador y personaje de la vida bohemia de los setenta que tenía una amistad de vieja data con la Rosa, una mujer a cuyos hijos había apadrinado. Al parecer todos habían vivido de la venta de drogas, pero era Rosa la verdadera transa. Había caído presa y el modisto se tuvo que hacer cargo de la crianza de los tres niños. A las dos mujeres las había sacado adelante. Con el varón perdió la pelea y también había ido a parar a la cárcel, pero por robo. Según los cuentos de Pedrito, la Marilina había estado en París a fines de los 70 de la mano del poeta y *performer* Fernando Noy. Su largo pelo rubio fascinaba a los franceses. Entre ella y la Noy, que ostentaba una melena de rizos hasta la cintura, de echarpes largos hasta los pies, rondaban el Barrio Latino y Montparnasse seduciendo a los machos más bellos de la ciudad. No eran travestis, que se entienda. Nunca lo fueron. Si acaso un juego de encaje en el que se soñaban ninfas andróginas apetitosas como ostras con vino blanco.

Esos relatos de un pasado *glam* y poético recordaban los otros cuentos, los de Olray y sus veleidades de Susano. Pedrito no había alcanzado a conocerlo pero escuchaba los lamentos de Alcira que cada tanto intentaba averiguar por el destino del rubio de rulos y ojos celestes. Todas las pistas que intenté seguir para dar con la confirmación de su muerte fueron un fracaso. Llegó a convertirse en una obsesión. Había averiguado por muchos crímenes en los alrededores de Villa del Señor: hasta cuando las víctimas heridas por balas de narcos mentían, diciendo que los habían querido robar para no levantar la perdiz. El cadáver con la boca cosida de Olray no estaba en ninguna morgue, en ningún hospital, no había sido enterrado oficialmente en ningún cementerio. Olray no estaba.

Recibí la noticia en el teléfono:

—¡Está vivo! ¡El puto está vivo! Lo vi en el supermercado: vino a la casa de los viejos porque lo dejaron salir de una clínica. Se internó. ¡Ahora está gordo!

Alcira se había encontrado con Olray en el mismo supermercado donde solía mandarlo a "mechear". Había caído en una depresión profunda y sus padres lo habían ido a buscar a la villa de Sabaneta. Lo durmieron con pastillas sin que él se diera cuenta y lo llevaron a una clínica para adictos en la provincia. Allí se recuperaba. Nada sabía sobre un muerto al que le cosieron la boca, ni mucho menos. Quedaron en visitarse en la próxima salida de la clínica. Alcira le agradeció a San la Muerte y a la *mai* Oxún: a los dos les había pedido que hicieran el milagro de devolver a Olray a la vida.

En el inquilinato siguió al frente de lo doméstico el bueno de Pedrito. Su influjo sobre los niños, sobre Alcira y sobre el ambiente del lugar fue de larga duración. Poco a poco se volvió alguien imprescindible y adorado. La nueva mano derecha de Alcira volvía a ser un hombre al que le gustaban los hombres, para regocijo de la dueña de casa:

—¡Condenada a estar rodeada de putos! —gritaba de vez en cuando.

Pedrito no experimentaba la deriva erótica de Olray; era más recatado, y era mayor. Quizás por eso la pieza que le asignó Alcira para que viviera siempre estuvo dentro de los límites de su fortaleza personal, después de las rejas que dividían el inquilinato de la casa. Su dormitorio era un cuarto hecho con madera, más precario que el resto, en el primer piso. Se subía por una escalerita caracol de metal que temblaba, la misma de donde se había caído Martita. Adentro, el mundo privado de Pedrito era una escenografía montada con prolijidad. Las paredes estaban cubiertas de viejos cubrecamas y géneros estampados. Esos cortinados improvisados con telas que parecían salidas de antiguos baúles familiares le daban al lugar un clima de confort que el resto de la casa no tenía. Pedrito solía fumar un porro mientras contaba alguna de sus historias de juventud o algún suceso recién ocurrido en el vecindario. A veces eran largas conversaciones sobre música de los 70 o películas clásicas. Era parecido a La Loca del Frente, el protagonista de la novela de Pedro Lemebel, *Tengo miedo torero*. De hecho Pedrito sabía muy bien quién era Pedro, el cronista. Y quiénes eran Alejandra Pizarnik, María Moreno, Batato Barea.

Su experiencia en el under parecía darle una esencia estética: no pasaba mucho tiempo sin que cambiara la decoración de su pieza, el orden de los muebles. ¿Cómo hacía para moverlo todo en ese espacio reducido de puertas angostas? Un día me explicó que se podían desmontar fácilmente las paredes de madera. Entre varios ataban, por ejemplo, el sillón, y lo trepaban por la pared delantera. Esa capacidad para transformar el conventillo era parte del aprendizaje que le había dado a Pedrito la vida trashumante. Y esa misma habilidad para adaptarse fue lo que hizo que ocupara el sitial del mejor comodín imaginable por Alcira.

Con el progreso económico del emprendimiento narco, las manos para resolver la vida cotidiana de la casa se multiplicaron: allegados y parientes lejanos aparecían sin avisar en el patio del fondo, dispuestos a cocinar, limpiar, ir al Mercado Central a traer la fruta y la verdura, tareas importantes. Alcira siempre tuvo a alguien que se ocupara. Hubo un tiempo en que fue la madre de Denis, después la China, una prima que venía de Lanús, o el tío de Alcira, que también resultó marica. Con cada uno de ellos abría una venta de comidas y, ante algún desacuerdo, lo cerraba. Con Pedrito podía reemplazar la mano de obra de las bajas, porque Pedrito siempre fue incondicional.

Llevar y traer por los alrededores del conventillo era su faena más habitual. Su teléfono celular era una caja musical de los más variados ringtones, y sonaba a cada rato. Ese timbre era el registro más claro de una actividad comercial incesante y gananciosa para Alcira. No estaba demasiado claro cómo era el contrato que tenían, de qué manera se pagaba el trabajo de Pedrito que parecía continuo, a destajo. Cuando no estaba ocupado con la clientela ansiosa y demandante, lo estaba con Juancito, Martita y Gabriel: los levantaba, los vestía, los preparaba para la escuela. Era un protocolo que se repetía con cierta minuciosidad. A los chicos los tranquilizaba la presencia de Pedrito.

Como no se metía en grandes problemas, no traía grandes problemas. Los nenes habían visto cómo Alcira desesperaba por los problemas de su hermano mayor, Damián. Cómo se enfrentaban, cómo él amenazaba con pegarle a su madre. Sabían que Damián había hecho algo grande, porque una tarde llegaron a la casa unos seis hombres a buscarlo y sólo el llanto y los ruegos de Alcira lograron calmarlos. En esas ocasiones los chicos se iban con Pedrito a los cuartos de arriba, en el fondo de la fortaleza. Pedrito les contaba cuentos, les leía algo o les ponía los dibujitos en la tele, con el volumen al tope.

La patota que reventó el inquilinato no buscaba venganza sino una salida a un problema mayor. Damián se había acercado después de su última pelea con Alcira al viejo Miguel, en la Villa San Sebastián, aquel enemigo de Teodoro que a fines de los 90 había querido matarlo. Damián solía hablar del Loco Miguel como de un tío cercano. Sugirió que era impredecible desde que se había vuelto adicto al paco. Habló de su paranoia, de cómo solía disparar al blanco encerrado en su rancho. Miguel había empeorado desde que le mataron a la Loca Irma. Ella había caído por mejicanear a sus propios clientes en los alrededores de Villa San Sebastián, y él ahora se dedicaba a secuestrar hijos o parientes de transas. Es uno de los riesgos que comienza a correr el narco pequeño cuando crece. Si se dedica a la venta por mayor y su capital sube, debe poner en marcha operativos de seguridad más cerrados sobre el clan familiar. Esa tarde, en el conventillo de Alcira, el grupo de matones era liderado por un hombre boliviano que parecía echar espuma por la boca y escupía al gritarle a Alcira.

—¡Me devuelve a mi chico o yo le prendo fuego todo!

Titán, el bulldog, estaba amarrado al árbol y se ahorcaba con el collar queriendo atacar. Ante el bochinche, en el fondo se reorganizó la tropa del conventillo. Algunos agarraron cuchillos. Otros fueron a los fierros. La patota frenó justo antes de las rejas, a medio pasillo, en fila de a dos, tras el capo, y los "perros" del transa, armados.

—¡Se lo llevaron porque lo entregó el Damián! —bramó el hombre.

—Seré transa, Chipi —lo nombró Alcira al visitante—, pero no hago esas cosas. ¡Ese hijo de nadie está fuera de mi casa hace mucho tiempo!

—A mí no me importa, Alcira, usted tiene que devolverme a mi hijo, si no, lo que va a pasar no le va a gustar a nadie —recitó el otro.

—¿Pero qué quiere que haga, compadre? —intentó Alcira, acudiendo a los viejos años en que habían empezado juntos con la venta al menudeo.

—Que lo devuelvan. Tiene que conseguir que me lo devuelvan sanito como se lo llevaron.

Alcira lloró de desespero. Juró que si se retiraban sin disparos ni locuras ella misma se ocuparía del problema. Se juró a sí misma encontrar a Damián y parar el secuestro.

La patota se fue en silencio, en dos autos que esperaban en la puerta del inquilinato. Alcira esperó a Denis, que estaba con un cliente, y volvieron a discutir por Damián. En cuatro llamados telefónicos lo ubicaron. Alcira fue hasta San Sebastián, cerca de donde había vivido con Grove, su primer marido y padre de su primogénito. Le rogó a Damián que, por el peligro que corrían sus hermanos menores, devolviera al muchacho secuestrado sin que los padres pagaran el rescate. Le prometió que si él lo hacía el clan de los bolivianos le perdonaría la vida. Y ella también.

*

Con la historia de la bruja barranquillera había mantenido a raya la pretensión de Alcira de convertirme en su compadre, por un tiempo.

—¿Quién es?

—Soy yo, Alcira —se oyó del otro lado la voz entrecortada.

—¿Están bien? ¿Pasó algo?

—Sí, no ha pasado nada, pero dicen que están cerca, que andan cerca los amigos míos de Miami.

Alcira le decía Miami a la cárcel cada vez que la nombraba ante los niños o los inquilinos.

—¿Hay algo que yo pueda hacer?

—No, es lo que usted pueda ser, no hacer. Es… nada más que me siento otra vez en la misma y que puedo volver a caer, me pueden hacer algo, puedo ya no estar para los más chicos en algún momento.

Dijo. Habló entre sollozos.

—¡Qué pasaría si yo no estuviera!

—Alcira, no voy a adoptar a tus hijos. No lo puedo hacer.

Alcira enmudeció durante unos segundos. Pensé que me cortaría. Que no volvería a hablarme, derrotada por al idea de que era imposible emparentarme con ellos. O despechada, sintiéndose rechazada.

Hasta que habló:

—No está entendiendo. Nadie le va a pedir que usted sea el padre de los chicos. ¡No! Yo solamente quiero que si yo no estoy mi hijo sepa que existe otro tipo de vida que el que yo le puedo dar.

La muerte y la cárcel eran los fantasmas de Alcira. Era así desde que comenzó sin querer como la viuda de Grove y desde que fue presa. Su preocupación era lógica.

Sus argumentos derrumbaron mi resistencia. Al cabo de una semana dije que sí: dije, sí, quiero. Sí, seré el padrino. Veamos la manera. Veré cómo. Cómo bautizarlo sin que nuestros nombres queden anotados en el mismo papel. Sin que pasemos por los controles de la Iglesia. Pero sí, hay que bautizar a Juancito. Camina y me dice panino. No voy a desairarlo. Quiero a ese niño. No como a un hijo, yo que no tengo hijos. Pero seré lo que puedo: un panino imperfecto que llega tarde a los cumpleaños y a los actos escolares. Malcriador. Y conservador para marcar límites. Aprenderé a decir que no a medida que Juan crezca. El padrino resulta algo así como una conciencia superior en la vida de un niño: unas naciones unidas que aparecen para ver si en el boletín las cosas están bien o si esa marca en el párpado es el rasguño de un perro que lo quiso morder por meterle juguetes en los ojos o un manotazo de Alcira cuando pierde el control.

Decidí que la ceremonia debía preservar su clandestinidad aunque fuera oficiada por un cura. La bruja colombiana rigió sobre este compromiso hasta el final. Le escribí a un sacerdote villero, a un viejo amigo del padre Carlos Mugica, un mito de la izquierda argentina, asesinado durante los 70 en Buenos Aires. El padre Jaime sería una garantía, y no pediría demasiadas explicaciones sobre la necesidad de hacer un bautizo de bajo perfil.

Los preparativos fueron básicos. Le propuse a Alcira que lo hiciéramos un viernes, después del trabajo. No habría madrina. Sólo un padrino, y la presencia de un amigo que se dedicaría a tomar fotos y oficiaría de informal monaguillo de Jaime. Fue en diciembre, cerca de Navidad. Hacía calor. Me vestí de blanco. Mi amigo también. Llegamos nerviosos a una casona en un barrio de la clase alta con un antejardín. El taxi que traía a la familia de Alcira estacionó diez minutos después. Bajaron; Alcira, con Martita en brazos. Denis llevaba a Juancito. Detrás venía solo Pedrito. Gabriel había quedado en casa. Alcira me dijo que preferían no ir al restaurante peruano al que yo los había invitado a cenar, que habían preparado una cena íntima, nos esperaban en la casa. Los niños estaban planchados: peinados con gel, eran la estampa cristiana de la candidez. Tenían los ojos vidriosos y suspiraban: parecían haber recibido una tunda antes de salir para la iglesia. Jamás los vi tan dóciles.

Jaime nos esperaba con la sotana puesta. Con ese vestido blanco y la estola roja, parecía un obispo centroamericano con los ojos claros y el pelo encanecido tenía un aura beatífica. Entramos, todos, en un estado de consagración religiosa de inmediato. Algo así como un silencio compartido, un silencio colectivo, el de los templos. La voz de Jaime se hizo más anciana en la capilla del siglo XIX en la que entramos con pasos cortos. Era el sitio en el que Jaime y los otros sacerdotes que vivían allí rezaban cada mañana, temprano. No se escuchaban ruidos. Quizás los hermanos ya estuvieran durmiendo. Eran casi las diez de la noche.

Juancito se comportó como un cristiano experimentado, aunque entiendo que pocas veces en su vida había entrado a una iglesia. Cruzó las manos adelante como uno de esos nenes que van a tomar la comunión con un devocionario de nácar y un rosario entre las manos. Por momentos cerraba los ojos en actitud de meditación. Jaime le habló para instruirlo sobre el momento que vivía: "Juancito, éste es un día muy importante en tu vida. Éste es el momento en que serás presentado a Jesús, nuestro señor", le dijo. A Alcira se le humedecieron los ojos. Denis, que estaba también de camisa blanca, se movía incómodo balanceando el peso del cuerpo sobre un pie y sobre el otro, como un péndulo. Mi amigo comenzó a ser solicitado por el padre Jaime.

—Vamos a pedirle a él, que está vestido todo de blanco, que sea mi ayudante, Juancito.

Mi amigo tuvo que adelantarse y tomar la vela que luego sería puesta en manos de Juancito. Luego el cáliz en el que Jaime puso un buen trago de vino tinto. Para elevarlo, bendecirlo y tomar de él. Rezamos juntos el padre nuestro que estás en los cielos. Juancito movía los labios sin pronunciar palabra. Tomó en las manos la vela y yo la tuve que encender. Entonces, Jaime se dirigió al padrino. Me miró y dijo, con claridad:

—Nuestro querido amigo está asumiendo hoy una responsabilidad inmensa. Deberá estar cerca de Juancito para ayudarlo, para asistirlo, para darle ejemplo en la vida. ¿Verdad?

Juancito asintió.

—El padrino debe mostrarle el camino hacia Jesús al ahijado. Es una guía. No puede llegar con el regalo de Navidad y olvidarse el resto del año. Debe estar presente. Esa es su misión.

Tuve que alzarlo en mis brazos y mi amigo debió sostener la palangana que recibe el agua bendita que Jaime derramó sobre su cabeza.

Si el bautizo hubiera sido oficial y no clandestino, el conventillo habría sido una fiesta descomunal. Las luces de colores habrían sido colgadas cruzando el patio, junto a las guirnaldas, y en las esquinas y en las aberturas, los conjuntos de globos de colores combinados. La orquesta de cumbia o el DJ del altiplano se había montado en el patio mayor y las comadres y los compadres de vidas pasadas, reaparecidos, habrían hecho que la tierra sobrevolara medio metro el piso con el aspaviento de los huainos zapateados. A la torta la habría acompañado una montaña de souvenirs de porcelana fría en colores celeste y rosa.

De la magnificencia de la escena sólo había en el conventillo una buena pollada para los más cercanos y los souvenirs, unos ositos de cachetes sonrojados con una tarjetita dorada de "recuerdo de mi bautismo". La Chongonganga, la mujer que solía proveer a Alcira de a kilo cuando no tenía otro mayorista; un albañil de la norteña ciudad de Trujillo que estaba en plena construcción de las piezas de material de adelante; la Chona, una prima de Alcira que venía de González Catán a cocinarle cuando necesitaba una ayuda, y por supuesto Pedrito, mi amigo, yo y hasta mi hermano Marcelo, que había llegado del Sur con su esposa, participaron de la mesa que se lució en el living comedor con el pollo y las cuatro ensaladas. Mucha comida. Como debía ser. Las ceremonias bien provistas suelen ser la mejor promesa de prosperidad. Esa noche no hubo gritos. Apenas ese ritmo caribeño de Marc Anthony dale que va con su salsa y su sabrosura. Brindamos todos por el futuro de Juancito: sería el mejor, Dios lo protegía.

*

Fui el huevón que cayó preso, compadre. Con dos días de diferencia nos chapó, a mi hermano Niki Lauda y a mí, ese Evaristo

Danteri, grandazo y rápido como es. Se dan la parte de que hicieron una gran investigación esos policías muertos de hambre y resulta que nos chaparon sin un gramo en ninguna parte. O sea, somos los únicos huevones que se pasaron casi tres años en cana por traficar y ser terroristas. Eso creo que es lo que más les dio valentía de meternos adentro, y al juez de darles la orden de detención. Porque mire que he tenido causas, y conozco el paño, pero eso de que éramos una sociedad con Marlon se lo inventaron, ¡si nosotros siempre tuvimos las cosas separadas! Como sea, cuando mejor nos estaba yendo, nos vimos presos con Niki. Mi hermano, usted sabe, compadre, que Dios lo tenga en la gloria, era un hombre complicado, de mal carácter. Usted le sacaba más fácil cien dólares de encima que una sonrisa de la boca. Qué huevón más duro, más enojado con la vida. Yo no sé si él se pensó que Marlon algo sabía de que nos iban a encanar o qué, pero desde que caímos se le puso entre ceja y ceja. Si antes de Danteri ya le tenía pica porque el otro se vivía quejando de que a nosotros nos iba mejor en los negocios, después de Devoto ya era alevoso. Teodoro, hermano, me decía, si todo lo que nos pasa es por culpa de ese conchesumadre.

Entre esa tarde que me agarraron en Villa del Señor, cerca del pool de Niki Lauda, y el día en que lo chaparon a Marlon en el centro de Lima, pasaron como seis meses. Después hubo que extraditarlo. Allá lo fueron a buscar los mismos policías de Antiterrorismo y terminó en el pabellón quinto de Devoto, el de los peruanos. Yo había entrado al tercero pero pronto pasé al cuarto, donde ranchaba con Humala y mi hermano, y al final al quinto. Ahí nos encontramos, para bien y para mal. Ahí vivimos la peor pelea que recuerdo en la cárcel, un día que Cali se puso firme con que había que dejar entrar a ranchar con nosotros a un paisano nuestro, uno de los famosos hermanos Nana. Después se hicieron conocidos porque los mataron a los dos: a uno le dieron desde una moto, en Palermo, como hacen los sicarios de Colombia, y al otro, en una pensión de San Cristóbal, mientras roncaba. Un limeño ladrón al que le decían Fito manejaba el pabellón. Y cuando el Nana se quiso instalar, invitado por Cali Aranda, salió el tal Fito en contra.

—No, compadre, este muchacho tiene una causa, se me va de acá.

Y sale Cali al toque:

—No, compadre, cómo se va a ir, es un paisano. Si lo deja afuera se pudre.

—Bueno, se pudre entonces.

Desde que me subieron del pabellón cuarto al quinto, sabía que estaba en el bando de los que podían perder. La gente no los aguantaba. Es que imagínese, compadre, que estos desgraciados les mandaban a dar un tiro en una pierna a los muchachos. Si ellos fueron ladrones y bien saben que los pies son su herramienta de trabajo en la vida. Eso es mucha maldad. Cuando yo llegué, les dije tenemos que hacer fierros. Y ellos, creídos, dicen que no, que los otros se persiguen porque nos tienen miedo. Ta' bien, dije yo, pero si hay que pelear, con qué vamos a pelear. ¿Usted sabe lo que pasó? Medio pabellón con nosotros, ¡pero no teníamos fierros! ¿Sabe lo que sacaron ellos? Sacaron unos charretones así. ¡Son lanzas! Miden como metro y medio. ¿Qué es lo que teníamos nosotros? Dos cuchillos de cocina. Le pegaron a Cali, salió a cruzarse su sobrino, y con Marlon quedamos al último. Vimos cómo ahí nomás, cuando salió de la pieza, el cocinero de la ranchada se ganó el pencazo, ahí nomás cayó muerto. Cuando vi eso les dije:

—Bueno, ya está listo, compadre, perdimos, váyanse.

Mi hermano no estaba porque él trabajaba en el penal, repartiendo la verdura por todos lados. Cuando volvió nos dijo de todo porque teníamos la culpa de esa muerte del cocinero, por no haber estado bien preparados. Él fue un hombre de Sendero Luminoso, un militante que participó de cursos y protagonizó algunas acciones. Por eso estuvo preso durante un tiempo en Perú, y esa dureza que se gana en la cárcel como acusado de terrorista siempre le ha quedado a él. Él no se dejó, por ejemplo, apretar por nadie dentro de la cárcel: tenía fama de tener mal carácter, y nadie lo molestaba. En cana se sigue otra política que en la calle, donde al narco, si tiene soldados, nadie lo toca. En cana se dice que los chorros mandan. A Marlon, y antes al sobrino, los chorros del pabellón le cobraban con tarjetas que les traían los familiares. Y Niki Lauda despreciaba que Marlon fuera gil, que no se parara de manos, que prefiriera pagar para que lo dejaran tranquilo. Es que Niki Lauda era un poco más serio, más a la antigua. Muy cerrado. No era muy amiguero. Él iba a su sobre. Se iba a meditar. Y a veces se quería imponer. Por ejemplo, el teléfono: él decía que era para hablar cinco minutos. ¿Y por qué no quince minutos? Era loco. A veces yo mismo me decía, y les decía a los otros: déjenlo, está *chaplín*.

Nunca imaginé que la tensión que había entre mi hermano y Marlon iba a llegar a tanto. Uno defiende su posición, su nombre, porque no puede dejar que eso se manche. Es parte de tu capital, como en cualquier negocio. Si se dice que no pagas o que mejicaneas, que eres de mal trato, no te va a ir bien. Y tampoco puedes ser un nulo que si hay un problema te corres y le dejas el lugar a otro. Cuando te hiciste respetar una vez, ya te conocen. Después de que saben cómo eres, pasa que hay gente que a veces chapea contigo, no sé si me entiendes. Van a hacer un negocio y le dicen al otro, sí, esto es de Teodoro. Y basta que diga Teodoro, y el otro lo toma o lo deja. ¿Me entiendes? A veces amigos míos me dicen oye compadre, discúlpeme. ¿Qué pasa? No, causita, le quería decir una cosa. Causita, ¿yo puedo a tu nombre? Es como si le dijera una marca. Van mis amigos y cuando se la ven difícil, para sacarlo rápido y seguro, dicen no, causita, tengo esto, estoy trabajando con Teodoro. Como mucha gente anda en el mejicaneo lo que esto significa es que si el otro no le paga, o no hace algo que estaba pactado, atrás va a tener problemas. Para darle un ejemplo: un muchacho me dijo que un peruano andaba rondando su casa, uno que quería mejicanearlo. Entonces un día estábamos comiendo en un restaurante en esa esquina cerca de la villa, y justo entra ése. Me dice mi amigo, causa, ese muchacho es. Estábamos tomando una cerveza. Como el muchacho ése me conoce, se tiene que acercar a saludarme: hola Teodoro, ¿cómo anda? Le digo, causa, le presento a mi compadre. O sea que él ya va sabiendo que mi amigo está conmigo. Al tiempo, mi amigo me dijo: gracias compadre, porque sabe que ya el muchacho ése no pasa más, quedó todo tranquilo. Así se sube, con un nombre, con una conducta, porque en este mundo todo se sabe. De esa manera yo subí rápido, pero también subí con esa fuerza de que al que tenga que darle le voy a dar. En mi caso, primero lo hacía yo. Luego, poco a poco, vas creciendo, teniendo a quién mandar. ¿Si me pesa? Le voy a ser bien sincero: soy muy frío para hacer mis cosas. En los sueños no me molesta nadie, no tengo pesadillas nunca. En serio, desde muy criatura he sido así.

Como senderista nunca tuve que matar, le digo la verdad. No es que lo niegue porque me dé vergüenza o algo, no. Me acerqué a ellos porque me invitaron con argumentos que me parecían bien. Ellos pretendían llegar al poder y poner una clase social de igualdad para todos. Que la riqueza se comparta de manera igualitaria, para todos. Cambiar los sistemas de la clase dominante, por el pueblo, que el pueblo tenga mejores comodidades y mejor educación, cosa que hasta ahora no se pudo dar. La mayoría de los que hacen esta promoción eran profesores o estudiantes. Trabajadores, como mi hermano o como yo, no éramos tantos. La verdad es que hubo un momento en que yo pensé que sí lo podían lograr. Para mí estuvieron a un paso de lograrlo, y por un error se acabó. El error fue que Abimael Guzmán se metió a la ciudad. En ese tiempo en la ciudad era difícil librar una guerra. En la ciudad estás más propenso a que puedes caer de cualquier manera por los servicios de inteligencia. Eso es lo que pasó con Guzmán.

Yo los admiraba mucho a él y a su mujer, Elena Iparraguirre. A nosotros nos llegaban sus escritos, a veces en grabaciones escuchábamos sus discursos. La verdad es que es una persona que me inspira mucho respeto, pero también sé que la revolución es algo muerto, ya fue, ya murió.

Guzmán perdió por el movimiento que se notó en la casa donde se escondía en Lima. Hubo llamadas anónimas de que había mucha entrada y salida de personas de ese domicilio. Revisan después la basura y no se correspondía con la cantidad de gente que supuestamente había en ese lugar. Es difícil camuflarse en la ciudad. Es como si ahora a mí se me ocurriera irme a vivir a San Isidro, a un lugar de otra clase social, donde todos son rubios y yo, morocho. Es seguro que me van a señalar. Yo sé que usted no se explica por qué, si fuimos de pensar que lo mejor era la revolución, cambiamos y nos hicimos esto que somos. La verdad es que yo caí en esto por una comodidad personal, de vivir bien. Yo siempre he caminado por los sitios cómodos y siempre me ha gustado la comodidad, vestirme bien, que mis hijos vivan bien, que estudien. Siempre me he dado mis lujos, y aún hoy, conmigo preso, afuera mi familia vive bien.

Mire, si el problema con Marlon hubiera sido político, o sea si por ejemplo la bronca hubiera sido porque mi hermano Niki Lauda lo acusaba de ser un traidor a la causa, o uno de las Autodefensas, sería más fácil de explicar. Pero no, mi hermano se fue poniendo cada vez peor con Marlon, hasta que empezó a quererle pegarle. Salimos los tres en libertad, aunque a mí me dejaron unos meses más porque una vez me agarraron con un DNI trucho, así que tenía una causa por falsificación de documento. Ya desde adentro mi hermano andaba con que lo quería agarrar a cuchillazos. Yo le decía cálmate huevón. Ah, qué, ahora sos cana, chucha e' tu madre, me decía él. Y yo: no soy un cana, huevón, pero usa la cabeza, huevón, usa la cabeza. Y Marlon me decía eh, ¿qué pasa con tu hermano, huevón? No le hagas caso, causita, no le hagas caso, está todo piola, lo tranquilizaba yo. Bueno, compadre. Bueno. Listo. Y en esas quedamos.

Pero claro, eso siguió afuera. Entonces él me paró y me vino otra vez con que tu hermano, que el problema con tu hermano, que lo iba a poner. Y me cansé. Le dije:

—Mira, compadre, la vamos a hacer corta. De una u otra manera, él es mi hermano. Si le pasa algo a mi hermano, yo me la veo contigo, compadre.

—No, causa, está todo bien —me dijo.

—Bueno, compadre. Listo.

Por unos meses no hubo más problemas. Mi hermano hacía lo suyo, nadie lo tocaba. Si lo tocaban a él, sabían que se les venía la noche conmigo. Yo los despedazaba. Hasta que un día Marlon se cruza en la villa con mi sobrino, el hijo de mi hermano mayor.

—Yo me persigo contigo, causa —le dijo—. Por acá ya no pases. Que ya no entre a la villa ni que esté por Bonavena. Que él se persigue.

—¿Así te ha dicho? —le pregunte a mi sobrino.

—Sí, tío, así me dijo, textual.

—¡Por qué no se va a la reconcha de su madre, a mí nadie me pone condiciones! ¡No te va a prohibir nada ese concha de su madre!

Ya se empezó a pudrir todo. Un día salió pa' fuera y yo estaba con los muchachos y con los fierros. Y bueno, sale y se pudre, y uno de sus sobrinos se mete conmigo y ¡pa!, le rastrillo yo pa' trás, y se asustó. De repente la que intervino fue su mujer, Susana, una buena mujer. Ella le dijo, sabes una cosa, Marlon, arregla con Teodoro, porque se van a terminar matando entre ustedes. Después de eso quería hablar conmigo, que no pasa nada, que compadre, que ya está. No, dile que se vaya a la reconcha de su madre, yo no tengo que aclarar nada con ese concha de su madre. Dile que donde nos encontremos nos vamos a matar. Así le dije, ¿me entiendes?

263

CAPÍTULO XIII

Esmeralda Heusen llega apurada al bar Army's, en Acoyte y
Rivadavia. Dicen que es el exacto centro geográfico de la ciudad, una esquina equidistante de los cuatro puntos cardinales de
Buenos Aires. La rubia tiene puestos los auriculares. Acaba de
comprarse el disco en el que Rita Lee interpreta canciones de los
Beatles. Esmeralda exhibe el CD de la brasilera junto a una novela de Hanif Kureishi y las fotocopias de un abultado expediente
judicial. La melena rubia y el bronceado natural, cuidado al extremo como para no hacerle estallar las pecas que la vuelven una
adolescente aunque esté por cumplir los 35, le brillan cuando se
mete la mano en la nuca y levanta el pelo dándole volumen; mira
a los ojos, sonríe, habla de la música de Rita y comenta un caso
en el que trabaja, acusando a un escuadrón de la muerte de matar
a dos nenes en la provincia. Está sentada ante mí, tomando su
agua mineral sin gas. Como abogada de derechos humanos del
Ministerio de Justicia, fue ella quien acercó a un juzgado a uno
de los testigos de la masacre en Villa del Señor. Mi misión es
conseguir que me permita entrevistar a ese hombre, que confíe
en mí. Pero cuando creo que el asunto avanza hacia ese objetivo,
Esmeralda Heusen hace una pausa dramática y dice:

—Antes de seguir voy a ser honesta. Yo hago casos de derechos humanos por decisión personal, pero no vivo de eso. Vivo de defender a narcotraficantes. Hace siete años que soy la abogada de todos los soldados de Marlon.

Son esos segundos de silencio que se estiran hasta producir un vacío. No voy a mostrar sorpresa, me digo, y ordeno a los músculos de la cara que no se muevan, que mantengan la expresión de naturalidad. Ella y yo estamos en la misma, imagino. Ella y yo jugamos a que somos espontáneos, nos estudiamos y pretendemos tantearnos, medirnos, acercarnos sin entregar mucho, aunque lo suficiente como para ganar al menos información. ¿Somos enemigos? ¿Me considera un enemigo? Jamás lo va a reconocer. Jamás va a darme una entrevista, aunque nos veremos en distintos bares de la ciudad, las pocas veces que ella acceda a encontrarse conmigo, su perseguidor, el más insistente de los hombres que la han acosado, aunque en este caso sea sólo porque es la abogada de la banda, una gran fuente, la puerta de acceso al mismísimo Marlon.

En esa primera cita, Esmeralda me contó sobre su vida mundana. Había vivido tres años en Europa, hablaba tres idiomas incluido el alemán, tenía un hijo y un novio dueño de una marca de ropa y diseñador. Había leído un libro mío y seguido mis crónicas en el diario. Estaba interesada en mí como si quisiera ser mi amiga. Hasta me propuso que algún día presentáramos a nuestras parejas, tan interesadas en el mundo del diseño. Sobre la banda sólo dejó en claro que su relación fuerte era con las mujeres del grupo, que manejaba los asuntos penales pero a veces también los económicos, y que pagaban bien. Era, definitivamente, una extranjera en el clan peruano, pero hacía tanto tiempo que los visitaba en la calle y en la cárcel que ya conocía los códigos. Aunque le parecía un horror la tintura roja con que se coloreaban el pelo las mujeres, y esas joyas que solían regalarle no las usaba jamás porque no eran elegantes, ese era su oficio y tan mal no le había ido. Se sentía cómoda como abogada de narcotraficantes.

Esmeralda Heusen había hecho un camino extraño para llegar a mí o la casualidad era demasiada, casi inverosímil. Hacía pocas semanas había asumido una causa judicial polémica: la justicia bonaerense había absuelto a los policías acusados de matar por la espalda, de siete y catorce tiros, a dos niños ladrones en la zona norte. Era un caso en el que yo había trabajado durante un año y medio. En uno de los once asesinatos de menores por los que se acusaba al escuadrón, habíamos conseguido testigos para condenar a los capos. En la mayoría era imposible probar los crímenes. El más flagrante de todos era el del doble fusilamiento, en el que la Justicia al comienzo avanzó, pero luego los presos que habían sido testigos claves para mantener a los policías encerrados hasta el juicio oral fueron apretados. La sentencia absolutoria había sido confirmada en una segunda instancia y sólo quedaba una oportunidad y pocos días para usarla, un recurso ante la Cámara de Casación, los jueces supremos. Esmeralda se había acercado a algunos activistas de derechos humanos vinculados con el gobierno y había sido la elegida para hacerse cargo de la misión. Creí que era una buena señal. Me equivocaba.

Estaba al comienzo de esta investigación y los caminos que elegía no siempre eran los indicados. La saga de equívocos es larga. La inmersión en el mundo narco era como una pesca en río revuelto, jamás se podía estar seguro de que un intento, aun el más estudiado, daría resultado. Sólo quedaba insistir y comprobar que ese no era el camino. Quiero decir: me interesaba entrevistar al testigo de Esmeralda, a los soldados que representaba, y a Marlon, claro. Cuando la investigación aún es un diagrama en la libreta roja del cronista, algunos personajes de la trama que persigue se vuelven fetiches. Eso me había pasado en este caso. Y Esmeralda era el único camino que podía conducirme a ellos.

En el Army's me dió su teléfono celular y el de su casa. En su casa solía atenderme el contestador o una mujer que cuidaba a su hijo y estaba entrenada en decir que la doctora no se encontraba, que estaba en la provincia atendiendo un caso y nunca se sabía a qué hora regresaría. Aunque fueran las siete de la mañana y no fuera verosímil que tan temprano alguien pudiera estar ya trabajando. Es que había que salir al alba para estar a tiempo en los tribunales de Zárate, de Mercedes. Me preguntaba en esa época por asuntos que luego dejaron de importarme: cómo eran las redes que habían hecho los peruanos en la zona de Moreno. El celular de Esmeralda estaba casi siempre apagado, pero cuando la encontraba —ay, cuando la encontraba— y su voz germánica sonaba del otro lado, mi corazón lo notaba. Se aceleraba el pulso y, siendo lo más simpático que podía, le sugería que me diera una hora de su tiempo para entrevistarla. Del otro lado jamás escuche un reproche por mi continuo pedido, tampoco una negativa clara. Algo así como lo lamento mucho pero será imposible, no me lo permiten, por favor no insistas. Esmeralda se mostraba complacida de recibir el llamado, era amable y vivaz, graciosa, y al mismo tiempo terminante: no tenía tiempo, estaba desbordada de trabajo, tenía que ir a la escuela de su hijo, una reunión importante, o algo a lo que jamás faltaba, su clase de karate. Esmeralda era, además de escurridiza y misteriosa, cinturón negro de artes marciales.

Mi obsesión por Esmeralda duró unos tres meses. Soñaba con ella. Soñaba que me presentaba al tal Marlon y el hombre se sentaba con una cerveza en la mano a conversar sobre la vida en Lima, su infancia en Lurigancho, su pasión por las mujeres rubias y las veces que tuvo que mandar a matar a los traidores. Despertaba y por la mañana mi rutina indicaba que lo primero en la lista de actividades del día era llamar a Esmeralda, a sabiendas de que el teléfono sonaría hasta dar paso al contestador con su voz ronca llena de autoridad, diciéndome que pronto respondería el llamado. Imaginaba que debía tener otro celular para las emergencias. Cómo, si no, recibía las malas noticias de la banda, los allanamientos en tal o cual aguantadero, los nombres de los detenidos a los que tenía que ir a visitar a la comisaría para negociar su liberación, para mover los expedientes, para tocar al hombre justo en la oficina indicada. Esmeralda trabajaba día y noche, sin parar. Tenía que ahorrar. Aprovechar la oportunidad y saber guardar para un día no tener que correr detrás de estos narcos de cuarta que la obligaban a andar tras sus espaldas, cubriendo con recursos y presentaciones, escritos y llamados estratégicos, la sangre que dejaba el negocio.

A las dos semanas la invité a cenar. Pensé que esa sería la manera ideal de avanzar sobre algo, en principio un acuerdo para ver al testigo de la masacre. Nos citamos en el restaurante Urondo, un sitio elegante en el mismo barrio de Caballito. Los dueños son mis amigos y en él me siento seguro, como en casa. En esa época pasaba buena parte de mis noches allí. Estuvo bien; mi pronóstico más optimista era un plantón con excusa, alguna detención de último momento que la retrasaría hasta la medianoche ante el mostrador de una taquería del tercer cordón del conurbano. Esa noche Esmeralda no llegó. No contestó a mis llamados ni se excusó. Esmeralda fue la última mujer del mundo a la que perseguiría con esa manía imparable. Pobre Esmeralda.

A lo largo de esas semanas logré verla sólo dos veces más. Me citó en su casa. Vivía a cinco cuadras de mi departamento, lo que no me resultaba del todo tranquilizador. Ellos y yo caminábamos las mismas calles. Comíamos probablemente acodados en el mostrador de la misma pizzería. No podía ser bueno. Al tocar en el departamento una mujer dijo que Esmeralda había tenido que salir de urgencia, que ya no regresaría ese día. Cierta tarde, al ir hacia Villa del Señor con mi taxi, pasé por la puerta de su departamento. Toqué el timbre y me dijeron que no estaba. Cuando estaba por darme vuelta y subirme otra vez al auto, un hombre moreno, robusto, de rulos grandes y una cara andina indisimulable se paró frente al portero eléctrico y tocó en el mismo departamento. Desde adentro preguntaron quién era.

–Marlon.

Dijo y sonó el timbre que lo dejó empujar la puerta de acceso y perderse de mi vista al subir al ascensor.

Jamás me daría una entrevista. Pero seguiría sus pasos hasta esa tarde en que Teodoro mandó un comando a eliminarlo, a él y a toda su familia.

*

Nunca conocí a Esmeralda porque nunca defendí a los empleados sino a los dueños. En este gremio cada uno hace lo que le corresponde, y no mezclamos el ganado. El abogado siempre es el vínculo entre los que están en la marginalidad y la noción de Estado. Nosotros somos los que les damos la mano que necesitan para dejarlos trabajar en paz, guardianes contratados y sin armas. Lo más caro de todo lo que tienen que pagar. Por eso conocer a Marlon fue un descubrimiento. Fue durante plena crisis, después del estallido del 2001, a los pocos meses. Vino recomendado por un colega muy amigo mío que me dijo che, te mando un peruano que tiene una causa importante, atendelo porque está lleno de plata. Yo, la verdad, no le creí, pero un día lo tenía al morocho sentado en el hall del estudio, con sus zapatillas de astronauta, todo de equipo de gimnasia, como si no fuera poderoso sino un tipo más de la villa, aunque muy prolijo.

No tengo prejuicios. Crecí en una familia de clase media, mi vieja es docente, y al final de su carrera llegó a directora de escuela. Soy hijo único, fui al colegio Lasalle y me enorgullece decir que soy el primer profesional de mi familia, todos inmigrantes y laburadores. Con esto pude hacer dinero. Tampoco millones, aunque pude conseguir un estatus y un nivel de vida que de pibe jamás me hubiera imaginado. Hago lo que me gusta, tuve suerte. Creo que se lo debo a que siempre fui un aventurero, no me dió miedo crecer, tirarme a la pileta. Conocí Lima a los veintidós años. Fue todo un descubrimiento. Había leído *La noche es virgen*, de Jaime Bayly, me fascinó la idea de una ciudad tan intensa. Quería vivirla. Todavía era un estudiante y no era consciente de nada. Me decía a mí mismo, Rodrigo Ferrari, a vos no te para nadie. No tenía un centavo pero era rubio, tenía los ojos claros, y era el único argentino en ese grupo de amigos que hice en Cuzco. De pronto pasé del departamento de mis viejos a vivir en la casa del campeón de surf del Perú en un barrio coqueto, rodeado de lujos; para mí lo que ahora es pan de todos los días entonces eran lujos. Conocí una Lima muy limada. Salíamos de noche a un acantilado de donde veíamos la costa del mar, era intensa esa sensación de poder que te da mirar desde arriba lo que ocurre allá abajo.

Este estudio no es exactamente mío, lo comparto con mis socios. Esta madera de roble no estaba, la pusimos nosotros. Y la alfombra en la que se te hunden los pies, la secretaria bilingüe. Es un estudio que recibe causas fuertes, causas federales, escándalos de corrupción, funcionarios, empresarios, sólo cosas muy importantes. A mí me gusta mi trabajo, en general, pero prefiero los casos que destilan sangre. Las causas más famosas de políticos embarrados me aburren. Con los peruanos me comprometo, claro, porque ellos pagan bien. Aquella vez, cuando Marlon vino y lo atendí, él estaba hasta las manos con un triple homicidio. Habían matado a los Chamorro en la villa y él estaba acusado de ser el cráneo, porque había tomado el poder después de esos crímenes. Mi socio me dijo pedile treinta mil dólares, no los va a traer. Volvió al otro día, otra vez en buzo y con un bolsito en la mano. Adentro llevaba nuestros honorarios. Era impresionante, sobre todo porque en ese momento el cambio estaba a cuatro pesos por un dólar. Y no había dólares en el sistema financiero argentino, la crisis era total. El país había estallado. En las manifestaciones la policía había matado a cincuenta personas y nadie sabía adónde iríamos a parar. En ese momento, en el peor momento, ellos tienen liquidez, más liquidez que cualquier empresario.

La peor frase que me ha dicho un transa es "te traje esto de regalo". Veinte gramos. De la mejor, de la que no cortan. Cuando estudié me rodeé de gente que consumía, en aquel momento cualquier *dealer* podía tener medio kilo en su casa. Me caían en mi departamento, con dos o tres amigos, y hacían la previa. Como nunca fui muy prejuicioso, nunca tuve la reflexión de que eso me haría mal. Me crié en un barrio, en Almagro. Tuve amigos que se hicieron clientes: uno robaba, uno era abogado, uno tenía un negocio. Con ese tipo de clientes tenía el problema de que tomaba con ellos. Después de eso traté de mantener las cosas separadas. Existe un sometimiento del proveedor. La diferencia entre hacerlo por propia decisión y convertirse en adicto es muy leve. En ese momento existían los peruanos. Mi *dealer* era un cheto de Belgrano que les vendía a rockeros famosos. Me acuerdo de departamentos sofisticados. De noches muy largas. De alguna sensación estúpida de satisfacción, aunque muy efímera. Los que me la vendían era gente que no venía del robo ni de ningún delito. De clase media para arriba. Gente que vende para tomar y no laburar, qué sé yo. No conocía al que la traía. El hermano de un amigo, o alguien en un boliche. El primer Bunker, en Anchorena. O Experiment. Esa época era de una incipiente tolerancia de lo que se vio después. Darks, raros peinados nuevos. Me sentí impune durante un tiempo. En algún momento estuve muy cerca de mis clientes: la sutil diferencia es que ahora no estoy muerto ni preso. Sabía que había algo que aparecía como un objetivo superior: los hijos, la familia. Tengo el recuerdo de tirarme en una cama y tener miedo de morir, sentir que me estallaba el corazón y llamar a la ambulancia. Después, un amigo médico me dijo no, a vos nunca te va a pasar nada, porque sos un tipo cuidadoso. Con los años me di cuenta de que es verdad. Era muy raro que me sentara a tomar por tomar. Me sentaba a escribir; tenía que preparar tal defensa, entonces llamaba a un cheto que vendía.

La primera vez que entré en un juzgado todavía estudiaba. Fui meritorio en uno civil y comercial, pero duré una semana: me mandaron a un tribunal federal de provincia. Ahí me entrenaron. Ahí aprendí el oficio. Fui entendiendo cómo es el trabajo sucio de los dos lados. Del lado del que trafica y del lado del que investiga, y la línea gris en el medio. Se vino el menemismo y con eso todo un cambio en los tribunales federales; jueces que tomaban mucho y empleados, casi todos consumidores. Los que combatían el negocio consumían la sustancia de los que investigaban. En el medio tenés a la gente que se encarga de cuidar el gallinero. Esos son los que sostienen el asunto funcionando. Uno de esos era yo, por ejemplo. Fui ascendiendo rápido.

En la Justicia son inevitables los nichos de corrupción. Desde robarse un poco para sí mismos hasta algo más grande. En los 90, que desaparecieran setecientos gramos de una incautación de dos kilos era normal. Me agarraron con tres kilos, un cana coloradito se llevó dos, te dice de repente un cliente. Vos sabés que había más droga, pero te conviene que haya menos; nadie la va a reclamar. Al menos tu cliente no lo quiere. Eso te lleva a poner en marcha determinados acuerdos cada vez que podés hacerlo; o sea, si secuestraste cien, que aparezcan veinte. La trampa está dada por la cantidad encontrada.

También trabajé con un juez que fue un modelo de corrupción. Al tipo se lo sospechaba por tonelada y pico, no era cualquier negocio. No tenía ningún cuidado, de pronto podía decirte vaya y lleve esta bochita con Fulano al baño y tírela por el inodoro. Claro que vos y Fulano no la iban a tirar, así podías ganarte tu propia cocaína si tenías suerte. Ese mismo mecanismo lo podés llevar a las toneladas. O sea, quemas de droga donde no se quema droga sino cualquier otra sustancia blanca. Algunos casos son vox pópuli entre los abogados y en la policía. Es normal que en la misma comisaría donde caés te digan: llamá a este abogado que está arreglado con el juez. Entonces quizás los dos años de escuchas telefónicas que se hicieron sobre vos se pueden perder. Son casetes, pueden ser grabados encima con otras escuchas, o simplemente traspapelarse. No aparecen nunca. Entonces –por nulidad–, el narco, el transa, el soldado, el que fuera, sale. Todos cobran, todos contentos.

Entré muy pendejo. A los veintiocho ya era secretario del fuero. La experiencia como secretario fue ser ultrajado por las fuerzas de seguridad y por los jueces. No dormía, me dejaban órdenes de allanamiento sin justificación. La policía me inventaba causas por cualquier cosa. Me di cuenta de que la justicia es relativa. Un día el juez nos agarró al que ahora es mi socio y a mí, y nos dijo: ahora van a escribir sentencias. A mí me tocaban sobre todo las causas de droga. Me hice experto en eso. Me cambió la vida. El otro terminó como político y se hizo ministro. Después se fue a su casa, porque nunca se supo bien de dónde hizo tanta plata. Pasé a depender de otro juez. Ese nos vio y, cuando volvió a ser abogado de matrícula, nos llamó a nosotros. Yo ya había empezado de *free lance,* con una oficinita propia, y tomaba cosas de él de vez en cuando, hasta que conseguí hacer un milagro en una causa con un grosso, y me llamaron para ser uno más en el estudio. En el juzgado habíamos liberado a mucha gente, el juez era garantista y en cada turno de él llegaban pedidos de excarcelaciones a lo loco.

*

Apenas se deshicieron de la banda de Chaparro y de los paraguayos, los narcos peruanos necesitaron su propio altar en Villa del Señor. Semidesnudo y moreno, el Señor de los Milagros llegó en las manos de Marlon Aranda, un domingo de sol. Marlon lo había hecho armar con un póster traído de Lima, al que enmarcaron en vidrio y decoraron con un collar de flores de plástico alrededor: la Virgen María y San Juan a los pies de la cruz; el padre celestial y la paloma del Espíritu Santo en lo alto. A Dios gracias, el Jesús de Pachacamilla no tiene volumen. Es un retrato, no un Cristo esculpido. Un esclavo de la cofradía angoleña lo pintó en un muro de adobe, a mediados de 1600, en un lugar en el que se reunían los negros para festejar con tambores y danzas. Su inmensa popularidad se debe a que la imagen en la pared ha resistido a todos los desastres imaginables en una ciudad acosada durante siglos por los tifones, los terremotos y los tsunamis que la dejaron más de una vez en ruinas. Cuando en el temblor de 1655 la ciudad se llenó de muertos y escombros y todo se derrumbó, lo único que quedó en pie en el edificio de Pachacamilla, sin una sola grieta, fue la pintura del Cristo negro.

Hacia 1671 un fanático católico de la iglesia de San Sebastián reparó en la brillante expresión de ese Jesús crucificado rodeado de escombros, se fascinó por el extraño fenómeno que lo hacía resplandecer y el día en que enfermó gravemente de un tumor incurable se hincó a rezarle sin parar. El Señor, dicen las crónicas de la época, hizo entonces su primer milagro: curó a Andrés León. Y ganó con ello a su primer adorador. Los negros de las cofradías de los angoleños, los mozambiques, los congos, los mantengas, los cambundas, los misangas, los carabelíes, los lúcumos y los terranovas, creadas por los jesuitas y los dominicos para evangelizarlos, comenzaron a llegar al muro con velas y ritmos africanos cada viernes al anochecer. A los tambores pronto se les sumaron cajones, arpas, vihuelas y cánticos que trajeron el frenesí de la pasión religiosa y el aguardiente. El gobierno colonial recelaba de las reuniones en las cofradías: estaba convencido de que los negros se juntaban para tramar crímenes y rebeliones, y que con la excusa del culto católico se desataba la fiesta pagana. Por eso un viernes de bulla dos escuadrones de soldados, precedidos por un representante del arzobispo de Lima, llegaron para reprimir y cerrar el culto. Entraron al lugar con malos modos y desalojaron el espacio alrededor de la imagen del Cristo. El jefe de la tropa mandó a cubrir el muro con cal. El primero de los que lo quiso hacer fue un indígena, pero apenas subió la mano para empuñar la brocha le dieron convulsiones. Al siguiente le sobrevino un mareo, y el soldado que lo intentó por última vez dijo notar el brillo en la corona de Cristo y desistió. La dificultad fue rápidamente interpretada como un milagro del Señor y sus fieles vociferaron y escupieron a la soldadesca. A la furia popular le siguió una tormenta de rayos y truenos tan fuerte que hizo retroceder a los censores del virrey.

Este santo es una *rara avis*. A diferencia de cualquier otra figura de la cultura religiosa latinoamericana, al no ser una estatua de yeso o madera tallada, difícil de reproducir con cierta fidelidad de su versión original, el Señor de los Milagros es apto para el milagro de la impresión: sólo con fotografiar y reproducir su imagen plana, montarla en un marco de vidrio –como hizo Marlon en Villa del Señor– y sacarla a pasear sobre un altar por las calles de un barrio, se puede hacer una procesión en su nombre; sostener, en cualquier lugar del mundo, la tradición por la cual cada año, el sábado más próximo al 28 de octubre, millones de limeños la adoran en una fiesta desbordante.

La primera vez que se hizo una copia de la imagen del Señor de los Milagros o "Señor de las Maravillas", como también la llamaron los esclavos africanos que lo adoraban en los comienzos, fue después del terremoto del 20 de octubre de 1687, cuando una réplica al óleo del Cristo hecho al temple en la pared fue sacada en andas por las calles en un recorrido que llegó hasta la Plaza Mayor y el Cabildo de Lima. Fue la primera copia de una serie infinita que hoy se sigue reproduciendo en las galerías Wilson, el motor incesante de la industria gráfica limeña, donde trabajan, en pequeños cubículos, diseñadores e imprenteros, produciendo carteles, volantes, *stickers*, gigantografías, pósteres de lo inimaginable, y también del Señor. Ese día de 1687, una multitud fervorosa rezó y cantó al Señor para que los temblores se apaciguaran y el tsunami de tiempo atrás no se repitiera.

La cercanía con el único santo cristiano que es el mismísimo Cristo, o sea una versión insuperable del santoral, es disputada por los fieles con sutiles estrategias políticas que se tejen en cada lugar donde se organiza una procesión. Después de más de tres siglos en Lima, la procesión es controlada por una hermandad de familias que compiten por el lugar que cada año ocuparán en torno de la deidad, durante los religiosos días de octubre. Los "hermanos cargadores" del Patrono Jurado de la Ciudad, las "sahumadoras" y "cantoras", de negro, son el corazón de la manifestación de fe, y son un poder en sí mismos. Los hermanos cargadores se turnan en un recorrido de once kilómetros, vestidos con largas túnicas moradas parecidas a las que usan los franciscanos, pero del color del vino. En las cinturas llevan un lazo, en la cabeza una capucha y en los pies, sandalias. Los ataviados sostienen en sus hombros al Señor que, adornado con una corona de oro macizo, y andas recubiertas en plata peruana, custodiado por dos ángeles también de plata, llega a pesar más de doscientos cincuenta kilos. Caminan por las avenidas y calles de la ciudad con pasos medidos, uno tras otro, aferrados a los listones de madera que apoyan sobre sus hombros. Las cantoras y sahumadoras rodean la figura del Cristo, y al grupo de hombres, vestidas elegantemente de negro, las cabezas con peinetas y mantillas españolas y el rostro cubierto de bordados tules blancos, en extrema señal de pudor y penitencia.

Para ese octubre fatal de 2005, el padre Artemio llevaba dos años en Villa del Señor. Ya había aprendido que su tarea como cura villero era preguntar menos y acompañar más. Sus fieles eran hombres y mujeres creyentes, aunque imperfectos. Confesarlos no debe haber sido tarea fácil, conservar sus secretos, sopesar sus pecados, darles penitencias por esos crímenes tan mal vistos por la ley terrenal, quizás mejor comprendidos por la de los cielos. Lo que más asustaba a Artemio no eran esas costumbres de arrabal con que solían dirimir los conflictos en el barrio, ni la figura patriarcal de presidente de la villa que había conseguido Marlon, sino esa manera de vivir pendientes del consumo, esas figuras de poder pernicioso de las que las adolescentes del barrio solían enamorarse. "Parece que el amor no está en el ser humano sino en un par de zapatillas, en una moto, en un auto", las sermoneaba de vez en cuando.

Artemio se levantó temprano sabiendo que lo esperaba un día de mucha actividad. A la mañana, un campamento con los jóvenes de la capilla. A la tarde, la misa del Señor de los Milagros, un bautismo y luego acompañar la procesión junto a los fieles. A eso de las cuatro llegó a la villa corriendo, sudado por el calor y el esfuerzo. Era casi la hora de la misa. Entró por el pasillo ancho sobre el que están su iglesia y su casa, desde la avenida Bonavena, y llegó hasta el santuario del Señor, en un recodo, cerca de la Canchita de los Paraguayos. Allí estaba la ermita cuando llegó, en manos del capo, a cumplir con su misión evangelizadora, y allí crecía cada vez más ornamentada. El cura se apuraba, pero los devotos parecían dejarse llevar por el tiempo villero, como siempre, sin horarios fijos, pasando un compromiso de las cuatro para las cinco. La puntualidad no es costumbre en la villa, y mucho menos en Perú, donde se ha llegado a hacer una campaña presidencial para ajustar los relojes de la población. Ese sábado la misa comprometida por Artemio se demoraba y le daba tiempo para correr a la capilla y bautizar antes de ponerse frente al cortejo con sus sandalias de pastor, su jean y su camisa a cuadros.

Mientras tanto, frente a la imagen del Señor, la escena de los penitentes que cada año se da en el centro de Lima se repetía en una versión a la medida de Villa del Señor. Marlon Aranda, a través de su suegra, doña Mari, custodia máxima del Señor de los Milagros de la villa, había puesto todo para que la procesión fuera un lujo. Por eso había una banda musical con los instrumentos necesarios para tocar como en Perú las fanfarrias tradicionales: trompetas, clarinetes, oboe, tuba, platillos y tambor para el himno del santo con esa melodía que suena como la pesadumbre, arrastradas las sílabas de adoración, bajo el grave sonido de los vientos.

Señor de los Milagros, a Ti venimos en procesión
tus fieles devotos, a implorar tu bendición.
Faro que guía, da a nuestras almas
la fe, esperanza, la caridad.
Tu amor divino nos ilumine,
nos haga dignos de tu bondad.

Señor de los Milagros, a Ti venimos en procesión
tus fieles devotos, a implorar tu bendición.
Con paso firme de buen cristiano
hagamos grande nuestro Perú,
y unidos todos como una fuerza
te suplicamos nos des tu luz.

Señor de los Milagros, a Ti venimos en procesión
tus fieles devotos, a implorar tu bendición.

El padre Artemio llegó entre las fanfarrias, por el pasillo, y las mujeres de la familia de los Aranda le abrieron paso. "Dejen pasar al cura, que sin cura no sale la procesión". Artemio emprendió una misa abreviada, como para no demorar más los acontecimientos tan programados por la comunidad peruana. Cierta ansiedad se respiraba entre los fieles. Habían cocinado manjares para ese mediodía, habían preparado altares en algunas casas pegadas a las avenidas por donde transitaría la muchedumbre, se habían puesto sus mejores ropas y habían comprado cohetes para explotar al paso del Cristo moreno. En las andas habían pegado papeles plateados, simulando la brillante plata peruana que decora el estandarte mayor en su versión original. Hasta habían vaciado el mercado de flores para preparar una alfombra de colores en la que el Señor sería depositado cuando todo terminara, después de la procesión, ante la familia Aranda, sus vecinos, sus empleados, sus compadres y comadres, ante el jefe de jefes, Marlon, que entonces, al final, pediría perdón por sus pecados y protección divina.

La banda era un conjunto de músicos peruanos venidos de Lima y de varios pueblos de la sierra, asentados en Buenos Aires, cada uno con el instrumento que supo tocar en su tierra. El mundo andino es una cultura de fiesta en el que la música es tocada por su gente como un tributo al trabajo y a lo sagrado, en el que la devoción es hacia el santo patrono de turno, pero también hacia los cerros, el cóndor, las lagunas, la nieve, el sol. No hay pueblo de Perú que no tenga su propia banda de música. Así como las hermandades religiosas que arman las peregrinaciones son grupos organizados, en los que el lugar y la jerarquía son tan importantes como la mística y la fe, las bandas sobreviven gracias a cierto espíritu de sacrificio con el que acompañan las procesiones en las fechas indicadas. La de octubre suele ser la reina de las fiestas y en Villa del Señor, esa tarde, aunque de prestado, la banda estaba inspirada, porque los músicos se sentían como en casa entre esos estrechos corredores color ladrillo.

En la cabeza de la romería se acomodaron los sobrinos y cuñados, con las túnicas moradas puestas. La esposa de Marlon, doña Mari, sus hermanas y sobrinas, tías y cuñadas, rezaban frente a la imagen del Señor. El cura terminó con su misa y dió curso a la procesión. Sonaron los tres golpes de campana de bronce que se repitieron en decenas de ciudades importantes alrededor del mundo aquel sábado festivo de los peruanos. Así es en Asunción, Iquique, Panamá, Río de Janeiro, Belo Horizonte, Bogotá, Caracas, Ciudad de México, Monterrey, y en Bucarest, Barcelona, Estocolmo, Madrid, Cuenca, Turín, Génova, Bolonia, Milán, Roma, Zúrich, Friburgo, Ginebra, Montreal, Ontario, Nueva Jersey, Miami, Nueva York, California, Denver, Chicago, Filadelfia, Baltimor, Atlanta, Pensilvania, El Cairo, París, Hong Kong y Tokio. El único lugar donde se registró un incidente violento como el que se cernía sobre Villa del Señor fue justamente Tokio donde, según las noticias de las agencias internacionales, hubo un enfrentamiento entre un grupo de peruanos y miembros de la Yakuza japonesa, la poderosa y mítica mafia nipona.

Tres campanazos y los hermanos, sincronizados en un solo movimiento, doblaron las rodillas se calzaron los maderos al hombro y levantaron la imagen del Señor desbordada de flores y velas. Eran dos tablones a lo largo, como en todas partes, como en todo el mundo, con el Señor de los Temblores, mecido sobre las andas plateadas. La banda pasó del himno del Señor a una marinera dedicada al santo de los santos, mientras un millar de devotos y unos quinientos curiosos salieron en procesión. Los hijos de todos acompañaban el cortejo vestidos de gala. Los hijos del resto de los vecinos curioseaban y aprovechaban para ensordecer con sus cohetes, como en una Navidad anticipada. El barrio entero se había juntado alrededor de los puestos de comida de Bonavena, esperando que se acercara la columna de fieles, después de rodear la villa por la Avenida Galíndez, la avenida Monzón y la Calle Sin Apellido. La fiesta era pura contentura popular, y se atizaba con chicha morada, con vino con soda, y sobre todo, con la cerveza que en el paladar peruano habita como la hiedra en la piedra, y nunca es demasiada. El mareo colectivo marchaba hacia la muerte. Y en esas, las mujeres cantaban:

> *Alabanzas a la madre de Dios*
> *que puso entre nos al Cristo de los Milagros.*
> *Aquí venimos, señor, al pie de tu imagen*
> *sólo con fe, sólo con fe y esperanza.*
> *Cristo, Cristo de los Milagros, escucha mi oración.*
> *Yo te imploro con fervor.*
> *Este es tu amado Perú que te venera.*
> *Te da las gracias: tú eres perdón, mi salvación.*

Señor clavado en la cruz, por ser el hijo Jesús
te entrego todo el dolor de este mundo que muere.
Cristo, Cristo de los Milagros,
Padre nuestro, eres el pan de la verdad.
Señor clavado en la cruz por ser el hijo Jesús
te entrego todo el dolor de este mundo que muere
que nada, que nada lo detiene
que sólo tú eres el que puede.

*

El barrio Presidente Perón visto desde el cielo es un laberinto organizado, lleno de cortadas transversales, pequeñas islas en las que hay entre seis y doce casas. El barrio va de la avenida Bonavena hacia la Calle de los Santos, ocupa una ruidosa manzana de tierra con algunas vías asfaltadas y permanece en obra; por un arreglo de cloacas, o por un caño maestro roto, las zanjas abundan como las trincheras en los frentes de la Primera Guerra Mundial. Cada tanto, una pequeña plazoleta con dos o tres árboles ralos, alguna de las tres escuelas y una feria popular callejera que se extiende sobre un descampado. Se puede entrar al barrio por varias calles angostas, desde sus tres planos. Ese día, los veinticinco hombres contratados por Teodoro Reyes llegaron en dos camionetas, un auto y también de a pie, desde tres puntos diferentes, para llamar la atención lo menos posible. Aún así, Lilo Castro, un pibe de "los Quebrados", una de las pandillas del lugar, vio cómo los sicarios –peruanos y argentinos– bajaban de una camioneta roja.

Eso le contó Lilo a su hermana Jesica la noche de la procesión. Y eso le hizo comprender a ella que todo había sido perfectamente planificado, y que la muerte de su enamorado, Germán Mariani, no era un asunto del azar. Ese 29 de octubre llevaban unos ocho meses juntos: ella sentía que lo amaba y que no habría otro igual, que aunque él no tuviera trabajo fijo y se dijera que robaba con la banda de Raspachín –un ex soldado de Marlon, alejado del núcleo duro de los narcos de Villa del Señor por emprendedor y ambicioso–, podrían un día casarse, tener hijos y armar una familia como la que ella soñaba a los veinte años. Él había tenido una vida miserable, de institutos para menores y calle, sin padres, sin hermanos, criado en el vaivén de las avenidas con nombres de boxeador, así, a golpes de puño y patadas de zapatillas Nike. Era uno de esos pibes que aprenden a ganarse el cariño de los demás a fuerza de buena voluntad, simpatía, cierta conducta y predisposición. En el otro lado de la villa, sobre la Galíndez, tenía siempre un refugio en la casa de uno de sus mejores amigos, hijo de una delegada de manzana que gobernaba un enorme restaurante de comida norteña. Allí solía matar el hambre cuando el mango era esquivo, cuando no había podido dar un pequeño golpe, ayudar en una fechoría menor, hacerse de la cartera de nadie. Si no, hacía changas en la construcción o en cualquier laburito que apareciera. Germán era un agradecido de la vida, un pibe con fe en que algo lo protegía, más allá de este mundo cruel. Hace menos de dos años se había salvado por un milagro de una muerte dolorosa. De ojos claros y grandote como un boxeador de peso mediano, había enamorado a una chica de la Villa Sabaneta, la hija de un transa peruano que vendía pasta base, con algún éxito y otros tantos ahorros. Germán la cortejó hasta que la chica se rindió ante sus encantos. Pronto, ella tuvo tanta confianza en su enamorado que nada le ocultaba, ni siquiera el escondite de parte del dinero que su padre le pasaba cada tanto, como a un banco, para que ella lo encanutara en las hendijas de su pieza recién terminada, en la entrada de Sabaneta.

Fue demasiada la tentación para Germán y su bolsillo flaco. Una tarde, cuando ella estaba en la ducha, en un baño al fondo de ese inquilinato con veinte piezas, agarró un fajo de billetes enrollados, se los metió al bolsillo del jean y salió caminando con la cabeza hundida entre los hombros y metida en la capucha que usaba como bufanda. Anduvo el pasillo como si estuviera cayendo una garúa tupida, aunque era un día de sol pleno, y no volvió a mirar atrás, hasta que se subió al colectivo que lo devolvió a Villa del Señor con ese rollo de guita encima, tan tranquilizador y al mismo tiempo tan inquietante. Pasó los siguientes tres días en estado de celebración y borrachera narcótica. Apartó lo necesario para pagar una moto de ciento cincuenta centímetros cúbicos y se dedicó a ser, por primera vez, el que pagaba todas las vueltas, todas las entradas a los boliches y todas las chicas, que se acercaban como si estuviera untado no sólo de riqueza, sino de sexo prometedor. Después de esa resaca memorable, otra vez la vida de todos los días, el tedio de las siestas, y con el paso del tiempo llegó a relajarse demasiado. Dejó de mirar al costado cuando ganaba la calle, de revisar la cuadra antes de pasearse con la moto nueva, de andar calzado, de cuidarse. Caminaba por avenida Galíndez cuando un coche blanco, dicen que un Palio, se le cruzó sobre la vereda y se bajaron tres matones. Lo levantaron en el aire y lo pusieron en el baúl. Cayó, pesado como era, atado como un chancho que será carneado en horas. Lo devolvieron a Sabaneta y, allí, al fondo, en un rancho que estaba a pasos de la pestilencia del Riachuelo, lo ataron a una silla para desangrarlo a puñetazos por robarle a un transa, por engañarle a la hija, por no tener madre ni padre que respondieran. Se creyó muerto. Al cabo de un día y una noche de golpiza, cuando ya estaba deshidratado y los dolores habían desaparecido, cuando las heridas comenzaban a picarle y algunas empezaban a parecer cicatrices, la mujer que alquilaba ese cuarto lo vio, y él pudo hablarle, pedirle, decirle que por favor lo desatara, que lo matarían y ella no podría dormir pensando en él, que vendría a buscarla cada noche, como un fantasma atrapado en ese pasillo infecto, para recordarle su maldad.

Le llevó un rato, pero la mujer se dejó convencer, y con una tijera de corte lo liberó de las sogas que lo ataban a la silla con las manos en la espalda. Corrió entonces como sólo puede hacerlo un espectro que huye de un espectro mayor. Y se salvó.

Los cinco mil dólares del transa se volvieron nada en semanas. Alcanzó a comprarse la moto, pero como no sabía manejar bien, terminó chocándola y quedó varada en un taller donde nunca la volvieron a hacer funcionar. Con todo, aquella traición le dejó una ganancia nada menor. Le cambió la imagen, le cambió la ropa, le cambió el tamaño del ego y la llegada a los pibes con más suerte de la villa, y sobre todo del barrio Perón. Aunque nunca tuvo una de esas casas del Fondo Nacional de la Vivienda, aunque ahora dormía en una pieza en el cuarto piso de un inquilinato de peruanos y había sido siempre linyera, desde entonces lo trataron como a uno más, como a un pibe del barrio, con todas las luces, con el requerido aguante.

La foto de Germán estaba sobre la cómoda, en un portarretratos dorado, en el cuarto de la madre de su amigo, la del restaurante en Galíndez. Le habían hecho un homenaje. Sobre la foto habían escrito la fecha de su muerte, 29 de octubre, y un *te recordamos* en letras cursivas. Era un cuarto atestado de ropa recién sacada del cordel de una madre que también lloraba la muerte de uno de sus hijos a manos de transas peruanos. Pero eso sería mucho después de aquella tarde en la que Germán cayó con esos tres disparos en el pecho, como otros, en medio de la procesión, cuando nadie esperaba más que al santo de los peruanos en sus andas, al son de un himno de notas ululantes, de clarinetes y trompetas. Germán pasó el día nervioso. Su novia, Jesica, lo vio llegar a su casa pasado el mediodía. Ella estaba limpiando, ordenando, cuando él entró con una sonrisa que era un pedido de disculpas. Esa semana habían tenido algunos cruces, uno que otro cortocircuito, dice. Nada importante, pero ella se hacía la enojada. Por eso ahora él

285

quería mimarla. Como nunca antes, con una desesperación que a ella le llamó la atención, le dijo que la quería, que la amaba, que no podría vivir sin ella. Jesica tenía un hermanito de dos años al que Germán adoraba. Le dijo que al día siguiente irían a los juegos infantiles del Shopping del Abasto. Para que no anduviera sin dinero le dió ciento cincuenta pesos y, antes de irse, lanzó una frase misteriosa que Jesica no olvida:

—Tengo un presentimiento: si hoy no caigo en cana, a mí me matan.

Jesica también conocía a otro joven que caería esa tarde durante la masacre del Señor de los Milagros: el Tucu, Néstor Almazán. El Tucu era un sobreviviente de otras balas. Era el mismo que nueve años atrás, en un pasillo de la villa, había visto cómo Cali Aranda, el hermano de Marlon, había fusilado a su amigo, Facundo Lozano. El Tucu había tenido el coraje de acusarlo ante la policía dos veces, pero después de los aprietes ante los jueces de un tribunal oral había cambiado su declaración. A los jueces les pareció tan evidente que lo habían amenazado que prefirieron tomar como valederas sus palabras acusatorias, las que describían cómo Cali lo obligó a arrodillarse, disparándole en las rodillas, para después hacer que su sobrino —un chico recién llegado de Lima— le diera el tiro de gracia en la sien. El Tucu y Germán eran los únicos dos argentinos que se juntaban con la banda de Raspachín, donde todos los demás eran chicos peruanos que se habían cansado de trabajar por poco dinero al servicio de Marlon.

Aquel sábado el Tucu y Germán se encontraron poco antes de la procesión en un puesto de comida de la avenida Bonavena. Allí los vieron comer y tomarse una cerveza. Después ya no abandonaron su puesto de observación, justo en la esquina de la Calle Interna del barrio Perón y la avenida. Pasaban, sobre todo Germán, horas y horas sentados sobre un paredón de un metro, fumando y mirando pasar a las chicas por la vereda de Bonavena. La avenida, sin asfalto, es tan ancha como para que, los que viven del lado de

Villa del Señor, puedan extender sus negocios de las entradas de sus casas de dos y tres pisos, hasta la calle misma donde, con toldos, resguardan del sol a la clientela que se sienta tranquilamente a almorzar platos con recetas de Cochabamba o de Lima.

En cada tramo de Bonavena, desde que la procesión entró, doblando por la esquina de Galíndez, la celebración era total: la fiesta popular prendió el comercio y el consumo y a cada paso los menos creyentes aprovechaban para sentarse a tomar y comer, mientras los más fieles mantenían el ritmo de la lenta caminata. La escena se desarrollaba en dos velocidades simultáneas: los penitentes, a su cadencia de himnos melancólicos, y el resto, los cuerpos del festejo, entregados a las músicas que salían de cada bar improvisado, de cada pollada, de cada ventana, que se movían encendidos. El Tucu y Germán vieron cómo avanzaban las andas del Señor, y vieron al Señor brillar en el horizonte de Bonavena. Y cómo se detenía la procesión entera frente a la casa más alta de todo el barrio Presidente Perón, en la otra esquina, a una cuadra de donde ellos observaban. Era la casa de doña Mari, una construcción levantada en la ochava, el comando central de la Hermandad del Señor de los Milagros.

A unos metros de la puerta de doña Mari, la multitud se detuvo y se arremolinó como un arroyo de gente que se acomoda. La banda se organizó, atildada, a un costado, y entonó una marinera como homenaje al Señor, y como regalo para la patrona de la fiesta, doña Mari. Es extraño, pero ni siquiera su hija, o sea la esposa de Marlon Aranda, ocupaba el lugar privilegiado en la fiesta que ella ocupaba. Más extraño aún: doña Mari no era peruana, sino boliviana. Como sea, andina y exultante, orgullosa con sus joyas de oro y su pelo rojo, doña Mari, esa mujer de unos cincuenta años que se negaba a envejecer y que había aprendido a manejar el poder en el barrio, se acomodó al frente del Señor, a un lado del cura, para ver cómo unos adolescentes peruanos que habían sido convocados para la fiesta bailaban la marinera. Era el baile preferido de su yerno, el capo, que no en vano había nacido en Trujillo, como muchos de sus hermanos. Y Trujillo era la patria de la marinera.

En la marinera el varón zapatea, en un danzar que está justo entre el malambo y la cueca. Seduce a la mujer con el cortejo de sus pies, a veces desnudos, a veces con botas, golpeándolos contra el piso, como un gallo de pelea, haciendo que el polvo de la superficie se suspenda en el aire. El sombrero blanco de ala ancha en la mano, como una guadaña con la que corta el aire y lo mece y lo bate, hasta hacer llegar el soplido de sus brazos amorosos a la dama. Ella, con el brazo siempre extendido en elegante caída, agita un pañuelo blanco con el que se cubre el pudor de ser cortejada. Y, con la otra mano, extiende la falda amplia que, al ser agitada, deja ver la enagua más blanca, cubriendo el moreno de las piernas. En la segunda entrada, él se coloca el sombrero y saca, como un mago de una galera, el pañuelo con el que se entregará a los últimos pasos del baile, en una especie de galante arremetida. Los bailarines de marinera en Villa del Señor creyeron que se trataba de cohetes. No interrumpieron el baile hasta que no se desató la estampida.

Teodoro Reyes esperó ese día con los cálculos hechos, con las cuentas listas, con el capital, los recursos, los hombres y los fierros necesarios. No podía fallar. Hacía ocho meses que estaba en libertad y Marlon lo había raleado de Villa del Señor con todas las señales que pudo enviar. Se había instalado en el otro extremo de la ciudad, en la Villa Padre Mugica, donde los peruanos habían desplazado a los argentinos y los bolivianos, haciéndose dueños de casi todo el territorio de unas treinta manzanas, tras las vías del ferrocarril, mas allá de la elegante avenida Libertador. Podría haber intentado ganar ese barrio para él, con su hermano Niki Lauda, que también estaba en la calle, pero Villa del Señor, el barrio Perón y los de los alrededores eran no sólo más rentables, sino que allí había quedado su honor mancillado. Los incidentes en los que Marlon despreció a Niki y luego le prohibió la circulación a uno de sus sobrinos, el hijo de su hermano mayor, lo habían convencido de que gastar ochenta mil dólares en liquidar a su enemigo era una buena inversión.

Ese sábado esperó a cuatro cuadras de la esquina en la que se desataría la masacre. Sentado, como un general que monitorea a sus hombres desde un cuartel en las sombras, Teodoro se encargó de dar las últimas instrucciones a las cuatro de la tarde, por *handy*. Le encantaba ese aparato desde que había aprendido a manejarlo, como en un juego de guerra. Era bueno dando órdenes cortas y precisas, como cuando antes de caer preso en manos de Evaristo Danteri, lo hacía soplando las palabras en la solapa de un sobretodo, como un espía, en un micrófono que camuflaba en el reverso del cuello. Teodoro lo cuenta sin ambigüedades en lo profundo de una celda, condenado, según dice injustamente, por esa masacre. Porque él, un hombre con su experiencia, alguien que pasó por Sendero Luminoso, que cosechó en la selva, que hizo todos los escalones de tráfico para consagrarse como un buen mayorista, confiable, con todos esos tiros en el cuerpo y vivo, el que se salvó de aquel accidente en la cordillera, y de esa caída libre desde un segundo piso, no se iba a dejar atrapar jugando de sicario, o de soldado de su propio mando. Él era el jefe y, por eso, me explica, él no estuvo allí, sino bien resguardado a cuatro cuadras del lugar de los hechos.

En la avenida, la marinera salía de las trompetas, los clarinetes, el oboe y el redoblante como un himno triunfal. En su guarida, Teodoro esperaba a que le dieran la señal para ordenar el comienzo del ataque. Marlon, prevenido, esperaba, por su lado, que sus soldados, disimulados como peregrinos en los alrededores de la procesión, le confirmaran que no había peligro. Los soldados de Teodoro habían caminado ya desde los autos y habían bajado algunos con armas cortas ocultas en la cintura y en las sobaqueras.

Otros llevaban dos bolsos deportivos llenos de armas largas. Entre ellos, comandando los cinco grupos o "pintas" que debían atacar, había algunos compadres de Teodoro. Uno de ellos caminó más de la cuenta, de una punta a la otra en la esquina de la calle lateral con la avenida. Al moverse, bajo una camiseta de San Lorenzo de manga larga, se le notaba el chaleco antibalas.

Una mujer que vendía choripanes en un carrito lo vio y les avisó a los muchachos de Marlon. Dos hombres se le acercaron, por atrás, y de una zancadilla y un golpe lo tiraron al piso. Le quitaron el arma. El soldado de Teodoro sacó fuerzas del pánico y se paró. Quizás pensó que el error le costaría la vida, no porque lo matarían allí mismo, sino porque sufriría la ira de Teodoro. En lugar de quedarse quieto y dejar que el plan de ataque siguiera su curso, peleó hasta recuperar el fierro, una pistola 9 milímetros. Teodoro quiere pensar que, si no se hubiera resistido, su estrategia podría haber continuado. En ese forcejeo se escapó el primer disparo. El redoblante de la banda de músicos, el tambor, las palmas de los fieles que rodeaban a los bailarines, quisieron seguir a pesar del sonido de la pólvora. Pero la balacera reventó. Los soldados de Marlon sacaron las pistolas y los revólveres. Algunos vecinos entraron a los ranchos más próximos a buscar sus propias armas, y los soldados de Teodoro desenfundaron las suyas, vaciaron los bolsos, se repartieron las más largas y la batalla comenzó.

Desde la vereda del barrio Presidente Perón nunca se organizó el fuego: como pudieron, desde donde los sorprendió el primer tiro, los soldados de Teodoro comenzaron a disparar. Los vecinos de la casa de la esquina miraron arrodillados frente a la ventana y vieron a un hombre con una ametralladora descargarla en semicírculo, de izquierda a derecha, y otra vez, mientras la avenida Bonavena se convertía en un río revuelto de corridas desesperadas y gritos agudos de mujer. Una vecina boliviana que estaba de compras en la feria, lejos de la procesión –el Cristo estaba a unos cincuenta metros, frente a la casona de doña Mari–, salió con su bebé de ocho meses en los brazos, ciega de miedo, hacia los puestos de Villa del Señor. El fuego defensivo de los peruanos de Marlon fue más rápido que el de los sicarios de Teodoro, y en esas, sin querer, producto de la pésima puntería de todos, la mujer con el bebé en brazos sintió la tibieza de la sangre en el pecho. ¿Era eso un tiro que le había cruzado el pecho a ella? Se dijo: me dieron. Pero las piernas siguieron huyendo, y ella respirando. Fue el silencio de su bebé arropado el que la hizo comprender, en los segundos que tardó en tirarse detrás de un puesto, que le habían dado a él.

El grito de la madre espantó a doña Rosina y a su hijo de diez años, en la casa de enfrente. Ellos vieron al hombre de la ametralladora. Parecía un tótem armado, alto y fornido, vestido de jean y campera deportiva, inmutable al arremeter a mansalva. Doña Rosina estaba atendiendo su pequeño restaurante, y sólo se dejó caer detrás de las mesas. Eso que está tronando ya no son cohetes, es plomo, se dijo. No sabe cómo, pero alcanzó a empujar a los niños hacia adentro del local. Eran sus sobrinos, y pensó en sus madres, dice. El tiroteo se hizo más intenso.

Del otro lado, junto a la camioneta que estaba enjabonando, en el lavadero manual que se había inventado, don Rojas –un peruano que nada tenía que ver con las disputas de los capos– se desplomaba al sentir el impacto de una bala calibre 40 en la nuca. A pocos pasos, del lado de Villa del Señor, una mujer se refugió junto a su marido detrás de una chapa, en un puesto de hamburguesas. Él creyó que estaban a salvo, hasta que de pronto la escuchó decir, en una exhalación: me dieron, me dieron. Quiso ayudarla, la abrazó para protegerla de las balas que seguían arreciando, pero ella se le desmayó en los brazos. La levantó, y no le importó el zumbido de los proyectiles que continuaba, corrió hasta que la subió a un auto y la llevó hasta el Hospital Piñero, donde finalmente ella murió.

291

En la zona de la procesión la estampida fue como la que produce la explosión de una bomba. Los bailarines, los músicos, los devotos, las cantoras y los hermanos de morado se deshicieron en carreras enloquecidas y gritos. Los de la banda corrieron hacia Villa del Señor con la tuba, el trombón, las trompetas y los tambores en la mano. ¡A la casa de doña Mari!, se escuchó decir a algunos de la hermandad del Señor de los Milagros y, con el cura a la cabeza y los niños por detrás, el comedor y la cocina de la matriarca se llenaron hasta que no cupo nadie más. Cuando vio que ya la gente estaba protegida, el padre Artemio se persignó y salió a la calle a buscar la imagen del Cristo moreno y la arrastró hasta el living. Dos hombres armados se apostaron en la puerta por temor a que los soldados de Teodoro avanzaran hasta la casa buscando a Marlon Aranda. ¡Ahí vienen!, gritaban las mujeres que entraban desde la calle y se tiraban al piso apenas ponían un pie en la casa.

La mujer que acusó a Teodoro en el juicio logró que los jueces le creyeran con una prueba incontrastable: las marcas de los doce disparos que recibió en la pierna derecha. Ella juró que Teodoro, a quien conocía hacía años, desde que él le robó la mujer a su hijo, se le echó encima con furia. Después de dispararle a un muchacho que ya estaba tirado en el piso, caminó derecho a su pequeño puesto de hamburguesas, en el medio de la avenida, y mientras ella le decía no me tires, tengo hijos, tengo nietos, él descargó sobre ella su 9 milímetros. Teodoro me dice que no, que jamás estuvo allí, y que el que le disparó fue el mismo hombre cuyo error inició la matanza: había sido ella la que lo delató ante los soldados de Marlon que custodiaban la procesión. Y por eso él se ensañó. ¡Esto es por ser una soplona de mierda!, le dijo cuando la tuvo cerca.

Ese mismo hombre, cree doña Rosina, fue el que ella vio salir desde la calle lateral del barrio Perón, con un fierro negro en la mano derecha y la determinación del exterminador. Disparó contra su puesto, le dió a una botella de gaseosa que estalló en pedazos, y cuando tuvo a su hijo a unos metros, sin decir palabra, le disparó. Doña Rosinda creyó que el Señor de los Milagros quiso demostrar su poder en ese instante porque la bala no salió de la recámara y el matador apuntó a un perro que ladraba hacia él y lo calló de un solo balazo. El sicario del que hablan tres testigos —que luego declararon con miedo ante los jueces— parece haber desafiado a la soldadesca de Marlon sin inmutarse ante el contraataque. Se fue de la escena caminando erguido, con el arma en alto, disparando al cielo cuando el tiroteo no había terminado.

Sobre la vereda, junto a la camioneta F100 de don Rojas, a metros del lavadero, cayó un pibe del que nadie supo con certeza si fue uno de los sicarios de la masacre contratados por Teodoro o ese día, como siempre, estaba matando el tiempo en la esquina que compartía con Germán. El Tucumano, Néstor Almazán, recibió un solo proyectil en el abdomen. La testigo que acusa a Teodoro juró que el capo no disparó solamente los doce tiros en la pierna de la mujer, sino que además, y sin miramientos, abrió fuego contra ese muchacho flaco y joven al que le decían el Tucu. En el juicio oral, el fiscal y los jueces creyeron en la mujer, a pesar de que los que investigaron el caso dudaron siempre de la veracidad de ese testimonio. La herida en el abdomen, la bala calibre 9 milímetros que rompió sus intestinos y quedó alojada adentro, las mujeres que lo arrastraron hasta un coche y lo llevaron al hospital, pudieron ser la consecuencia de una larga historia, la de un hombre que muere buscando vengar al amigo muerto hace tantos años.

¿Pensó el Tucu en Facundo Lozano cuando se agarró la herida con las dos manos para no vaciarse ahí mismo? ¿Tenía un arma en la mano y logró dispararle a su asesino? ¿O sólo experimentó la sorpresa de la víctima inocente, ajena a la trama oscura de la masacre, cuando se sabe jodida por los odios y los rencores de otros? ¿Escuchó el Tucu el lejano sonido de las tubas que entonaban la marinera trujillana más allá? ¿Llegó a sentir la interrupción de la música, el agite desesperado de la multitud? ¿Murió culpable? ¿Mató el mismo día en que murió?

Cinco muertos hubo esa tarde sobre la avenida Bonavena. Cuatro de ellos murieron por el daño que les produjo un solo tiro. A Germán se le prendió fuego el estómago con dos balas calibre 40 que llegaron casi juntas desde la vereda de Villa del Señor. Los impactos lo hicieron arrodillar, como si lo estuvieran preparando para el tercero, otra vez en la panza, ahora de un rifle largo, calibre 22. Germán se desplomó. Doña Rosina vio que entre varios muchachos lo aferraban de los brazos y las piernas para desplazarlo hacia atrás del paredón, donde había pasado largas tardes sentado y fumando cigarrillos Philip Morris. Pero uno de los hombres de Marlon, que disparaba con una pistola 3.80, caminó desde Villa del Señor como un autómata y disparó tantas veces que el cuerpo de Germán quedó otra vez sin defensas, desparramado en el campo de batalla.

Marlon supo antes de pisar la avenida Bonavena que su enemigo había atacado. Desvió su destino y recibió el parte de guerra por teléfono, desde la casa de doña Mari, donde se habían refugiado unas ciento cincuenta personas. A los quince minutos de pólvora y gritos, los sicarios recibieron la orden de retirada. Teodoro se lo dijo por *handy* a los que capitaneaban los cinco grupos que había contratado. Dejando el tendal de cadáveres y ocho heridos que se arrastraron pidiendo ayuda, los sicarios se subieron a los mismos coches y las mismas camionetas para alejarse hacia el otro extremo de la ciudad. En el barrio Perón, en la Villa del Señor, el silencio posterior a la masacre se quebró por el ruido de las sirenas policiales. En la casa de doña Mari se hizo el recuento: no había muertos en la familia, no había heridos entre los propios. Así que por qué no retomar la procesión y agradecer al Señor de los Milagros que las balas enemigas hubieran fallado.

Sin músicos ni bailarines, llevado en andas por algunos sobri-

nos del capo y seguido sólo por un grupo de mujeres, el Cristo
de las Maravillas volvió a la calle Bonavena, cruzó, se adentró
por un pasillo a la Villa del Señor y llegó al sitio que se le había
preparado para que descansara al final de la peregrinación. En
la Canchita de los Paraguayos, allí donde la sangre de los jefes
peruanos que antecedieron a Marlon había sido derramada, doña
Mari y sus hijas, con la ayuda de la soldadesca, habían armado
una alfombra de flores: el barro apisonado de la cancha, oculto
bajo un manto de margaritas de color. El cuerpo herido de Cristo, su corona dorada, se bamboleó por última vez y, lento, con la
suavidad de los penitentes, consolado por la voz de las mujeres
que cantaban su himno, descendió a la tierra.

AGRADEZCO

A mis amigos y colegas de los diarios *Página/12* y *Crítica de la Argentina*. Gracias por el tiempo dentro y fuera de la redacción y por haber tolerado mis obsesiones. A los jueces y fiscales de la Argentina y de Perú que me dieron acceso a expedientes e información sin pedirme que traicionara a los protagonistas de esta historia. A los testigos que confiaron. A los abogados, por su sinceridad. A los protagonistas por soportar mi presencia, mis persecuciones, mi insistencia, aun en los casos en los que no accedieron a verme. A los funcionarios de los dos países que me abieron las puertas de los sitios donde no se podia entrar. A la Facultad de Periodismo y Comunicación Social de La Plata, por ser el lugar en el que aprendí y en el que sigo aprendiendo.

A María Moreno, por ser mi editora. A Virginia Giannoni: Arancedo Foulkes a la hora de corregir. A Martín Caparrós, Lucas Mc Guire Carey, Mariana Enríquez, Guillermo Saccomano, Rossana Reguillo, Maru Ludueña, Silvia Delfino, Daniel Alarcón, John Lee Anderson, Gustavo Gorriti, Donna de Cesare, Gabriela Polit, Javier Auyero, Rodolfo Palacios, Philippe Bourgois, Alma Guillermoprieto, Leila Guerriero, Guillermo Osorno, Paulo Lins, Pedro Lemebel, Margarita García Robayo, María Zago,

Josefina Giglio, Daniela Gutiérrez, Denis Rodgers, Paul Gootemberg, Mary Louis Pratt, María O 'Donnell, Mónica González, María Sucarrat, Paula Rodríguez, Ariel Gutraich, Alejandro Verano, Héctor Feliciano, Florencia Saintout. Julio Villanueva Chang, Gabriel Kessler, Wendy Chavkin, Gabriela Wiener, Ernesto Tiffemberg, Andrés Osojnik, Raúl Zaffaroni, Flavio Rapisardi, María Lynch, Laureano Barrera. Por las complicidades que iluminaron este trabajo.

A la Fundación Avina, por la beca. A la Fundación Nuevo Periodismo Iberoamericano, por todas las discusiones, por el trabajo duro y por la fiesta posterior. A Jaime Abello, porque a Barranquilla yo vuelvo. A Tanya Escamilla, por ser mi niña rica. A Ricardo Corredor por esa terraza en Copacabana y su amistad eterna. A Geraldinho Vieyra por las dikshas. A Juan Osorio y la Fundación Nei Jing por aliviarme con sabiduría china cada vez que mi cuerpo se quejó. A Norma Goitea, por cuidarme. A Alberto Dearriba por El Gallo, en La Espera. A Carmen Roig por la estancia en Pueblo Esther. A Mariana Carbajal, Daniel Collasius y Niza de Collasius, por la casa en Villa Gesell. A Marta Molina, por su ventana al mar. A Vanadis Phumpiu por toda Lima. A mis alumnos, por las nuevas historias. A mis padres, José Alarcón y Sonia Casanova. A mis hermanos Marcelo y Andrés. A mis ahijados. A mis comadres, A mis compadres.

Esta obra se terminó de imprimir en abril de 2010,
en los talleres de Primera Clase Impresores, California 1231,
Ciudad Autónoma de Buenos Aires, Argentina.